Revolutionary Characters

What Made the Founders Different
Gordon S. Wood

 品格

革命

建国者何以
与众不同

[美]戈登·伍德_____著

周顺_____译 丁常昕_____校

上海人民出版社

本翻译得到
上海政法学院上海市高原学科（国际法与国际政治）方向、
创新性学科团队项目支持

献给西蒙、尼古拉斯、本杰明、查尔斯和拉斐尔

目 录

序　言

革命结束后,托马斯·杰斐逊意识到自己和同侪将一举成名,为此,他开始着手收集这群人(他称之为"美国伟人")的画像和半身雕像。1784年离美赴法前,他委托费城艺术家约瑟夫·怀特(Joseph Wright)为乔治·华盛顿绘制肖像;到达法国时,他收到了霍登(Houdon)所做的本杰明·富兰克林和约翰·保罗·琼斯的半身雕像。1786年的伦敦之行,他雇了年轻侨民马瑟·布朗(Mather Brown)为第一位美国驻英大使约翰·亚当斯绘制肖像。他说打算"把它加入到我已拥有或即将拥有的美国重要人物肖像之列。"与此同时,他还委托布朗为自己绘了一幅肖像。[1]

本书可视为一部讲述美国杰出人士的文集。书中内容都曾以文章、评论,或书的形式出版。在此谨向允许我翻印和使用这些素材的原发行人致谢,原文出处均收录在注释中。特别要向两位杰出的编辑致谢——《纽约书评》的罗伯特·希尔维尔斯和《新共和》的里昂·韦森特尔,许多章节都曾在这两本刊物上首发,他们的专业意见让我受益匪浅。为方便汇编,本书在原始素材的基础上进行了扩展与修订。

感谢企鹅出版社的两位编辑斯科特·莫耶斯和简·弗雷明。我还要特别感谢妻子路易斯的支持以及她敏锐的编审眼光。至于本书所要题献给的五位年轻朋友,他们凭借自己的实力成了伟人。虽然他们不曾为本书的写作作出直接贡献,但他们却使得这一切变得意义非凡。

注释

1. Thomas Jefferson to William Stephens Smith, Oct 22, 1786, *Papers of Jefferson*, 479. Gaye Wilson, "Fashioning the American Diplomat: American Revolutionaries in European Courts."未发表,经作者允许引用于此。

导言：建国者与启蒙运动

对美国人来说，美国国父（founding fathers）——或者用反家长制人士更喜闻乐见的"建国者"（founders）一词——有一种特殊的意义。我们赞颂革命/制宪一代人的方式很特别。没有哪个大国会用我们美国人的方式来纪念过去的历史人物，尤其是两百年前的人物。我们想知道托马斯·杰斐逊如何看待平权法案，或者乔治·华盛顿如何看待伊拉克战争。英国人并不需要像我们查验杰斐逊和华盛顿那样去定期查验威廉·皮特父子。当下的美国人似乎特别需要这些真实的历史人物。何以如此？

学者们对此有诸多答案。有人认为，正是由于持续关注宪法学及制宪初衷，才让我们对建国及立宪过程如痴如醉。也有人认为，这些18世纪的伟人可以重新唤起我们对珍贵过往的记忆。他们相信，两百年前的建国者已经成为我们批判当下政府首脑的法脉准绳。为何我们今日没有这样的领袖？很多美国人或许都有这样的疑问。

还有一些学者敏锐地察觉到，我们对革命先辈的兴趣与美国的认同感之间存在某种联系。一些民族——如法国人与日耳曼人——的认同感会随着时间的推移消失不见，人们视之理所当然（这就是许多国家的移民问题比美国更为严重的原因）。但美国人建立民族国家已是1776年，为了了解我们自身，我们必须首先了解这群"建国者"。美国的立国基础乃一整套价值信仰，不像其他国家那样基于共同的种族、语言或者宗教。我们的国家不是任何传统意义上的国家，因此为确立美国国家地位，我们必须不断重申和巩固建国者的价值——是他们宣布了美国独立并制定宪法。换句话说,只要共和国尚存,美国人就必须回过头去追溯自己的建国时刻。

托马斯·杰斐逊和约翰·亚当斯逝世于同一天——1826年7月4日,这一天恰好是《独立宣言》问世50周年,一种神性的光环笼罩其上。当后人在回顾革命领袖和宪法起草者时,他们不得不为这群人思想的光芒、政治的活力、成就的卓绝而肃然起敬。建国者看起来总是顶天立地、威风凛凛,诚如林肯对他们的盛赞——"巨树之林"——一样。他们的聪明才智和政治地位令追随者望尘莫及。

但这种看法并不会一成不变。林肯曾预言,建国者及其成就"终将随着时间的流逝逐渐黯淡,渐渐从世界的记忆中淡去"。[1]事实上早在19世纪末,人们已经开始质疑这种对建国者的敬畏之情以及他们神话般的美誉,历史学家也开始击碎他们身上神性的光辉。1896年,在一本大众历史刊物上,史学家约翰·巴赫·麦克马斯特(John Bach McMaster)以《国父们的政治腐败》为题发表了一篇随笔,他写道,"在所有由诡诈奸计和骗子构成的最差劲的现实政治中,缔造国家的人往往是我们的同侪,甚至是我们的主人"。据他所言,国父一代人并没有超越这种最差劲的政治把戏,包括舆论噤声、操纵选举、结党营私。[2]

麦克马斯特对革命领袖的揭露仅仅是当时大规模黑幕揭发运动的开端。1897年,悉尼·乔治·费雪(Sydney George Fisher)试图用一篇名为《美国宪法的历史演变——论宪法是历史经验的产物而非一日之功》的论文来推翻威廉·格莱斯顿(William Gladstone)对美国宪法的看法——"一项需在短期完成的对意志力和智力双重挑战的伟大事业"。费雪认为建国者的声望因过度虚构和夸大而膨胀,因此他耗费毕生精力去搜集那些可使独立战争及其领导人走下神坛的证据。1912 年,费雪在美国哲学学会上宣读论文《美国革命史——一段被加工的神话》,他呼吁道,"请用事实真相去替代那些令人作呕的滥情话"。为了更加一目了然,他的书大多命名为《真实的本杰明·富兰克林》(1900)或《美国革命信史》(1902),等等。[3]

正是宪法所呈现出的神圣感与民主特性引发了多数修正主义学者的兴趣。20 世纪初,进步时代改革家们对国家政府结构中的不民主特性大跌眼镜,尤其是参议员由州立法机构选举产生以及最高法院法官终身任期的问题。对此,专业学者回应称美国宪法非但不是神力的产物,甚至不是美国民主的自然表达。1907 年,J.艾伦·史密斯(J.Allen Smith)在《美国政府精神》一书中阐述了对宪法的新看法,即美国宪法是一份反动的贵族文献,它以权力制衡、司法审查,以及修改难度大来对抗民众的意愿。

越来越多的进步时代学者强调宪法的不民主特性,这为查尔斯·比尔德(Charles Beard)在 1913 年发表爆炸性的历史学著作《美国宪法的经济解释》奠定了坚实基础。比尔德的书作为当时西方社会流行的"反抗形式主义"运动的一部分,成为美国最有影响力的一本历史著作,它代表了那一代人对历史尤其是对美国宪法起源问题的主流判断。通过吸收马克思、弗洛伊德的观点以及行为心理学的假设,比尔德及其同时代人开始构想"合理化"、"覆盖于潜在利益之上的假面具"、"真正决定社会行为的驱动力"等概念。长久以来,历史学家总是将观念与产生这些观念的物质环境相剥离,仿佛观念本身就是一种独立的、能够决定事物发展的力量。正如比尔德在 1935 年版《美国宪法的经济解释》的简介中所指出的那样,早先研究宪法的历史学家认为,观念乃"客观之物、特殊之物,具有真实的影响力,很明显,观念独立于'经济'因素之外"。比尔德和许多同时代人一样,试图突出那些被前人忽略的

"经济斗争、压力及张力的现实特征"。[4]

比尔德以"制宪者受潜在经济利益驱动"的论点,揭开了原本覆盖在建国者身上的"无私美德"之帷幔。无论这个不同寻常的发现存在多大纰漏,比尔德的潜在假设——即人的意识与最终行为都是当时社会及经济环境的产物——却在美国历史学术界产生了持久影响。

继比尔德之后,越来越多的人开始着手卸去笼罩在建国者一代人身上的神话与传奇。华盛顿是传奇神话中最特殊的人物,所以常常被用作标靶。20 世纪 20 年代,畅销作家 W.E.伍德沃德(W.E.Woodward)创造了 debunk 一词来形容揭开某人物疮疤的过程,华盛顿成了他最喜爱的讽刺对象。

基于这种抹黑建国者的传统已延续了整个世纪,我们不应该再为当下的任何一种批评而感到意外。恰恰因为建国者对美国人而言是如此重要,对我们认同感的建立是如此关键,利用他们来攻击美国及美国文化才得以成为一种风尚。例如,有人要谴责美国的少数民族政策及帝国主义行为,那么攻击某个建国者便是不二法门。在过去的 40 年中,妖魔化建国者(尤其是杰斐逊)已俨然成为一种家庭作坊式的产业。

虽然对建国者一代人的攻击已延续了一个多世纪,不过当今学术诽谤的做法依然出现了一些新现象。历史学家更为随意地毁损这群白人精英的名誉。有时,历史学家会刻意忽略建国者的政治活动及其成就,似乎建国者所作的贡献根本不值一提。相反,在他们看来,过去几十年间最好的共和国早期史作品都是那些研究如何重新找回被湮没的普通人的自我表达——一个缅因的接生婆或一个康涅狄格的奴隶——或者强调超越白人精英领导的当代大众文化基体的作品。[5]当然,有些历史学家无心学术,更无视学术圈内的争论,只想写写建国者的历史和传记,这也是很普遍的现象。

但是学术型的历史学家在过去的 40 年间已避开政治及政治领袖，而开始关注美国早期的种族、阶级与性别问题。

当建国者不再受到忽视而是直面众人，那么这种批判与以往相比更具有毁灭性。尽管比尔德认为建国者的主要动机是出于潜在的经济利益，但他始终对制宪者秉持崇高的敬意。"历史上不曾有过这样的一次会晤，"比尔德于 1912 年写道，"与会者竟如此富有政治经验、实务知识、对人类行动的动机以及政府性质有着这般深刻的洞见。"[6]

而现在的历史学家在批评建国者时已了无敬意。他们不像此前的批评者那样，着眼于摒除建国者身上的神话色彩，挖掘他们作为普通人的一面。这些历史批评家只想使建国者丧失人性，而不是恢复人性。因为我们现今的文化已经丧失了传统上对于绝对价值和永恒真理的尊重，我们很难相信 18 世纪的建国者有什么德性道义向 21 世纪的人们倾吐。即使在宪法学领域（对制宪者的意图也存在自然偏见），建国者的声望也一落千丈，制宪者原始意图不再是理所当然之事，而开始成为学者与法学家争议的内容。对于很多重要问题，比如种族问题、女权问题、平权运动，建国者和现代人的看法显然大不相同。因此，我们现在就更容易因为他们是种族主义者、男权主义者和精英主义者而对其观点不屑一顾。

揭疮疤运动在青年人中愈演愈烈。他们深受塞林格（J. D. Salinger）的影响，学着他笔下的霍尔顿·考尔菲德（Holden Caulfield）去批判伪善的成人世界。正如畅销作家戴夫·艾格斯（Dave Eggers）所言，揭疮疤是他作为一名杂志编辑的工作，每天他都要选编一篇又一篇别出心裁的文章，"来证明这个世界所珍视和信奉的绝大多数东西是虚伪的"。甚至"为黑人小孩所作的圣经版本"、"学生的贷款计划"、"对大学、工作、婚姻、化妆品、'感恩而死'乐队的一般认知"都充斥着各种揭疮疤手法，对建国者及其成就的批驳就显得合情合理了。[7]事实上，现在有些历史学家认为革命者做错了许多事情。在他们眼中，革命是失败的。如某历史学家所言，革命"没有解放黑奴，没有重视女性政治权利，没有承认印第安土著的公民权……也没有创造一个公平竞争的经济环境"。[8]

尽管受了批判、被揭了疮疤，但在大多数美国人的心中（或许对大多数历史学家而言并非如此），建国者依然是了不起的精英，他们的成就几乎无法为美国历史上任何一代人所超越。大多数美国人似乎都认为，建国者一代人对美国后期历史产生了不可比拟的持续性影响。建国者似乎比他们所效仿的那一代人——古典时代的伟大立法者——更伟大，因为他们更真实。他们不是虚构的神话角色，而是作出了非凡成就的活生生的历史人物。我们无需透过朦胧的传说或者诗歌，像了解古代英雄那样去了解建国者。随着编辑内容的完善和文献还原技术的提升，我们不仅获得了革命领袖曾公开发表的一切文件，还取得了汇集他们内心深处真实想法的大量私人通信。

尽管这一还原历史的做法精细程度较高，但对大多数美国人而言，这些建国者依然以其超乎寻常的思想水平和政治能力而拔群出萃。每当回顾他们的历史，敬畏之情夹杂着强烈的失落感向我们袭来。这一信念与权力的交织、理性与政治的融合稍纵即逝，再也不可能重现美国了。

建国者无疑颇有见地，实际上，他们是当时最重要的一群知识分子。但他们也是当时的政治领袖。这些为殖民地、州议会或国会工作的政治家经历了权力争斗、竞选得失，最后都当上了州长、法官甚至是总统。当然他们既不是"知识分子"也不是"政治家"，这些简单的现代术语难以表达建国者的特性。作为知识分子，他们没有与世隔绝；作为政客，他们没有痴迷选票；他们的世界让我们充满惊讶与向往，那是智慧和政治的完美组合。我们知道，美国历史上曾经发生的这些事情,以后将永远不会再有。

但在两个多世纪后,依然沉湎于这种怀旧、失落与欠缺感之中并没有什么实质性意义。我们要做的不是更多地去赞誉建国者,而应该更多地去了解他们及其所处的环境。我们要找出,为何那一代领导人可以将信念与政治有效结合,为何后来者却无法做到。如果我们以恰当的视角来解读 18 世纪后期的历史背景,以敏锐的感受来分析该时期的特性,那么我们就能够看到,随着建国者那代人的逝去,我们失去了什么;更重要的是,我们得到了什么。后来者们之所以无法复制革命家的那种非凡的思想和政治领导能力,应归咎于我们情有独钟的文化平等和民主社会的发展。美国政治思想水准的下降、信念与权力最终分道扬镳,都是我们必须为民主付出的代价。革命后的数十年中,普通人逐渐握有权力,其必然结果便是取代杰出之人士、思想之贵族。但革命领导人不仅仅是这一新局面的受害者,事实上,他们也是新局面的缔造者。他们创造出的变化最终导致其自取灭亡,他们所代表的政治与思想一以贯之的美好世界陨灭了。他们在无意之中欣然摧毁了那个曾经成就自己伟大事业的源头。

革命领导者纵然伟大,他们也不是神人或超人,他们只是特定时期特定历史环境下的特定产物。他们为利益所诱惑,同常人一样汲汲营营;他们渴望财富与地位,常常为达目的而不择手段。事实上,一些最著名的建国者,如革命金融家罗伯特·莫里斯(Robert Morris)和最高法院助理法官詹姆斯·威尔逊(James Wilson),皆因举债而遭受牢狱之灾。

他们不是神人,但他们也不是民主党人,准确地说不是任何现代意义上的民主党人。他们不会因为谈论精英主义而脸红心跳,在平民面前也从不掩饰自己的优越之感。但他们并不蔑视普通人,事实上,他们始终认为普通人是其权力的来源。如历史学家查尔斯·S.西德诺（Charles S.Sydnor）很久以前指出的那样，他们是半贵族制的受益者，他们非凡的领导能力在很大程度上要归功于那种今人眼里可憎的不民主体制。[9]

但即使在当时不民主的时代背景下，他们也是不同寻常的一群人（如果不能说他们独一无二的话）。作为政治领袖他们形成了一个独特的精英阶层——和18世纪英国社会的世袭贵族不同，这是一个基于功绩和才能自我创造出的贵族阶层。我不是说英国没有这样白手起家的人物，本杰明·富兰克林的英国朋友威廉·斯特拉恩（William Strahan）和富兰克林一样，从印刷厂起步最终官至国会议员。埃德蒙·伯克（Edmund Burke），一个出身平凡的爱尔兰人，最终成为伟大的演说家和作家。但英国和美国还是有区别的。尽管英国底层的聪明人有可能迅速爬升，但他们需要庇护者与扶持者——即控制着英国社会的那些领主和世袭贵族们。如果没有威廉·汉密尔顿（William Hamilton）的庇护和罗金汉（Rockingham）侯爵的扶持，伯克不可能如此显赫。美国的革命精英似乎更自食其力。当然，他们也会像英国人那样经常得到庇护者的支持，但他们最终却得以统治社会；而在英国，像斯特拉恩、伯克那样一蹴而就之人是不可能主宰英国社会的。

18世纪的英国依然笼罩在近400个贵族家族的统治之下，他们富可敌国、拥有极高的政治影响力与地位，让北美人望尘莫及。马里兰的查尔斯·卡罗尔（Charles Carroll）是美国南方最富裕的种植园主之一，年收入为1 800镑（这在美国人眼里已是一笔天文数字）；而英国德比（Derby）伯爵庄园的年收入则超过40 000镑。按照英国的财富标准，美国的那些贵族，诸如华盛顿和杰斐逊，即使他们家中蓄有几百名奴隶，最多也就算得上英国的小绅士而已；按照英国的社会地位标准，亚当斯和汉密尔顿这样的律师就更逊色了，当然还算得上是绅士，但和英国贵族相比则差距甚远。美国的革命精英和英国的贵族大不相同。而这种不同恰恰契合了18世纪启蒙运动的特性。

18世纪的英美启蒙运动专注于彬彬有礼（politeness），相比今日，这个词对于当时的人们有着更加宽泛的意义。它不仅代表着规矩和礼仪，更意味着平易近人的社交能力与教养；事实上，彬彬有礼被视为文明的源头，而且很快就被文明一词所取代了。

文明是一种社会进程。假设社会以连续的历史阶段发展演进，从未开化的原初状态进化到精巧复杂的文明状态。所有国家都可能位于这种社会发展的谱系之中。18世纪晚期的社会进步理论有许多源头，但对美国人来说，最重要的就是18世纪苏格兰社会学家——亚当·斯密（Adam Smith）、约翰·米勒（John Millar）、亚当·弗格森（Adam Ferguson）和凯姆斯勋爵（Lord Kames）——提出的"四阶段论"。他们基于不同的生存模式——狩猎、放牧、农业、商业——提出了社会进化发展的四个阶段。随着社会人口的增长，人们被迫寻找新的生存之道，而这种需求则导致社会从一个阶段进入另一阶段。几乎每个思想家都视美国土著为第一阶段——亚当·斯密称之为"最低级、未开化的社会状态"[10]——的完美代表。事实上，欧洲人发现新大陆的印第安人对历史阶段论的影响并不是很大。印第安人协同创立了这一概念，正如约翰·洛克所言，"在文明的开始，美洲即是世界的缩写"。[11]

既然文明是某种可实现的状态，那么凡是为驱逐野蛮与无知，传播文明与教化而做的一切都理应得到支持。教导美国人礼貌言行的书在18世纪的几十年间增加了一倍之多。通过这些行为手册，人们学会了如何在群体中举止得体，如何清洁身体，如何提高品位。辞典编辑们试着找到词语的正确含义、拼写、发音，在书中加以规范。他们用这些方法来消除奇特的方言、古怪的拼写及发音，并确立语言的标准。甚至决斗（在18世纪极为盛行，这是此前从未有过的）也被认为是一种文明的表征、一种高尚趣味的方式；决斗的威胁迫使绅士在对手面前控制自己的情感、不再使用"粗鄙语言"。

生活中涌现了各种传播光明和知识的新组织、新方式：学术团体、可供借阅的图书馆、辩论俱乐部、礼堂、读书会、绅士杂志、音乐会、画廊和博物馆。18世纪英语国家的人所看到的文明开端如同一件公共商品，如同某个有价值、有地位、可供占有的东西。我们今日熟悉的文化世界源于这一启蒙时代。那些急着要展现自身学识与礼仪的美国粗鄙之人，正竭尽所能地想成为这个文化世界的一部分。

居于文明新世界中心的就是绅士概念。18世纪首席礼仪教师查斯特菲尔德勋爵（Lord Chesterfield）曾这样定义绅士——"一个举止得体、教养良好、和蔼可亲、品格高尚的人，一个在任何社交活动及群体中都知道该如何表现的人。"[12]英语里没有任何词比*绅士*一词更能表达理想人物的绝佳品质，正是开明的18世纪赋予了绅士这样的意义。定义一名正派的绅士是18世纪英语国家知识阶层所痴迷的主题，从理查德·斯蒂尔（Richard Steele）到简·奥斯汀，作家们穷尽一生都在描述是什么构成了独特的绅士品格；直到晚年，约翰·亚当斯和托马斯·杰斐逊还在通信中致力于绅士问题的研究。

对18世纪的许多人而言（包括美国革命家），绅士身份所呈现的道德意涵远胜于其社会意义。纯粹的君主论者或许依然根据家族荣誉多寡、地产规模大小、是否用度奢靡或态度傲慢来定义一名绅士，而其他人则越来越看轻，甚至鄙夷这些特点。开明时代强调新贵族的后天素养、礼仪举止、优雅品位，以及学识与品格——甚至连有头衔的贵族，如查斯特菲尔德勋爵都倾向于认为自己尊贵的社会地位源于才能而非继承。

成为一名绅士意味着有绅士那样的言谈举止与深刻的洞察力，通情达理、宽容大度、诚实善良、"直言危行"（这是一种18世纪所暗含的重要性格，意指大公无私、真诚坦率）。一名政治领袖首先得是一名合格的绅士。它意味着高瞻远瞩，能以宏观视角审视人类事务，摆脱狭隘的偏见，远离宗教热情的野蛮与庸俗。简言之，它意味着我们今天在博雅教育理念中总结的所有特征。事实上，18世纪创造了英语世界博雅教育的现代理念。[13]正如诺亚·韦伯斯特（Noah Webster）所言，博雅教育"使人脱胎换骨、远离粗鄙"，成为绅士。[14]

当约翰·亚当斯自问"何谓绅士"时，他用博雅教育中的措辞回答道："无论绅士们富裕或贫穷，出身显赫或出身卑微，勤劳或懒散，无论他们的父亲是法官、是高干、是农夫、是商人、是技工，还是劳动者，富有还是贫穷，绅士们都接受了博雅教育，拥有了一般水平的人文艺术与科学能力。"[15]然而，不管他们出身如何，绅士绝不会让自己成为农夫、技工，或是劳动者——即靠双手吃饭的人。

绅士和平民间这道古老的鸿沟对于今人已无价值，但对于革命一代却有着深远的意义。它是一道分水岭，将社会结构分为两个不平等部分——就像军官和士兵之间的对立；事实上，这种军事分立与更深刻的社会分立密切相关。仅占社会总人口5%—10%的绅士是社会顶层的精英，他们足够富裕、无需工作或至少不用依靠双手吃饭，他们似乎能以一种大公无私的态度促进公共利益的发展。

建国者常常会把大公无私（Disinterestedness）这个术语当作德行、自我奉献等经典概念的同义词来使用。它较好地勾勒出18世纪迅速商业化的环境下，德行日渐受到利益威胁的景象。约翰逊博士（Dr. Johnson）定义大公无私为"超越对私人利益的关注，摆脱私人利益的影响"，这也是建国者对该术语的理解。今天我们已经忘记了这个词原先的意涵。即使受过教育的人也会将大公无私（disinterested）视为漠不关心（uninterested）——意为"冷漠或冷淡"——的同义词。我们似乎已经无法想象，竟有人可以抵御金钱的诱惑，在利益面前做到公正无私。

18世纪英美世界的绅士们相信，唯有那些无利害关系、不典身卖命的独立个人方能实践这种美德。他们认为那些为生计奔波劳碌的人缺乏公共领导的能力。亚里士多德于数千年前写道，在理想政体中，"公民不能机械或功利地生活，如此太不高尚也不利于美德"。对亚里士多德而言，甚至农夫都不能成为公民，唯有那些"有闲暇发展美德、参与公民生活的人才能称为公民"。[16]古老的理想在经历数千年后失去效力，但其中依然有部分理念延续到了18世纪。亚当·斯密在《国富论》（1776）中提出，现代商业社会中的普通人忙着工作和赚钱，所以无法对社会中的复杂利益与立场做出公正的判断。他写道，只有"那些没有特定职业的少数人才有时间与精力去审察其他人的事务"。[17]

这些没有特定职业、远离商界、过着悠闲独立生活的绅士被视为政府所需要的领导者。英国哲学家弗朗西斯·哈奇森（Francis Hutcheson）写道，由于富人"摆脱了低三下四的工作，他们就比其他人更有义务在公共服务领域积极活动，这是公众施加给他们的责任"[18]。所有美国建国者都为肩上的这份重任焦虑不安、抱怨不已。国父并非现代人，他们既没有以政治为业的设想，也没有当今政客那样以公职为生的考虑。就像杰斐逊一样，他们坚信"在一个良性的政府中……政府公务是他们的义务，是公民赋予他们不可推卸的责任，即便这将带来紧张的劳动和巨大的个人损失。"公职是鉴于某些绅士才智过人、卓绝独立而要求他们承担的一种社会义务。[19]

在18世纪的美国，要让绅士们为了公共事业而放弃个人利益绝非一桩易事,在革命期间尤为甚之。许多革命领袖,尤其是那些曾在大陆会议上小赚一笔的领袖,不停地抱怨公职带来的负担,并一再请求解除此类约束以追求私人利益。从繁忙的公务和动荡的局势中时不时抽出身来,前往乡间别墅休息调整,这是当时普遍接受的传统做法。但美国的政治领导人,尤其是北方领导人,诸如亚历山大·汉密尔顿和亚隆·伯尔(Aaron Burr),他们从政务中脱身并非为了享受闲暇,而是要在忙碌的城市律师业务中营利。[20]

简而言之,美国那些预备绅士们(would-be gentlemen)要想在商界保持古典式的独立与自由(这是亚当·斯密认为政治领导人所必须具备的品质)的确是件麻烦事。当然,有许多南方种植园主将自己的悠闲生活建立在奴隶的辛苦劳作之上,这是最接近英国土地贵族的一种生活。还有一些南方种植园主会额外经营小客栈作为副业,他们每天忙着打理家业,无法像英国土地乡绅那样从俗务中抽出身来。他们的监工与英国贵族的管家就更不能相提并论了。所以除了他们的姿态颇似贵族之外,南方种植园主实则是一群忙忙碌碌的凡夫俗子。尽管杰斐逊曾幻想种植园主的生活可不倚靠"顾客的心意与财力",但事实上,他们的生计与国际贸易兴衰密不可分。杰斐逊自己或许并非如此,而大多数种植园主却总在为市场变化心神不宁,这种感受是英国土地贵族从未有过的。[21]当然,弗吉尼亚和南卡罗来纳的南方种植园主还是与绅士派领袖大公无私的经典形象较为接近,他们对此了然于心,在革命后几十年间很好地利用了这一点。[22]

超越市场利益的独立绅士在美国北方社会寥寥无几,但这种理想却人尽皆知。詹姆斯·威尔逊写道,"在古罗马,地方法官和军官始终是农民中的绅士。他们或功遂身退或解甲归田,悠然自足地回归平静的乡村生活"。若不是在这种古典传统语境之下，1768年流行的"约翰·迪金森小册子"中那种农夫姿态更是令人摸不着头脑。迪金森，一个富有的费城律师，为了让读者相信他是大公无私的绅士，从一开始就告知读者自己是个"安分知足、荣辱不惊"的农夫。[23] 杰出的商人们通过国际贸易给社会带来财富，成为社会之栋梁，但他们"为自身谋私利"（马萨诸塞大臣查尔斯·昌西所言）的做法却让自己独立绅士的身份黯然失色。[24]

像约翰·汉考克（John Hancock）、亨利·劳伦斯（Henry Laurens）这样的大富商深谙此道。在帝国危机期间，他们纷纷散尽家财以期抬高自己。汉考克出手阔绰、极尽大方，拿出各种奇珍异宝，荫庇众人。他几乎耗尽从叔父那里继承的家财，但也因为如此，汉考克成了18世纪末期马萨诸塞政坛上最受欢迎的大人物。劳伦斯很清楚，南卡罗来纳人对做生意总是嗤之以鼻，所以在18世纪60年代，他开始缩减商业活动。革命期间他成为大陆会议主席，嘲笑那些像费城的罗伯特·莫里斯（Robert Morris）那样依然混迹于市、忙着发财的商人。1779年，他五味杂陈地说道，"让一个富裕或贪婪的人全心投入爱国主义的世界中是多么困难的事啊"![25]

对于商人和那些靠双手吃饭的社会中间阶层而言，成为一名大公无私的绅士简直是天方夜谭。正如一名女诗人所言，

"生于市井泥淖中的人哪

脑中写满贪婪和欲望"。[26]

但依然有许多中间阶层的人士野心勃勃地想要"闯关"（pass）（这个词在当时很常见）成为绅士。由于美国上流社会的贵族脆弱且不堪一击——该问题从第一批欧洲殖民者开始便一再出现——要

禁止新贵们获得绅士头衔总是困难重重。1775 年 6 月,当华盛顿抵达马萨诸塞领导大陆军时,他震惊地发现许多新英格兰官员不仅是由人民选举而来,他们从军之前还曾当过鞋匠和普通农民。缺乏足够的绅士来担任军职,这个问题长期困扰着华盛顿和大陆军。在当时,并非因绅士头衔而赋予某人官职,而是普通人试图以军衔来证明自己才是真正的绅士。[27]

革命时期的美国依然与平等社会的理想相距甚远,大多数社会中间阶层即便富裕却成不了绅士。商人和工匠们在财源广进的同时,政治上也显得野心勃勃,诸如宾夕法尼亚的本杰明·富兰克林和康涅狄格的罗杰·谢尔曼(Roger Sherman)。他们发现,若想谋得政府高位就必须从商场上全身而退。

作为有志绅士,革命领袖们在工作、礼仪和文明等问题上步调一致:他们已准备好接纳一切有关文明、教养的开明新理念。正如后来的新泽西州长威廉·利文斯顿(William Livingston)所言,由于美国"恰恰处于早期国家那种未开化的粗鄙状态",所以它无比渴望能沿着社会发展的谱系走向高雅与文明(这种想法或许比英国还要迫切)。[28]事实上,所有关于绅士应该变得更为开明的看法都是针对大不列颠世界不发达地区所提出的要求,比如苏格兰和北美。

正如史学家弗朗哥·文图里(Franco Venturi)提出的,启蒙产生于欧洲文明的边缘地带而非中心区域——"从时间序列来看,当一个落后世界与一个现代世界同时出现在某片相近区域时,启蒙就出现了"。[29]美国人和苏格兰人都是生活在发达英语世界边缘的落后民族。这类落后的社会缺少那种居于英格兰政治统治中心的世袭豪门的贵族风范。与发达的英格兰地区不同,北美和苏格兰的高层贵族倾向于由较次的阶层——职业人或是小地主——进行统治,后者希望自己的地位更多取决于行为举止和才学,而非血统或产业规模。

此外,苏格兰人和北美人都深刻意识到,苏格兰高地上的蛮荒部族、北美的印第安部落与文明之间的反差。他们都深切渴望进一步推进文明,并花费大量时间来阅读和撰写那些关于社会进步各阶段(从野蛮到文明)的文章。他们深知自己所处的社会粗粝而简陋,而英格兰正处于社会发展的终极阶段——即第四阶段(商业社会)——因此能够在教导人们更为礼貌与高雅的问题上给予他们许多帮助。当 22 岁的苏格兰人詹姆斯·鲍斯威尔(James Boswell)(他后来成为塞缪尔·约翰逊的传记作者)初涉伦敦时,他兴奋不已并开始"习得一种文雅沉静的品格,不同于我曾沉溺的那种未经审视的聒噪"。[30]

但同时,苏格兰人和美国人也都深知,帝国的彬彬有礼和都市繁华均建立在奢侈贪腐之上。英格兰到处充斥着贫困的城市、过度精细的繁文缛节、遍地开花的奢侈品制造厂,以及一个过分先进的社会所具有的一切进步与衰退的征兆。正如普林斯顿的塞缪尔·斯坦霍普·史密斯(Samuel Stanhope Smith)所言,这是社会发展第四阶段的一部分,"人类社会发展只能达到某个固定点,下一刻便转向衰落,走向崩溃"。[31]对于很多辖区而言,18 世纪 60—70 年代的英格兰似乎已经处在分崩离析的边缘。当那些与伦敦方面有直接往来的北美殖民地居民了解到,英国人为了赢得选举不惜砸下千万英镑时,他们震惊了。约翰·迪金森律师学院一名年轻的法学生这样告诉父母,这种"对美德彻底的侮辱和漠视",就像历史所昭示的那样,只有在大不列颠帝国陨落之时方能结束。[32]

与此同时,这些生活在大英帝国边缘的外乡人开始感受到英格兰人那种日益强烈的狂妄自大。尤其是七年英法战争获胜之后,英格兰人沉溺于他们自己的英国属性——一种区别于苏格兰人、爱尔兰人和北美人的民族特性。英国人开始将北美殖民地居民视为粗鄙的外乡人，而不是流落在大西洋彼岸的英国同胞。事实上，1763 年贸易委员会原会长、格伦维尔政府时期负责殖民地事务的南部大臣（secretary of state for the Southern Department）哈利法克斯勋爵（Lord Halifax）甚至这样说道："英格兰人民"是这样看待美国人的，"虽然同为陛下子民，但他们依然是外国人"。[33]

因此，这些苏格兰和北美的外乡人对是否融入大英帝国有着强烈的矛盾情绪。他们既以自己的简单淳朴为豪，又强烈渴望伦敦式的大都会风情，苏格兰人和北美人都在这两种并存的文化中摇摆不定。

尽管这种感受使人心神不定，但同时也催人奋进、激发创造力。[34]这就可以解释为什么北美和苏格兰能够成为 18 世纪末期英语世界中充满启蒙与教化的卓越之地。苏格兰人诸如大卫·休谟、亚当·斯密、亚当·弗格森以及约翰·米勒与美国建国者一样（如果不能说"超过"的话）才华横溢、富有创造力。早在 1766 年，本杰明·拉什（Benjamin Rush）曾写道："有益且愉快"的社交开始成为爱丁堡和费城的名片。[35]他们的世界距野蛮和未开化近在咫尺，这迫使苏格兰和北美领导人必须充分考虑文明化的意义。在此过程中，他们摒弃了血统和亲带关系的传统价值，强调学习与后天积累的重要性。为了能够成为同时代的简·奥斯汀和埃德蒙·伯克笔下的理想绅士，他们满怀热情地接受了 18 世纪那些关于开明绅士的新构想：外表优雅而非浮华矫饰，行为文雅而非徒有其表，德行高尚而非矫揉造作，独立自主而非狂妄自大。

所有建国者都打心底里认同威廉·利文斯顿的劝告：想成为一名真正的开明绅士，就要"憎恶迷信和偏执，因为它们是懒惰和奴役的源头。要同无知与野蛮决裂。要与艺术和科学同栖。要扶持每一种可以使品格增光生辉的事物。总而言之，要让对国家的爱以最明了的方式彰显,即爱国之心与公共精神".[36]他们努力使这一关于自由的人造的新标准内在化,并以此来定义真正的文明人——彬彬有礼、品位优雅、善于社交、学识渊博、慈悲为怀、广施善行;也以此来定义优秀的政治领袖——德行高尚、立场无私、远离腐败谄媚之行。标准一旦内在化,这些开明的古典式共和理想、价值观和标准便开始规范和控制他们的行为。他们着迷似地谈论如何形成一种品格(character),正如约翰逊博士所定义的,它是"关乎个人品质的一种表现"。

他们专注于自己的荣誉与声望,或者说,他们专注于自己在他人眼中的表现。这些革命领导人不可避免地成了生活剧场中的某个角色,某个率真的表演者。他们的品格并非我们今天所理解的那种暗藏矛盾与缺陷的内在化的精神。(这一当代看法导致了近来对建国者的抨击。)相反,他们认为品格是一种外在的生活,这些公众人物试图向世界证明,自己无愧于最优秀的那部分文化所赋予他们的价值与责任。建国者与社会完整地嵌合在一起,却从未发现自己已在批判与学术的孤立下远离了这个世界。和今天的知识分子不同,他们并未意识到自己将成为文化的对立面。他们的个体性毋庸置疑,有时会呈现出一种英雄色彩和超凡卓越的古典姿态,但他们绝非个人主义者,他们为自己的社会属性而忧心忡忡。他们不得已陷入社会及公益事业之中,为了礼仪、社交以及在公众面前的角色而隐匿自己的感受。杰斐逊与玛莎·华盛顿销毁了自己与配偶间的通信,因为他们坚信这些完全私人化的信件对彰显其公共品格毫无用处。在1797年出版的声名狼藉的"雷诺兹小册子"中,汉密尔顿牺牲了私人美德以保全其公共美德,他声称,绅士的私人生活应该与其公共品格及称职与否毫无关系。而让本杰明·富兰克林始料未及的是,他的标志性行为——他巧妙的造型、他扮演的角色、他的多重面具、他拒绝披露内心世界——居然被这个有教养、善交际的 18 世纪推崇备至。[37]为了社会利益而如此工于心计、如此表里不一、如此心甘情愿地妥协、改变,今天的我们对此有一种本能的抗拒,但这一抗拒恰恰表明了我们与浪漫主义之前的 18 世纪存在某种距离。

这些革命领袖所希望达成的教养与文明是面向公众的;唯有在社会中它们才获得了价值。懂得如何在人群中举止得体、如何领导和管理人民,这意味着要细致入微地体察他人的感受与反应。社会需要这种被约瑟夫・艾迪生(Joseph Addison)称为"看客之谊"(Fraternity of Spectators)的品格,它"使人们区别于蒙昧无知的兽类及缺乏思考的同类"。这些"看客"——由"那些将世界当作一个剧院,希望对剧院中的演员做出正确判断的人们"组成——有义务构建出一个彬彬有礼的氛围。[38]绅士的行为要根据对他人及社会的影响来进行判断。

从此,富有教养与德行的领导文化便意味着听众、看客、角色,意味着一个充斥着表演与表现、喝彩与指摘的戏剧化的世界,这个世界让华盛顿和约翰・亚当斯推崇备至。亚当斯总认为自己和同僚是在登台献演。他一度迷恋上公共生活的"舞台布景",并声称"其舞台效果远胜于剧作家笔下的人物品格或精妙情节"。亚当斯一生见证了无数剧目,直至 1805 年他遗憾地发现自己已成为昨日之星。他问朋友本杰明・拉什,"还会有什么像杰斐逊起草《独立宣言》那般情节跌宕起伏的事件出现吗?"他又问,汉密尔顿因"小册子事件之伤痛"而对约克城下命令算不算呢?[39]人生如戏,唯有给观众留下印象才算得上真正的登台献演。大众领袖不得不成为某个演员、某个角色,或某位伪装大师。

革命领袖深谙此道,他们的言谈举止处处体现着正直、道德、文明。事实上,革命所产生的强烈自我意识将他们与后来的领导人之间划出了一道永远的界限。这种投身革命的方式也让他们彻底远离了自己父辈与祖辈们的旧世界。他们探寻着,常常无功而返却始终真诚无匹:他们要扮演好每个角色,成为杰斐逊口中"天生的贵族"——地位的衡量依据其开明的价值观及其慈爱之举,而非传统意义上的出身与血统。

革命领袖有充分的理由这样做,因为他们出身卑微却满怀雄心壮志,这种结合使得后天努力的价值远比天赋更能吸引他们的注意。几乎所有的革命领袖,包括领导阶层中的二、三等级都是第一代绅士。换言之,几乎所有人都是家族中第一个进入大学,接受博雅教育,彰显18世纪开明绅士新特色的人。签署《独立宣言》和《宪法》的99人中,仅有8人的父亲是已知读过大学的。[那些未曾接受大学教育的革命领袖,诸如本杰明·富兰克林、乔治·华盛顿、纳撒内尔·格林(Nathanael Greene)通常在自由开明价值观中提升自我修养,以此来弥补这一短板。]正如本杰明·拉什1790年所写的,"许多美国建国者乃是令人尊敬的技工及农人之后"。[40]

杰斐逊之父彼得·杰斐逊,是一个富裕的弗吉尼亚种植园主、土地勘测员,与著名的伦道夫家族喜结秦晋。但他并不是一位有教养的绅士,也没有接受过博雅教育:他不读拉丁文,不了解法国,不拉小提琴,据我们所知,他也不曾对教会及蓄奴问题提出半点质疑。

但他的儿子托马斯则完全不同。事实上,所有的革命家都了解他们的父辈所不曾了解的事物,他们渴望通过自己的信仰和价值,通过自己的大公无私和美德来证明自己。但有一位杰出的革命领袖并不希望像他人一样扮演角色。乍看起来,亚隆·伯尔拥有成为伟大建国者的一切凭据:他参加过独立战争,毕业于普林斯顿大学,还是一位充满魅力的富裕贵族,最终成为纽约参议员及美国副总统。但某些事让他与同僚之间有了区别。他的表现与其他革命领袖截然不同——尤其是以公共利益为代价来谋取私利的做法——正是基于这种区别,政治家同僚最终群起而攻之。由于他打破了当时的常规,叙述其离经叛道的经历将有助于我们更好地理解建国者的品格。

然而,这些主流建国者的开明思想也引发了根本性的问题。如果是开明的新价值观引导这一代人投身革命,并构成了与其他时代领导人之间的区别,那么正如近代历史批评家所提出的,为何这些号称受过博雅教育的开明绅士没有进一步推进社会改革?为何他们没有提高妇女地位?为何没有彻底废除奴隶制?为何不用一种更人道的方式对待印第安部落?

的确,建国者所为并非尽善尽美。这说明他们并不像自认为的那样充分控制了当时的社会及文化。他们也并不比我们寻常人更准确地预见自己的未来。最终,建国者的许多开明愿景以及精英式领导都被革命所释放出的绝对民主与平等之力所摧毁。

毫无疑问,所有建国者都本能地认为,西部地区终将属于美洲移民。同时,许多人也对占领该地区的印第安人的命运顾虑重重。事实上,18世纪90年代,华盛顿的战争部长亨利·诺克斯就写了一份连现代人类学者也会为之拍手称道的声明,陈述了公正对待美洲原住民的必要性。但他们又买断印第安人的领土权,以诺克斯力荐的方式——以有序稳健的节奏推进移民工作——来同化或保护他们。普通白人移民毫不在意东部城市出台的各项规划与政策,他们兴奋地向西迁移,因为领袖们告诉他们"汝乃上帝选民"。他们的西进如此迅速又如此混乱,由此挑起了同印第安人之间的战争,联邦政府也不可避免地卷入其中。

民主与人口学同样摧毁了建国者的其他愿景与计划。所有这些杰出的领袖都曾认为,革命的自由原则终将消灭奴隶制。甚至连当时的杰斐逊、帕特里克·亨利及亨利·劳伦斯等南方人也公然抨击奴隶制的不公正,"从那一刻起",纽约的E.X.史密斯医生

（他也是一位废奴主义者）在 1798 年说道，"这个致命伤一定会慢慢地将其摧毁"。[41] 这一预言显然大错特错，18 世纪 90 年代的美国奴隶制正处在拼命扩张的边缘，距灭亡相去甚远。事实上，革命年代末期的奴隶数量要远胜于 60 年代。

但革命领袖的这种自我欺骗、盲目乐观依然情有可原，因为他们凡事往好的方面想，而且当时也的确出现了奴隶制消亡的迹象。北方各州——对其而言，奴隶制并非等闲之事——忙于铲除这一制度，并于 1804 年实现了目标。建国者认为南方也应该如此。南方不仅比北方建立了更多的反奴隶制协会，而且独立战争一结束，南方北部地区的奴隶解放运动就迅速发展起来。许多人都相信，奴隶制将随着 1808 年国际奴隶贸易的终结而废除。由于这种错误期待，建国者无比乐观地在 18 世纪 90 年代将奴隶制问题束之高阁。正如美国第三任首席大法官奥利弗·埃尔斯沃斯（Oliver Ellsworth）所称："当人口增加，穷苦劳动人民的数量会多到让奴隶毫无用武之地。适时的奴隶制不应该成为我们国家的污点。"[42] 建国者没有考虑到蓄奴州本身非同一般的人口容量（尤其是弗吉尼亚），足以为南部腹地及西南部的扩张提供所需要的奴隶。此外，无论建国者如何迫切期待废除奴隶制，只要普通白人种植园主需要奴隶，奴隶制就不会终结。

如果我们想知道，为什么再也无法重塑建国者一代的辉煌，这便是最简单的回答：平等式民主（egalitarian democracy）——就是我们今天认为美国社会文化中最有价值的那一部分——的发展。19 世纪早期，普通大众（至少是普通白人）的呼声开始以一种前所未有的方式为人们所注意，他们的声音很快就盖过了革命领袖（正是他们让普通大众登上了历史舞台）的高尚期望与目标。建国者过于成功地促进了普通人的民主与平等；事实上，他们也成功地杜绝了自身被复制的可能。

注释

1. Abraham Lincoln, "The Perpetuation of Our Political Institutions: Address Before the Young Men's Lyceum of Springfield, Illinois, January 27, 1838," in Roy P. Basler, ed., *Abraham Lincoln: His Speeches and Writings* (Cleveland: World Publishing Co., 1948), 84.

2. John Bach McMaster, *The Political Depravity of the Founding Fathers* [originally published as *With the Fathers* (1894), New York: Noonday press, 1964], 71.

3. Wesley Frank Craven, *The Legend of the Founding Father* (University Press, 1956), 195.

4. Charles A. Beard, *An Economic Interpretation of the Constitution of the United States* (originally published in 1913; 1935 ed., New York: Macrinllan, 1986), xlvi, xliv.

5. Joseph J. Ellis, *Founding Brothers: The Revolutionary Generation* (New York: Knopf, 2000), 12.

6. Charles A. Beard, *The Supreme Court and the Constitution* (originally published in 1912, Englewood Cliffs, NJ: Prentice-Hall, 1962), 91.

7. David Eggers, *A Heartbreaking Work of Stauering Genius* (New York: Simon & Shuster, 2000), 265.

8. Peter C. Mancall, *Valley of Opportunity: Economic Culture the Upper Susquehanna* (Ithaca: Cornell University Press, 1991), 232.

9. Charles S. Sydnor, *Gentlemen Freeholders: Political Practices in Washington's Virginia* (Chapel Hill: University of North Carolina Press, 1952), 130—134.

10. Adam Smith, *An Inquiry into the Nature and Causes of the Wealth of Nations*, in R. H. Campbell and A. S. Skinner, eds. (Oxford: Oxford University Press, 1976, 2), 688.完整的四阶段论请参照 Ronald L. Meek, *Social Science and the Ignoble Savage* (Cambridge, England: Cambridge University Press, 1976).关于 18 世纪美国人将四阶段论应用到社会理论的内容，请参见 Drew R. McCoy, *The Elusive Republic Political Economy in Jeffersonian America* (Chapel Hill: University of North Carolina Press, 1980), 13—47。

11. John Locke, *Two Treatises of Government*, Peter Laslett, ed. (Cambridge: Cambridge University Press, 2d ed., 1967), 301.

12. Henry Dwight Sedgwick, *In Praise of Gentlemen* (Boston: Little Brown, 1935), 130.

13. Sheldon Rothblatt, *Tradition and Change in English Liberal Education: An Essay in History and Culture* (London: Faber and Faber, 1976), 233.

14. Noah Webster, "On the Education of Youth in America," (1790), in Frederick Rudolph, ed., *Essays on Education in the Early Republic* (Cambridge, MA: Harvard University Press, 1965), 56.

15. J. A., *Defence of the Constitutions of the United States* (1787—88), Adams, ed., Works, 6:185.

16. Aristotle, *Politics*, WII, ix, 1328b, T. A. Sinclair, trans., rev. by Trevor J. Saunders (New York: Oxford University Press, 1981), 415.

17. Smith, *Wealth of Nations*, Campbell and Skinner, eds., Il, 7SI—S3.

18. Francis Hutcheson, *A System of Moral Philosophy in Three Books* (London: A.Millar, 1755), 2:113.

19. TJ to Richard Henry Lee, June 17, 1779, in *Papers of Jefferson*, 2:298.

20. Jack N.Rakove, *The Beginnings of National Politics: An Interpretative of the Continental Congress* (New York: Knopf, 1979), 216—239, quotation by William Fleming to TJ, May 10, 1779, at 237, George Athan Billias, *Elbridge Gerry: Founding Father and Republican Statesman* (New York: McGraw 1976), 138—139.

21. TJ, *Notes on the State of Virginia* William Peden, ed. (Chapel Hill: of North Carolina Press), 165.

22. See William R.Taylor, *Cavalier and Yankee: The Old South and American Character* (New York: G.Braziller, 1961).

23. James Wilson, "On the History of Property," in Robert Green McCloskey ed., *The Works of James Wilson* (Cambridge, MA: Harvard University Press, 1967), 2:716; John Dickinson, "Letters of a Farmer in Pennsylvania," (1768), in Paul Leicester Ford, ed., *The Writings of John Dickinson*, Vol.I, *Political Writings, 1764—1774* [Pennsylvania Historical Society, Memoirs, XIV (Philadelphia, 1895)], 307.

24. Charles Chauncy to Richard Price, 1774, in Thomas and Bernard Peach, eds., *The Correspondence of Richard Price* (Durham, NC: Duke University Press, 1983), 170.

25. David Duncan Wallace, *The Life of Henry Laurens* (New York: G.P.Putnam and Sons, 1915), 69—70, 335.

26. David S.Shields, *Civil Tongues and Polite Letters* (Chapel Hill: University of North Carolina Press, 1997), 130.

27. Charles Royster, *A Revolutionary People at War: The Continental Army and American Character, 1775—1783* (Chapel Hill: University of North Carolina Press, 1979), 86—87.

28. William Livingston et al., *Independent Reflector* ... Milton M. Klein, ed. (Cambridge, MA: Harvard University Press, 1963), 219.

29. Franco Venturi, *Utopia and Reform in the Enlightenment* (Cambridge, England: Cambridge University Press, 1971), 133.

30. *Boswell's London Journal, 1762—1763*, Frederick A.Pottle, ed. (New York: McGraw Hill, 1950), 47.

31. Steven J.Novak, *The Rights of Youth: American Colleges and Student Revolt 1798—1815* (Cambridge, MA: Harvard University Press, 1977), SS.

32. Bernard Bailyn, *The Ideological Origins of the American Revolution* (Cambridge, MA: Harvard University Press, 1967), 89—92.

33. 正如斯蒂芬·康威所说,哈利法克斯的观点过于偏激了。尽管格伦维尔本人似乎将殖民者与英国国民作了区分,但印花税法案的辩护者们必须得假定美国人是英国议会底下英国社群的一部分;否则他们无法解释殖民地居民要向王国缴税的原因。Conway, "From Fellow-Nationals to Foreigners: British Perceptions of the Americans, circa 1739—1783," *WMQ*, 59(2002), 83—84.

34. 关于地方主义催生出的创造性想象,参见 Bernard Bailyn, *To Begin the World Anew: The Genius and Ambiguities of the American Founders* (New York: Knopf, 2003),

3—36。

35. John Clive and Bernard Bailyn, "England's Cultural Provinces: Scotland and America," JWMQ, 3d Ser., (1954), 200—213, N.T.Phillipson, "Culture and Society in the 18th Century Province: The Case of Edinburgh and the Scottish Enlightenment," in Lawrence Stone, ed., *The University in Society: Europe, Scotland, and the United States from the 16th to the 20th Century* (Princeton: Princeton University Press, 1974), 2:425; Stephan A.Conrad, "Polite Foundation: Citizenship and Common Sense in James Wilson's Republican Theory," *Supreme Court Review—1984*, Philip B. Kurland et al., eds. (Chicago: Chicago University Press, 1985), 362.

36. Livingston et al., *Independent Reflector*, Klein, ed., 220.

37. Robert F. Sayre, *The Examined Self Benjamin Franklin*, Henry *Adams*, Henry James (Princeton: Princeton University Press, 1964), 12—43.

38. Joseph Addison, *The Spectator*, No. 10 (March 12, 1710—1711), Alexander Chalmers, ed. (New York: D.Appleton, 1861), 129—130.

39. John Adams to Benjamin Rush, September 30, 1805, John A. Schutz and Douglass Adair, eds., *The Spur of Fame: Dialogues of John Adams and Benjamin Rush, 1805—1813* (San Marino, CA: Huntington Library, 1966), 42—43.

40. Benjamin Rush, "To—: Information to Europeans Who are Disposed to Migrate to the United States," April 16, 1790, in Lyman H. Butterfield, ed., *The Letters of Benjamin Rush* (Princeton: Princeton University Press, 1951), 2:554.

41. Duncan J. MacLeod, *Slavery, Race, and the American Revolution* (Cambridge, England: Cambridge University Press, 1974), 29.

42. 转引自 J.J.Spengler, "Malthusianism in Late Eighteenth—Century America," *American Economic Review*, 25(1935), 705。

第一章　乔治·华盛顿之伟大 *

乔治·华盛顿仍旧可能是战争与和平年代首屈一指的人物，但在国民心目中，他似乎已不占鳌头。最近一次民意调查——"谁是美国最伟大的总统?"——结果显示，仅有 6% 的投票支持华盛顿。在诸位总统中他已名列第七。年轻人尤其知之甚少。

投票评选"最伟大的总统"也许很蠢，倘若我们严肃看待此事，那么华盛顿理应拔得头筹。对于同时代人赋予他的荣誉，华盛顿当之无愧。只要共和国存在一天，他就应当是国民心目中的执牛耳者。华盛顿着实是我们历史上的伟人，也是最伟大的总统。

但他不是个容易被理解的伟人。人们常说，华盛顿成名很快，他更像是座丰碑而非一个凡人。即便是同代人也视之为常人不能匹敌的人物。随着岁月流逝，他的真实形象也渐渐销蚀。在 19 世纪初的几十年间，他已变得如泥塑木雕般不可亲近。"有谁曾见过华盛顿的裸体?"霍桑问道，"这不可想象"。华盛顿"和衣而生，发着香粉，首次露面时还向人们郑重鞠躬"。

正如爱默生所言，"每个英雄都终将令人生厌"，华盛顿亦不例外。19 世纪中期，人们对华盛顿的赞誉成了家常便饭，幽默作家阿蒂默斯·沃德（Artemus Ward）忍不住模仿道："乔治·华盛顿是这世上见到过的最好的人……他从不夸夸其谈……他深深爱着他的祖国。他身先士卒。他是头戴翘檐三角帽、身着长马裤的人间天使。"[1]

---

* 本章曾刊登于《弗吉尼亚评论》(季刊)(1992 年总第 68 期，第 189—207 页)，经允许大幅修改并收录于本书。

尽管帕森·威姆斯（Parson Weems）在其畅销的伟人传记中试图恢复他的真实面貌，但华盛顿依然高高在上、遥不可及，几乎不像一个真实的人。人们一次次揭其疮疤，毁其名声，想让他重返人间，但他依然庄严不朽。直到我们这个时代（21世纪早期），他仍然只可远观、不可捉摸。他似乎来自另一个时空，另一个世界。

　　重点在于：他确实来自另一个世界。美国国民早在华盛顿1799年逝世前就已知道这一点。华盛顿是美国历史上唯一一位真正的古典英雄。其有生之年已获此赞誉。在他的美国同胞中，唯有富兰克林能在国际声誉上与之匹敌。富兰克林的名声主要集中在科学和哲学领域，而华盛顿则更像一位传统英雄。他对此心知肚明。他知道自己的声誉和名望源于美国独立战争时期陆军总司令的身份。华盛顿对自己的英雄形象高度敏感，这一点很重要，几乎影响到他余生所做的每件事。

　　华盛顿是个地地道道的18世纪人物。同塞缪尔·亚当斯一样，他是"普鲁塔克笔下的人物之一"；和亚当斯一样，他很快就成了一个不合时宜的人。[2]他属于民主与平等出现之前的那个18世纪，属于那个与后世完全不同的世界。难怪他看似离我们如此遥远，因为他确实如此。他属于我们失却的那个世界，一个他在世时便开始消失的世界。

　　在许多方面，华盛顿都不太像一个英雄。当然他拥有古典英雄的一切体征：用那个时代的标准衡量，他非常高，6.3英尺左右，体格魁梧、身强体壮。无论男女都对其体魄称道不已。他既是一名技术超群的骑手，又是一位功力非凡的舞者，他当然热衷于骑马跳舞。他总是举止高雅，像个领导者。

　　但那些真正了解他的人与其交谈时却常有失望。他似乎总是木讷寡言。完全不符合我们如今称之为知识分子的那种形象。我们无法想象，如果他以杰斐逊或约翰·亚当斯晚年的那种方式来表达他对人世间不幸的看法，那会是一番怎样的景象？亚当斯向来轻视华盛顿的才能。亚当斯说，华盛顿的确不是一位学者，"相对于其地位和名望，他是如此知识匮乏、胸无点墨。"亚当斯的评价显然过于严厉。18世纪的伟人并不必然要成为学者或知识分子。尤其与其他建国者相比，华盛顿的确不是一个知识渊博的人。在那些抽象的辩论中，他常常感到局促不安。即便向来对朋友胸怀雅量的杰斐逊，也说华盛顿的"口才并不优于常人"。他"既无满腹经纶又无妙语连珠"。[3]

那么，华盛顿便是一个少言寡语、思想平庸的人。他显然不太聪慧；他和培根、洛克、牛顿等人不在同一水平，甚至比不上杰斐逊和富兰克林。他不是一个知识分子，他是一个经验丰富的实干家。他知道如何运营农场、六畜兴旺。他对芒特·弗农山庄的经营确实优于杰斐逊对蒙蒂塞洛的经营；事实上，他是整个弗吉尼亚最成功的商业种植园主之一。华盛顿的心永远牵挂着芒特·弗农山庄，不仅如此，他的一部分优良思想同样寄寓其中。他毕生都在为弗农山庄劳心劳神。即使在担任总统期间，他也耗费大量精力操办农庄的篱笆墙，他处理芒特·弗农山庄事务的信比处理联邦政府事务的信写得还要长。

华盛顿之所以成为盖世英雄，并不是因为他经验丰富，或者能够高效管理山庄乃至联邦政府。到底是什么铸就了他非凡的声望、铸就了他的伟大？

他的军事功勋显然十分重要。但华盛顿不是一个传统意义上的军事英雄。他并不像亚历山大、恺撒、克伦威尔，或马尔伯勒（Marlborough）；与后来拿破仑的所向披靡相比，他的军事成就也不值一提。华盛顿并没有什么了不起的伟大胜利。他并非军事天才，其预知能力及战略部署并不属于令人望而生畏的那一类。军事荣誉不足以让他获得如此声望。若还有其他方面,那到底是什么?

华盛顿的天赋、伟大均源自其品格。正如夏多布里昂所言,他代表了"史无前例的一类英雄"。[4]华盛顿之前从未有过这类伟人,1800年拿破仑以恺撒般的帝国英雄姿态震惊世界之后,似乎再也没有出现过这一类人物。华盛顿之所以成为伟人并以古典英雄形象为国人所称颂,恰是因为他在经受诱惑时依然能够保持克制。正是他的道德品格使他区别于常人。

华盛顿是革命一代典型的领袖人物。他品格高尚、德行卓著。这种美德并非与生俱来。他曾为之努力,勤加培养,众人皆有目共睹。可以说,华盛顿是个白手起家的英雄,在18世纪这样的开明时代——大家相信人可以同时控制激情和命运——他格外引人瞩目。在他的身上有一种自强不息的高贵精神。

华盛顿是启蒙运动的产物。他完全属于自己的那个时代,他比同僚更加谨守当时的道德标准。但华盛顿的启蒙运动与杰斐逊或富兰克林的启蒙运动并不是一回事。它没有什么哲学奥义或抽象论证。当然,他以传统自由派的方式对待宗教事务("我绝不迷信任何宗教"),虽然他定期去教堂礼拜,但他绝非感性的修道者。他在著作中甚少提及救世主,并经常称上帝为"人类琐事的伟大碎渣机"。但华盛顿对神职人员并不反感,也不像杰斐逊那样厌恶基督教教义。[5]他绝不会如杰斐逊般宣称:"我们的公民权独立于教义,正如物理学与几何学也独立于我们的意见。"[6]他虔诚地相信上帝或神的旨意时刻关注着人类诸事宜,包括他投身的革命战争。华盛顿深信——正如他在告别演说中所说的那样——宗教对于道德与共和政府都是一种不可或缺的支撑。他虽然赞美学习,但他绝非富兰克林那样的科学家;事实上,与18世纪的许多绅士一样,他并不认为"绅士只想通过教育成为一名学者"。[7]华盛顿的启蒙是一项更为实事求是的运动,它关注人类的社会行为及人类的日常生活世界。他的启蒙专注于文明礼仪。

16岁生日前,华盛顿从一本17世纪流行的英文版耶稣会文明礼仪准则《人际交往礼仪》——译自1595年的法文版 *Bienséance de la Conversation Entre les Hommes*,该版转引自1558—1559年首次发行的意大利文版本——中摘抄了110条格言。这一《日常交际中的礼仪及得体行为之规范》,是华盛顿留存的首份文献,它记录了应该如何对待长辈("和有身份的人谈话时,身子不要歪,也不要盯着对方的面部看……");如何举止得体("不要鼓起腮帮,不要懒洋洋地吐舌头,不要抓耳挠腮,不要噘嘴或咬嘴唇,不要把嘴巴张得太大或闭得太紧");如何与同伴用餐("别用台布、餐巾、叉子或餐刀来清洁牙齿……")。[8]

建国者全都了解这些文明礼节,也竭尽己力使其臻于完善。但没有人比华盛顿更严格要求自己。他迫切地想了解自由派绅士所适宜的行为规范,一旦获悉便终生不渝,其金石为开的精神令同辈动容。正是这种坚定的意志使他的行为举止如同品德规范的拓写本那般精准无误。他迷上了约瑟夫·艾迪生(Joseph Addison)的戏剧《卡托》,百读不厌,写信时还引用其中的台词。这出颇具启蒙气质的戏剧教会了他自由与美德的意涵,及成为一名古典英雄式硬汉的意义。[9]

华盛顿喜欢追逐流行,对自己在世界面前的表现也颇为挑剔。他仿佛永远置身舞台、戏服加身。事实上,他总是把生活视为展现个人"角色"的"舞台"。[10]他极力避免冒犯他人,润饰言辞以迎合写作对象,所以有些史学家指责他不够诚实。[11]华盛顿很重视自己的书法、拼写及语法。独立战争后,当他得知自己将身价倍增,便开始动手修改早期作品中某些不甚满意的部分。[12]"他如此渴望在信件中表现得整洁与端正,据说他只因少许擦痕便不惜将一份两

（三?）页的信件重誊一遍"，本杰明·拉什回忆道。[13]其翩翩风度以及在人群中不苟言笑皆源于他的反躬自省（一种合宜的古典绅士气度）。

正是因为华盛顿未曾进入大学接受博雅教育，才使得他在查缺补漏的过程中格外一丝不苟、实事求是。威廉玛丽学院对他而言始终是"崇拜的对象"，他也反复表达了对自己"教育缺陷的体察"。[14]华盛顿因从未学过任何外语而感到窘迫。18 世纪 80 年代，他曾拒绝出访巴黎，部分原因正是他觉得自己的这种身份需通过翻译交流是一种耻辱。他说，由于缺乏正规教育，使他未能用文字记录自己的革命史。甚至有谣言称，他在担任总司令期间的信件均由其副官代写。然而，缺乏大学教育并不妨碍他表现出那些以其他方式努力习得的教养与风度。他热衷于参加茶话会。1787年制宪会议期间，华盛顿日记中关于会议商谈记录的篇幅与他参加的各种茶话会记录相差无几。[15]

他常常会在锋芒毕露的对手面前保持沉默。有人认为这源于其内向与羞怯的个性，但无论什么原因，这种沉默寡言确非一般伟人的品格。"他的谦逊震惊了法国人"，J.P.布里索（Jacques Pierre Brissot de Warville）写道："当他谈起独立战争及战果时，好像自己从未出过力一样。"这种谦逊使他的形象显得更加庄严肃穆。"大多数人说得太多，做得太多"，一位友人回忆道，"而华盛顿……从未犯过这样的错误"。华盛顿可能在晚宴作陪时表现平平，但他确实有着约翰·亚当斯自叹弗如的那种品质："沉静的天分。"[16]

华盛顿或许在社交场合举止踌躇，但在政治领域，他知道该如何雷厉风行。他最令人钦佩的事迹之一，便是解放了自己家中的黑奴。许多建国者家中都蓄有奴隶，包括杰斐逊、麦迪逊以及帕特里克·亨利，但只有华盛顿最后解放了自己的奴隶。他当然不是激愤的废奴主义者，他一生中从未与奴隶制公然抗衡。

他隐秘而费劲地得出结论说,不道德的奴隶制度与革命目标相抵牾。

革命前,华盛顿像18世纪的大多数美国人一样(尤其在弗吉尼亚),认为奴隶制有其正当性。18世纪社会充斥着各种不平等和不自由,奴隶制似乎只是依附阶层中最卑劣、最堕落的一部分。虽然今天的我们无法想象一个人支配另一个人,但在18世纪早期的美国却并非如此。毕竟,有着数千年历史的奴隶制没有遭到过任何实质性的批判,它在18世纪早期的美国依然无可指摘。

革命开始之前,所有殖民地或多或少都涉足非洲奴隶问题。18世纪60年代,美国总人口约150万,其中至少五分之一——30多万男人、妇女和儿童——受到奴役。华盛顿所居住的弗吉尼亚是当时最广袤、富裕的殖民地,奴隶人数居各州之首——超过14万,约占其总人口的40%。18世纪上半叶,即便像威廉·伯德(William Byrd)这般有教养、生性敏感的弗吉尼亚种植园主,也不曾对种植园内数以百计的奴隶有所愧疚或防备。那是个野蛮而残酷的年代,生命对每个角落的底层人而言,都是廉价的。

革命改变了这一切。革命者不需要约翰逊博士("为何我们在对黑人的驱使声中听到了自由的高呼?")来告诉他们,在蓄奴的同时振臂高呼自由是多么自相矛盾。在一个致力于自由的共和新社会中(由平等的公民构成),奴隶制显然是一种不正常的"古怪制度",如果它继续存在下去,就需要积极捍卫并为之辩护。1775年,世界上第一个废奴团体在费城建立,这绝非偶然之事。所有革命领袖都意识到了这一极大的矛盾——他们为自由而进行的革命与美国奴隶制之间的矛盾。华盛顿亦不例外。

然而,要华盛顿认清奴隶制的罪恶并非一桩易事。他要去质疑那些曾深信不疑的观念,要去挑战自己及弗吉尼亚生活方式的基本原则,实属不易。虽然华盛顿积极投身公益事业,但作为一个沉湎于南方社会及其文化的种植园主,他在革命之前对奴隶制的看法与一般弗吉尼亚种植园主并无二致。为了扩大芒特·弗农山庄的生产力并增加财富,他曾大量购入奴隶,除非特殊情况才会售出少许。到 1774 年,华盛顿已在种植园内蓄奴百名。尽管他是一位好主人,时常关心奴隶的健康与福利,但他从不会因为奴役这些人而感到苦恼。革命前,他曾在很多场合批评这一制度,这样做的原因并非出于制度本身不道德或不人道,而是因为奴隶制的存在使他的工人们消极怠工。1774 年,华盛顿签署《费尔法克斯决议》,其中包括终止向英属殖民地输送奴隶的条款。许多弗吉尼亚人都希望终结奴隶贸易,因为他们的奴隶已经多到无法安置的程度。但在签署决议的同时,华盛顿却从西印度群岛购入了更多的奴隶。

华盛顿成为大陆军总司令后,为形势所迫不得不改变了自己原先的看法,允许黑人当兵。1775 年,当他在新英格兰军队中发现非裔士兵时,着实大开眼界,于是华盛顿开始在大陆军中提倡招募黑人自由民。1778 年,他允许罗德岛居民建立一个纯黑人军团,并于 1779 年慎重批准了一项"奴隶服兵役以换取自由"的计划。他很了解南方人那种根深蒂固的恐惧与偏见,所以当该计划失败时他并不惊讶。战争岁月里,华盛顿领导了一支由各个族群构成的队伍,其中包括 5 000 名非裔美国人。作为总司令,他并没有公开反对奴隶制,但在私下里却逐渐开始反思黑人问题。

当战争结束回到芒特·弗农山庄时,他已得出结论:应当废除奴隶制。不仅因为它是一种落后的劳动制度,更重要的是,它亵渎了革命所宣扬的一切。面对自己置身其中的社会和文化,他感到身不由己,但他并没有公开反对之。1786 年,他暗自发誓不再购买奴隶,当时他已拥有两百余名奴隶,其中半数因年纪过轻或年纪太大而无法工作。正如他对一名弗吉尼亚朋友所说的那样,他开始对那种以"缓慢、确定、不可察觉的方式"来废除奴隶制的计划存有一线希望。[17]他很清楚其他任何计划在政治上都是行不通的。

1794年,当他思忖从总统位置上退休时,慎重考虑要解放那些"被我所占据,却负心违愿的财产"。[18]但问题是,一方面广袤的土地变现存在困难,另一方面,大多数奴隶(300名左右)并不属于华盛顿,这些陪嫁奴隶属于妻子玛莎及其关系复杂的继承人,凡此种种都阻碍了他解放家奴。1799年夏天(他去世前六个月),他决心在自己油尽灯枯前处理好这一问题。大抵因为解放奴隶的想法为邻居、家人甚至是玛莎所反对,因此他秘密起草了一份新遗嘱。这份遗嘱是他所撰写的最重要的文件之一。由于其奴隶与玛莎的奴隶彼此通婚,他曾表示只有当玛莎去世时,奴隶方可获得自由。但他并没有任凭家奴在世间自生自灭。他不仅明令禁止"以任何借口"将恢复自由之身的奴隶输出弗吉尼亚,而且还表示将为那些获得自由的小奴、老奴提供所需的支持与帮助。小奴将被照顾到25岁,不仅如此,他们还可以学习阅读与写作,来为"某些有用的职业"做好准备。他并未论及整个弗吉尼亚,但他深知自己家庭成员的想法,所以他在遗嘱中加入了祈使的语气:"最急切、最郑重"地嘱咐遗嘱执行人,须"一丝不苟"地履行他的要求,"不得逃避、不得怠慢、不得拖延"。[19]

华盛顿的遗嘱立刻以小册子的形式刊发并在全国流传开来。但这个国家,或至少是南方社会,并没有为迎接其中的内容而做好准备。他解放奴隶的遗愿尚未实施便胎死腹中。

华盛顿在更早之前还留给了这个国家另一份非物质遗产。1783年,华盛顿这一完美主义表演者,展现出了最富戏剧化的姿态,最具道德感的特征,其成就永垂不朽。华盛顿一生之中使他闻名于世的壮举,便是辞去美国军队总司令职务。这一举动,以及那篇向全国人民承诺自己即将隐退的告别辞，便是他称之为"留给国民的遗产"。没有哪位美国领袖的遗产更甚于此。

在签署和平条约、英国承认美国独立地位后，1783 年 12 月 23 日，华盛顿正式宣布将军权交还国会，自己解甲归田，回到芒特·弗农山庄，他的举动震惊了世界。正如加里·威尔斯（Garry Wills）所说，这种自主且无条件退出政坛的做法具有高度的象征意义。[20]为了彰显告别辞（作于正式隐退前六个月）中政治建议的无私性，他承诺自己隐退后绝不涉足"任何公共事业"。他甚至辞去了当地教区委员会的职务，只为与政治事务彻底厘清关系。

华盛顿的解甲归田对西方世界产生了深刻的影响。这一切非比寻常。一个凯旋的将军放弃军权回归田园，这在现代闻所未闻。克伦威尔、威廉三世、马尔伯勒——他们都希求得到与其军功相称的政治回报。虽然时人普遍认为华盛顿可能成为国王或独裁者，但他对那些毫无企图。他真诚地期待所有士兵都可以"回到我们的私人驻地，回到洋溢着自由、和平与幸福的故乡"，人人都能感受到这份真诚，人人心怀敬畏。正如画家约翰·特兰伯尔（John Trumbull）在一封 1784 年的伦敦来信中说道的，华盛顿的辞职"让我们这里的人们感到震惊与钦佩。这一行为是如此新奇，对于那些既不愿放弃自己的既得权力，又想煽动国王攫取更多权力的人来说，实在是难以接受。"据说，乔治三世曾经预言，如果华盛顿真能够解甲归田的话，"那他将成为这世上最伟大的人"。[21]杰斐逊在 1784 年的看法并未夸大其词，"克制而高尚的个人品格……或许可以挽救革命试图创造的那种自由，让这场革命不要像其他大多数革命一样半途而废"。[22]

华盛顿并不天真。他深知自己的隐退所产生的影响力。他竭尽所能为国奉献，不辜负时人对他这位无私的古典爱国者的期望，同时华盛顿也很快意识到自己已经一跃成为现代版的辛辛纳图斯

（Cincinnatus）。18世纪80年代，这位古典英雄在国际上声名远扬，无人可与之匹敌。富兰克林是他唯一的对手，但富兰克林的成就依然建立在其科学家（而非政治家）的身份上。华盛顿集所有的古典共和美德于一身，而这正是时人所渴望重现的。

尽管华盛顿向来以谦逊示人，但他并不认为自命不凡是什么可耻之举。华盛顿生活在一个社会等级依然分明的时代。他认为将自己与普通人区分开是理所应当的。当这一区分不复存在时，他便要加强这种区分。他用天生的沉默寡言来强化自己不苟言笑、令人敬畏的古典英雄形象。他为自己的孤芳自赏费尽心思。吉尔伯特·斯图尔特（Gilbert Stuart）在为华盛顿绘制肖像时，使出浑身解数也无法让他保持轻松的坐姿，愤怒的画家最终不得不恳求道："现在，先生，您必须让我忘了您是华盛顿将军，而我只是画家斯图尔特。"华盛顿的回答让人毛发尽竖："斯图尔特先生永远不应忘记自己是谁，以及华盛顿将军是谁。"难怪这幅肖像最终画得十分刻板。[23]

作为一名道德英雄，华盛顿赢得了声望（reputation）与"品格"，他不想失去这一切。他的余生都用以守护声望，为声望煞费苦心。他认为富兰克林在18世纪80年代重返宾夕法尼亚政坛是一个错误。如此与政治牵扯不清，只会影响富兰克林在国际上的地位。用现代眼光来看，华盛顿对自己的声望过于痴迷，过于自负，实在令人觉得难堪。但他的同辈人却欣然处之。所有的绅士都谨小慎微地守护着自己的声望，对他们而言这就是荣誉（honor）。荣誉是绅士所赢得的尊重，他们对此极为重视。获得跨越时空的荣誉就是获得了名誉（fame）。名誉乃建国者孜孜以求之物，华盛顿尤为如此。[24]与同代人相比，他声名鹊起、誉满天下，在革命领袖中独领风骚。他当然不愿使自己的名誉受到任何损害。

要理解他在1783年之后的许多行为，只能从贤明领导人爱惜羽毛的角度入手。他对任何批评都异常敏感、警惕。杰斐逊说，没有人比华盛顿更敏感了。华盛顿将世人的眼光作为行事的准则。这让他有时在现代视野中显得有些病态，但18世纪的人不会这样认为。在那个风言风语的时代，普通人对伟人的成就充满了"猜忌"，在华盛顿看来，人们对他行事动机的理解是极为重要的。光有事实还不够，他必须表现出高尚贤明。他竭尽所能让自己的形象远离卑鄙、刻薄、贪婪、野心勃勃。正如杰斐逊所言，没有人比华盛顿更善于摒除"利益关系、血缘、友谊及仇恨"对自身的影响了。他穷尽一生专注于自己"大公无私"的名声。[25]

这种专注足以解释18世纪80年代他貌似怪异的一丝不苟和谨言慎行。1783年，华盛顿接受了辛辛那提建城的决议，并同意担任第一任市长。革命军退役指挥官们的善意起初让华盛顿倍感亲切，但取而代之的却是不绝于耳的群众抗议之声。华盛顿感到困惑与震惊，他向朋友寻求良方。杰斐逊建议华盛顿向该决议施压，责令其纠正并去除决议中带有世袭特征的内容，他给出了一个令华盛顿难以抗拒的理由——在这一贵族社会担任领导职务将破坏他古典美德的声望。

1784—1785年的冬天，华盛顿再次陷入诱惑之中，痛苦不已。弗吉尼亚议会赠予他150股詹姆斯河与波托马克运河公司股份，以答谢他对国家及运河建设的贡献。他当如何处之？他不认为自己应当接受股份。因为一旦接受就"意味着拿到一份退休金"，这可能会损害他的美名。但他依然对运河公司的诚意深信不疑，一直想着某天能从运河上发笔横财。此外，他也不愿意对议会表示"不敬"，或者以拒绝这份厚礼的方式来"卖弄自己的大公无私"。[26]

华盛顿的一生中几乎没有什么决定比这次更令他苦恼了。他给每一个认识的朋友写信——杰斐逊、州长帕特里克·亨利、威廉·格雷森、本杰明·哈里森、乔治·威廉,甚至写给远在法国的拉法耶特——以在股份处理问题上寻求"最佳讯息与建议"。他问道,"全世界的人会如何看待此事?"会不会损害他的美名?接受股份会不会"使我因小而失大"?——这就是他的"大公无私"。

如果华盛顿不是如此严肃认真的话,故事倒可能是个喜剧。当他告诉通讯员,自己为这一问题感到"困惑不已"时,他无疑是了解整个局面的。[27]他在一封又一封的信中表达了自己真实的痛苦。这不是当今政府官员面对利益冲突时的惯常表现。1784—1785年间,华盛顿并未担任任何公职。

杰斐逊又一次找到了解决华盛顿顾虑的办法,告诉他婉拒这些股份只会增加他在大公无私方面的声望。于是华盛顿将股份赠予了一所大学,即后来的"华盛顿与李"大学(Washington and Lee)。

1787年,华盛顿在是否应该参加费城会议的问题上更是进退两难。许多人相信他的出席将对会议的成效产生至关重要的影响,但局面十分棘手。他恳求朋友们"推心置腹地告诉我公众对这件事的预期是什么,或者说,我该不该去呢?"人们会如何看待他的出席?如何审视他的动机?如果出席了,是否有人会认为他背叛了当年淡出公共生活的誓言?如果不出席,他的高举远去是否会被视为"对共和主义的抛弃"?他是否应该在一桩可能没意义的事情上挥霍自己的声望?[28]

假使会议失败,那又该如何?代表们不得不返回故乡,"为他们的失败感到懊恼沮丧。每一位与会者都将郁郁不得志,我这种处境的人尤为甚之"。麦迪逊也曾再三考虑,华盛顿的名望乃无价之宝,一旦遭到滥用,将导致怎样的后果。华盛顿最终决定出席会议,是因为他怕群众误以为自己想重掌军政大权,才眼睁睁看着联邦政府走向失败。于是他决定"斩断自己光荣的隐退之路,用百死千难得来的声望作赌注"（麦迪逊语）。没有任何行为比这更加高尚。亨利·诺克斯怀着敬畏之情写道，"本已仁闻于世，今出于仁心再度出山。唯有国家陷于危难方得如此奋不顾身"。[29]

会议伊始，华盛顿即被推选为会议主席。虽然具体工作都由大会委员会负责，华盛顿无需主持辩论，但他显然在审议过程中三缄其口。他或许意识到，自己的任何意见或建议都将妨碍辩论，因为无人胆敢与他争辩。直到会议最后，他才表示支持将代表比例从 40 000：1 调整到 30 000：1。这个不起眼的意见在华盛顿的支持下，毫无悬念地通过了。他以这样的方式向同僚表达对宪法的支持。

毫无疑问，华盛顿的出席、主持使费城会议与《宪法草案》赢得了意想不到的威望。他的支持对于宪法最终成功获批起到了决定性的作用。詹姆斯·门罗告诉杰斐逊，"可以确信，他的影响力撑起了这个政府"。[30]既已承诺支持宪法，华盛顿便为各州接纳宪法之事辛苦奔忙。他写信给朋友，将自己对新联邦政府的热忱之情广而告之。一旦他将自己的公开形象视同于宪法，便热切渴望它能为各州所接受。人们认可宪法就等于认可了他。

当宪法已成，华盛顿仍然觉得自己应回到芒特·弗农山庄，享受宁静生活。但所有人都相信他会成为新国家政府的总统。众人的期待再次引发了他对声望的种种焦虑。他已向国民保证自己将彻底退出公共生活，如今又怎能在执掌总统大位的同时不显得"若非有移天易日之心，也是一反复无常之人"？他真的不愿这样做。他不敢进寸而退尺。但他也不想显得"汲汲于名声"。他告诉朋友亨利·李，他知道"无论何时我都应该确信，为了国家的未来需将自己的名声置之度外；我自己的名誉永远不能与如此重要之事相提并论"。[31]

但华盛顿不能继续这样在责任与声望之间进退两难了。因为他越思考就越觉得,无论是否接受总统之位,这都将关乎声望,尤其是在听取汉密尔顿的建议之后——"如果你拒绝为未来国家制度建设提供帮助,将对你的名誉造成极大风险,而名誉一定是也应当是你最为珍惜的"。当有人以一种非美德的方式来关注美德时,便很难做出决断。华盛顿告诉本杰明·林肯,任何事物都不能使他放弃隐退的生活,"除非我能够确定,吾民偏爱于我,将我的贡献视作不可或缺;同时我也担忧,此番回绝可能让人们认为我更珍视个人的声望与闲适生活,而非国家的福祉。"[32]

华盛顿的以自我为中心、过分的忸怩作态、极不情愿参与公众事务、极不情愿自己声望受损,凡此种种都不为历史学家所悦纳。著名的华盛顿传记作家道格拉斯·S. 弗里曼(Douglas Southall Freeman)对 18 世纪 80 年代后期的华盛顿评价道:"如此热衷于关注他的威望、他的名声,以及他的受欢迎程度——一个过分忸怩作态的民族英雄,一个不够勇敢的爱国者。"[33] 历史学家也许不能理解他的作为,但他的同辈人却可以做到。他们甚少质疑华盛顿为何总是表现出一副大公无私的样子。他对入仕还是归隐的犹豫,他踌躇和困惑的表现——都是他力求成为古典观念中的贤明领袖而作出的一种努力。他从未因自己是领导大陆军的统帅而接受任何酬劳,尽管国会最终以总统之位酬谢他,他也希望世人了解他曾婉言相拒。他似乎是政治美德的典型。尽管约翰·亚当斯对华盛顿有些不屑一顾,但其妻阿比盖尔却对华盛顿十分认同。她欣赏他的克制,相信他的为人。她写道,"倘若他并非这世上至仁至义之人,那他定是怀着假仁假义之心"。历史学家加里·威尔斯(Garry Wills)讲得极好,华盛顿"在欣然放弃权力时获得了权力"。[34]

面对各方的期待与压力,华盛顿让步了,他同意担任总统一职。他顺理成章地得到了每一张选票,这是美国历史上唯一一位如此受人敬重的总统。作为首任总统，他面临着其他总统都不曾面临的境遇，而他正是这个国家唯一可以解决这些问题的人。美国人民在君主体制中长大，他们不知道这位高高在上的行政首脑并非一位国王。作为一名经选举产生的新共和总统，华盛顿却必须满足他们根深蒂固的对家长式领导的期待。鉴于美国从未有过这样一位由1787年宪法确立、经选举产生的行政首脑，华盛顿毫无先例可循。他不仅要证明总统的合法性、进一步完善总统职责，还要凝聚新国家、向困惑的世界各国证明美国自治政府乃一项伟大的创举。他在硝烟弥漫的革命世界的中心做到了这一切，国家的共和主义品格却完好无损，这真是惊人的成就，无论其他总统如何功标青史，都不可与之匹敌。

1789年，许多美国领袖都认为国家的民主发展在80年代有些过头，因此需要在不损害共和主义原则的前提下对此加以约束。这是制定新宪法的原因之一。新宪法的支持者自称联邦派，他们很清楚，若要约束民主，那么新政府就需要更多的权力。而在18世纪英裔美国人的政治理论中，权力意味着君主制。根据18世纪混合政体或制衡政体的传统概念，如若民主泛滥则需用君主制加以制衡。

1789年的联邦派很清楚，他们绝不能公开表示政府需要君主制。但很多人私下里还是流传着本杰明·拉什的看法，即新政府是一个"结合了君主制之活力、贵族制之稳定、简单共和制之自由的联合体"。[35]甚至麦迪逊——他和诸位建国者一样致力于共和制度的建设——也期待新联邦政府能够像英国国王统治大英帝国那样，扮演一个凌驾于政治之上的中立角色。[36]

其他联邦派人士（如亚历山大·汉密尔顿）对革命的民主结果更是不抱幻想，他们希望能在政治体内注入一剂君主制的强心针。事实上，汉密尔顿和那些90年代依然对"宪法支持者"之名念念不忘的联邦派志士,都期待建立一个财政军事集权化的政府,并以一己之力与欧洲最伟大的君主政体相抗衡。他们知道,无论自己将君主制的哪个部分融入美国,都必须将其安置在共和框架之内。也许正如前文所说,联邦派的确试图建立另一个奥古斯都时代,但他们从未公开宣称这是他们的目标。[37]毕竟,当年奥古斯都在坐而论共和之道时,也寻求着如何将君主制的因素吸纳至罗马帝国。

如果某种君主制的力量正注入新体制内,那么这一力量最具活力的中心便是总统一职。正因如此,总统职务成了美国人对新政府质疑的焦点。本杰明·富兰克林指出,首席地方行政长官或地方行政执行长官历来都是苛政的源头,美国的君主制也将从中自然生发。

尽管美国人对国会已经习以为常,但一个独立的总统职务对他们而言却依然是个新鲜玩意。一个强有力的单一行政长官让人不禁联想到刚刚被推翻的国王。当詹姆斯·威尔逊在费城会议上提出行政职务可"由个人担任"时,全场随即陷入长时间的沉默。代表们深知这样一个职位意味着什么。约翰·拉特利奇(John Rutledge)抱怨道:"人们会认为我们过度倾向君主制。"埃德蒙·伦道夫警告说,设立总统职位是"对君主制的一种大胆尝试"。[38]但会议拒绝听取这些警告,仍然设立了强大的国王式的首席行政长官一职,因为代表们期待着乔治·华盛顿成为第一任新总统。

1789年,华盛顿的确是惟一一个举止高贵、坚韧不拔、克己复礼且声誉斐然的美国人,他从一开始就符合这个总统之位——虽未经实践检验,却极具潜在能量——的要求。包括杰斐逊在内的许多人都期待华盛顿成为终身总统,那样他将成为一个由选举产生的君主。[39]事实上,如果我们不能认真看待某种君主制度在美国发展的可能性,就永远无法像时人那样理解18世纪90年代发生的诸多事件。共和制度乃新硎初试，而君主制度依然滔滔者天下皆是。旧世界对此习以为常，历史也证明绝大多数共和制度迟早都会变作君主政府。

正如社会发展四阶段论所示（古罗马发展史是一个最好的例子），社会与国家往往从单纯、幼稚的农业共和制自然演变为复杂、成熟的商业君主制。当威廉·肖特（William Short）在出使法国期间看到这部新宪法时，他并没有被新政权吓一跳。但他认为"在18世纪总统的枝干上"将会"嫁接生长出一位19世纪的国王"。其他一些人，如弗吉尼亚的乔治·梅森，则认为新政府注定成为"一种选举式君主制"；还有一些人，如南卡罗来纳的罗林斯·朗兹（Rawlins Lowndes），则认为新政府与英国体制高度相似，这让每个人都期待着"我们从共和政体转变为君主政体"。[40]副总统约翰·亚当斯更是火上浇油，过于实诚的他（他在政治正确的问题上有点不识时务）竟公开宣称，美国将成为一个君主制的共和国或共和制的君主国。

华盛顿从一开始便带有些许君主的做派。例如1789年春，他从芒特·弗农山庄前往美国首府纽约任职，一路上礼炮齐鸣、礼节隆重，民众夹道欢迎，颇有皇家出行的气势，所到之处皆是庆贺声、致意声与"华盛顿万岁"的欢呼声。随着耶鲁学子围绕"选举君主制优于世袭君主制"展开辩论，君主制的支持率迅速飙升。"你现在就是一位国王，只是名号不同而已"，1789年3月，詹姆斯·麦克亨利（James McHenry）对华盛顿说道，他祝愿总统的"统治幸福久长"。[41]无怪乎有人将华盛顿的就职典礼视作"加冕仪式"了。[42]

人们都认为华盛顿是一位选举产生的君主，甚至许多人因为他没有子嗣而长舒了一口气。[43]华盛顿敏锐地察觉到群众对君主制的焦虑，他曾一度想过任职一年便辞职归隐，将职务移交给副总统亚当斯。在他的就职演说初稿中,他写道:"在神明看来,我的血脉、我的名字由那些可爱(有时又会蛊惑人心)的直系后代传承并不合适"。他说,他"没有孩子,也无需为孩子的未来做打算——没有一个家族可以将荣耀建立在国家的废墟之上"。麦迪逊让他放弃这份初稿,但华盛顿依然迫切地想告诉众人,自己并没有君主式的野心。[44]他的声明证实了君主制在美国有着广泛的民意基础,极有实现的可能。

面对那些指责他有称帝野心的传言,华盛顿十分敏感,他不知道该如何扮演总统的角色。他意识到新政府脆弱不堪、急需建立威信,但是,要在欧洲君主制的路上走多远才能实现这种威信?华盛顿明白自己所做的一切都将为后世所效仿,于是他向旁人(包括副总统与随即被任命为财政部长的亚历山大·汉密尔顿)寻求建议。他多久该与社会人士会晤一次?与社会人士之间应该保持怎样的距离?他是否应该与国会议员一同进餐?他是否应该主持国宴?他还能与朋友共进私人晚餐吗?他是否该进行全国巡游?18世纪晚期的美国人所唯一熟悉的国家仪式与欧洲君主制下的仪式十分接近,它们适用于年轻的共和国吗?

汉密尔顿认为大多数人都已经"做好充分准备来迎接一种相当高调的行政行为",但或许它并不像想象中那么高调。他说,"由于平等的观念已经……过于普遍和强烈",因此总统与其他政府分支机构的差距无法拉得太大。同时,汉密尔顿提议道,总统应尽其所能严格遵循"欧洲法院"的做法。唯有各部长、高级外交官、参议员方能接近他。"阁下"——汉密尔顿对华盛顿的称呼——每周最多只能与受邀的客人作一次半小时的会晤。他每年可以留出时间举办四次正式宴会,但绝不能接受任何邀约也不得拜访他人。副总统亚当斯则应敦促华盛顿展现总统之职的"辉煌与威严"。总统需要一位随行的内侍、一位助手,还需要一位司仪来负责总统接待礼仪。[45]

华盛顿意识到,比起邦联国会主席,他必须与社会大众保持更远的距离。他说,邦联国会主席把自己的办公室减缩到"令人鄙视"的程度,"就像一个小旅店的老板……他的办公桌向大众开放,人人都可以被引见,人人都认为自己有权来访"。他知道,一旦与公众过于亲近就无法"维持最高长官的庄重和尊严"。[46]

虽然在出席各种典礼时常常如坐针毡,但华盛顿知道自己必须使总统之位"受人敬仰",因此当他成为总统时,他一掷千金、毫不吝惜。在外界压力下,他接受了 25 000 美元的总统薪水——在当时是一笔巨款——却花了近 2 000 美元的酒水费用于各类招待。他公开露面时乘坐光车骏马,马车由四匹、有时是六匹马拉动,配有四名身着制服的随从,部长官员则乘坐四轮马车紧随其后。一位英国目击者称,"当他出行时,完全是一副国王做派"。[47]华盛顿在公开声明中以第三人称自比国王,他也有很多欧洲君主样式的坐像画。事实上,这个新国家的诸多象征性表现手法(包括公民游行)均是对君主制度的效仿。[48]

华盛顿或许是个地地道道的共和主义者,事实上他只是个每晚九点半上床的乡下绅士,但毫无疑问,他很关心什么才是"适合最高行政长官的风格"。他承认某种君主制风格应该成为政府的一部分,他也很乐意扮演共和制君主的角色。虽然他实际上并没有称王,但他确实想尽办法让自己看起来像一个国王。终其一生,人们反复提及他的天生"高贵"、他"勇敢的内心和威严的外在"。正如约翰·亚当斯后来所讥讽的,他确实是"史上最佳总统扮演者"。[49]

鉴于新政府的弱点,其他联邦派人士甚至比华盛顿更热切地期待增进新政府的高贵与体面。大多数人认为,最佳办法乃是采用君主制的某些仪式、加强帝王的权威——例如,可以将华盛顿诞辰与美国国庆日比量齐观。类似于英王登基时向议会致辞,总统也应向国会发表个人就职演说;类似于英国的议会两院,国会应当设立相应的两院,除此之外总统官邸也应当有人侍候。英国君主制在其他方面同样应该成为新共和制政府的典范。参议院——美国政府中最接近于英国上院的部分——投票认为联邦政府应当以总统的名义颁布法令,恰如英国以国王名义颁布诏书那样。尽管众议院后来拒绝通过这一法案,最高法院却采取了参议院的这一提议来处理法院命令。除此之外,参议院设法使所有的美国硬币都印上总统头像,恰如欧洲君主制下的做法一样。

尽管这些高尚的联邦派人士最终没能将总统头像印上硬币,但他们着实做了诸多尝试,使新政府"陷入"君主制的围困当中。他们起草了君主制式的繁文缛节——旋即被谴责为"美国式宫廷"。[50]他们仿照欧洲国王的早朝,煞费苦心地为总统设立了正式接见会。批评家攻击道,华盛顿在这些接见会上的表现"活像一个东方喇嘛在正式场合公开露面"。[51]

如果将总统类比于欧洲君主的话,他的头衔该是什么?1789年,在副总统亚当斯的带领下,参议院就总统头衔的问题展开了长达一个月的辩论。他不能被简单地称为"阁下",因为这是各州州长的称谓。亚当斯说,"必须使用一个皇室头衔,或至少是王侯头衔来维持总统的名望、权威与尊贵"。只有诸如"殿下——抑或您愿意的话——最仁慈的殿下"的称谓才可以。[52]最终在亚当斯的敦促下,参议院委员会提出了这样一个头衔:"美利坚合众国总统殿下及美国自由之守护者"。当杰斐逊知悉亚当斯对头衔的纠结以及参议院的行动后,他只能摇摇头,想起本杰明·富兰克林对亚当斯的那段有名的描述——赤心报国、光明磊落、通儒达识,有时却言行昏乱、不可理喻。[53]

也许在这方面他并非言行昏乱、不可理喻,因为华盛顿从一开始就摆明了喜欢这一头衔——"美利坚合众国总统殿下及美国自由之守护者"。[54]当总统听到批评说该头衔有君主制的味道后，便迅速改变了主意，直到麦迪逊领导下的众议院成功确立"总统先生"这一简明头衔时，他才感到如释重负。

将新共和国君主化的言论依然令许多美国人忧心忡忡。毕竟，君主制要比单一领导人的统治复杂得多。它意味着大型官僚机构、常备军、自上而下的权力运作，为发动战争而从社会中撷取人力及财富的诸多手段。财政部长汉密尔顿的财政计划以及固定债券与美国银行，则是对英国君主制下财政体系的如法炮制。事实上，汉密尔顿也像乔治三世陛下的政府阁僚那样，力求借助庇护人的恩惠及其他影响力来赢得对自己与华盛顿计划的支持。但对其他美国人来说，这一切似乎就是英国君主政治的腐败传向了美国。

出于对君主制及君主政治腐败的现实忧虑，美国新宪法治下的第一个十年间不可能出现常态政治。事实上，这整段时期都充满各种危机，差点摧毁了刚刚煞费苦心建立起的国家政府。众所周知，美国这一扩展而成的新型共和国是一次空前的政治实验。在现代，没有一个类似的共和国在如此广袤的领土上进行扩展与建设。由于一切理论及历史都认为这场共和实验不会成功，所以政治领袖对任何一种不预期的发展都表现得寝食难安。华盛顿甚至赞成制宪会议的看法，认为新联邦政府维持不了20年。因此18世纪90年代的绝大多数政治领袖都不曾对联邦命运报以太多希望。[55]在那种忧惧不安的环境下，政治活动始终不可能出现我们今天所说的常态化。

18世纪90年代崭露头角的联邦派与共和派，并非现代党派，两者之争绝非某些学者所说的"第一种政党体系"。没有人认为党派的出现是桩好事。事实上，18世纪90年代绝不可能建立政党体系,当时的国家领袖竭尽全力阻止其发展。以华盛顿、亚当斯、汉密尔顿为首的联邦派人士从未自视为某一党派,而是将自己看作四面楚歌的合法政府,被那些试图摧毁联邦的法国革命者的盟友所围困。以杰斐逊、麦迪逊为首的共和派人士虽然不情愿地将自己描述成一个政党,但他们相信这只是权宜之计,这样才能防止美国成为联邦派领导、受英国支持的君主制国家。由于联邦派与共和派都不愿承认彼此的合法地位,党派情绪空前高涨,例如汉密尔顿与杰斐逊之间的激烈冲突就已远远超出个人恩怨。18世纪90年代是美国历史上最富激情、最鼎足分立的时期之一,从此以往,我们越来越接近内战,直至1861年内战真正爆发。

华盛顿在国家统一方面所作的贡献无人企及。随着对立的两派领导人(汉密尔顿与杰斐逊)入主内阁,华盛顿终于可以运用其极高的威望与良好的判断力来压制恐惧、限制阴谋、阻挠敌对势力,使之免于上升为严重的暴力事件。1794年,他巧妙地结合高压与怀柔政策,在平息威士忌暴乱(Whiskey Rebellion)——宾夕法尼亚西部的一次农民起义——过程中避免了流血事件。尽管狂热的党派情绪席卷全国,但他从未彻底失去所有政党领袖的尊重,这种尊重使他得以调停、解决、平衡利益间的冲突。

正是人民对华盛顿的这种信任,才使得新政府得以持存。也正是华盛顿共和国君主式的举止,才使得总统职位成为强有力的国家机关。即便最挑剔的英国观察员也不得不承认,华盛顿具备"两项国家领袖所必备的品质——隐藏自己的个人情绪,以及对他人情绪的体察入微"。[56]他总能熟知权力的运作过程。他曾统帅军队。芒特·弗农山庄里的佣人着实要比他在新联邦政府中的工作人员还多。他是个细致入微、精力充沛的管理者。他与那些手握重权的部门负责人定期会晤并予以详细记录。但华盛顿总是清楚地表明,他们只是自己的助手,只向他一人负责。尽管身边群英荟萃——其中包括财政部长汉密尔顿及国务卿杰斐逊——但他依然独当一面,掌控着政府的话语权。由于华盛顿并不信任其顾问的天赋及智力水平,他虽时常移樽就教,却总显得如临深渊、如履薄冰。一旦准备行动,他即雷厉风行。在一些具有争议性的事件中,比如他批准汉密尔顿的《美国银行提案》及1793年《中立宣言》,他更是表现得当机立断。通过丰富行政机关的职能,提高其效率与可信度,他将总统职位塑造成了新政府的主导性部门。

华盛顿知道,自己所做的一切都将为后世效仿。他说,"我们是一个年轻的国家,需要树立国家品格。因此我们有必要告诉人们什么是正确的,因为第一印象将会永远延续下去"。[57]他尤其关心总统与参议院的关系。他将参议院定位为一个负责提议、批准任命及条约的部门,类似于他担任总司令时的顾问班子,所以他认为参议院的许多议案及附议——如果不是用作任命,至少也是在签订条约时——应该以口头的方式提出。

1789年8月,总统就一份与克里克族印第安人谈判的条约到参议院求取意见并接受批准。与独立战争时期华盛顿高级军官建议及附和的方式不同,参议员们在总统不耐烦的注视下,就条约的方方面面展开了辩论。当某位参议员最后提出,条约应呈交委员会进一步探讨时,华盛顿恼火地跳了起来,大声嚷道:"我此番前来的所有目的都落空了。"待他平静下来,最后离开参议院会场时,有人无意中听到他说"我若再入此地,必遭天谴!"。[58]两天后,他重返参议院。但无论总统还是参议院,均对此番对抗心怀芥蒂。参议院负责提议与条约批准的角色被永久地忘却了。当1793年颁布《中立宣言》时,总统甚至不再费心去征得参议院的同意,他将行政权确立为处理外交事务的惟一权威。

在外交事务中,华盛顿是一个彻底的现实主义者。正如他在

1775 年英美战争开始时所提出的,他一直在想方设法"充分利用这些人,因为我们不能如己所愿地控制他们"。[59]在关于是否接受与大不列颠之间的条约——1794 年由约翰·杰伊负责协商,1795 年参议院批准通过——的伟大斗争中,华盛顿作出了一系列颇有胆识的决定。由于英国羁押了中立的美国船只,英美两国处于交战边缘,华盛顿决定先派杰伊前往英国,这是其一;随即又决定在群众强烈的抗议声中签署和平条约。1796 年 3 月,华盛顿顶住压力,决定与众议院拒绝募集资金以破坏条约的做法斗争到底。华盛顿拒不承认众议院在条约制定过程中可以发挥某种作用。他说,这样做不仅"会为未来树立危险的先例",还会亵渎宪法——宪法只允许总统或参议院制定条约。[60]

如果有人可以使年轻的共和国站稳脚跟的话,这个人便是华盛顿。他近乎于一位美国土生土长的贵族,在他所能接受的社会等级及其信念中,有些人天生就是主宰者,而其他人则生来就要俯首听命。尽管他笃信人民群众终将具备良好的判断力,但他也相信人民很容易为煽动家所蛊惑。他是个对人类天性毫无幻想的现实主义者。他说道,"自爱和利己这两个动机主宰着多数人的行为"。我们无法期待普通人——正如他麾下的普通兵卒那样——"会受到利益之外其他原则的影响与驱策"。[61]

伴随这些想法,他更深切地感受到了新国家的脆弱。身为总统,他设计了一系列方案以激发更为强烈的国家认同感。他深知象征的力量;他之所以愿意长久僵坐来让人绘制画像,乃是为了增强新政府的威望。18 世纪 90 年代,当积年累月的民族主义情绪消失之后,华盛顿庆典逐渐成为爱国主义的替代品。其诞辰纪念大典甚至可以与美国国庆日相媲美。毋庸讳言,在美国人眼里,华盛顿就是联邦代言人。

作为总统,华盛顿始终对国家利益变化十分敏感,他不遗余力地捍卫国家,使之免于分崩离析。成为总统后,他与22个主要宗教团体互致问候,并参加了各个教派(包括罗马天主教)的礼拜仪式;为展现美国海纳百川的气度,他还向罗德岛纽波特的犹太人承诺,"在美国这片文明的土地上,人人都可以在自家的葡萄藤和无花果树下栖息,没有人可以夺走这份安宁"。1789年与1791年,为了将政府的威严传遍国土每个角落,使那些不曾见过他的子民对政府更加忠心耿耿,华盛顿安排了两次皇家式的全国巡游。[62]他修建公路、开挖运河、兴建邮局,创办一切可能将各个州与不同区域联结起来的公共项目。他在官员任命问题上花去大量时间,不仅为了选贤任能,更是为了使新联邦政府能够得到全国各地方的支持。他时常思考国家的未来以及那些他称之为"尚未出生的千百万人"的未来。[63]他比任何人都支持皮埃尔·L.昂方(Pierre L'Enfant)建设联邦城(以他来命名)的设计方案。正是因为他期待着美国能够成为一个与欧洲列国比肩而立(如果无法超越的话)的强大国家,所以他要建立一个与未来伟大国度相般配的首都。如果按照杰斐逊的原有设计,国家首都则仅有一座大学校园的规模,占地一千五百英亩。

华盛顿从未将国家统一看作天经地义的事。他知道,如果联邦分崩瓦解,那必定是南方与北方之间的问题。他曾在1795年告诉国务卿埃德蒙·伦道夫,如果联邦瓦解,他一定会支持北方——华盛顿对奴隶制的态度可以解释他的这一选择。[64]但他最期待的还是联邦团结稳定,因此他在整个总统任期内都专注于提升国家实力。甚至在"共和国宫廷"(先是在首都纽约,1790年之后在首都费城)的社交活动中,他和妻子玛莎也像媒人似地撮合着来自联邦各州的男女结为夫妻。华盛顿夫妇将他们自己的婚姻及其他弗吉尼亚家庭树立成典范,并开始站在皇室的角度,思考如何利用婚姻来建构联盟、巩固贵族统治。他和玛莎共撮合了16对夫妻,其中包括詹姆斯·麦迪逊和多利·佩恩(Dolley Payne)。[65]没有人比华盛顿更能提升联邦的认同感,这也正是林肯及其后继者所极力维护的。

在华盛顿的统帅生涯里,作为总统最重要的一次行动便是放弃职务。我们很容易忽略了他辞去总统之职的意义,但他的同时代人却深谙于此。绝大多数人都认为,华盛顿有可能终身担任总统。因而执意辞去总统之职的行为强化了他的道德权威性,也确立了宪法的共和主义品格。当1792年华盛顿极力想辞去职务的时候,顾问与朋友们却与他意见相左。麦迪逊承认,他第一次力劝华盛顿接受总统职位时曾告诉他,为了不让自己落得"野心家"的声名,华盛顿可以"在政府需要的时候,自愿重返公共生活",但当今政府的根基,麦迪逊认为,尚未稳固。华盛顿想知道他人对此的想法,然而遍寻四方,答案只有一个:他必须留任。汉密尔顿甚至使出了撒手锏:此次隐退将"对你的声望造成极大的损害"。该看法在一位女性朋友伊丽莎·鲍威尔(Eliza Powel)笔下得到了进一步阐发与强调。她写道,如果华盛顿一意孤行要辞去总统之职,那么他的敌人一定会破坏他的声望。他们会说:"野心已经吞噬了你所有的行动",如今,当处境愈加艰难,个人声望无法捍卫之时,他就不会再为共和国"冒任何风险了"。[66]如何才能既维持声望,又不会因为关注声望而玩忽职守,这的确是18世纪一个很特殊的悖论。最终,华盛顿还是继续留任总统。

然而1796年,华盛顿去意已决,任何人都无法改变他的决定。他所开创的主动辞去总统职务的这一先例直到1940年富兰克林·罗斯福三次连任才被打破。总统连任不得超过两届的传统是如此深入人心,因此它最终被写入了1951年的第二十二条《宪法修正案》中。华盛顿在1796年的这一行动影响深远。政府首脑欣然让权无疑成了一堂共和主义精彩的实训课,尤其是在大西洋两岸的共和试验遭到强烈质疑的情况下。

华盛顿隐退后的晚年并不快乐。美国的政治格局在改变,他则费尽心思想去理解这种变化。任职的最后几年里,他和自己的政府遭到党徒大肆攻击,因此体会尤为深刻。在杰斐逊眼里,华盛顿"比我所遇见的任何人都"更在意政治攻击。[67]华盛顿沮丧地看到法国政府对美国政治的干预愈演愈烈。对他而言,共和党已经成了"法国党"。他说,"对这个国家的诅咒"威胁着联邦的稳定与独立。[68]他看见了无处不在的阴谋与敌人,而他们正成长为像汉密尔顿那样高调的联邦党人。

他的担忧并非捕风捉影;他的危机感深藏于心。他和其他联邦派人士认为法国将侵入这个国家并联合共和党(即"法国党")推翻政府。他在 1798 年写道,"我们已经与一个侵犯我们权利的国家斗争了八九年,并获得独立,我不能袖手旁观另一个国家也企图如此,尽管是用不同的方式,借口也不多——甚至完全没有借口"。[69]因此,他认真听取联邦派的紧急呼吁,重返政坛,领导国会组建的军队应对法国入侵。

尽管他又一次显得勉为其难,不确定自己重掌军权是否会被视为"因不满足于隐退生活而表现出的躁动不安",但实际上,1798 年的华盛顿却希望能够出尔反尔,他比以往任何时候都更迫切地想要重新履行自己的职责。由此可以想见,他对"奇迹时代"(Age of Wonders)已到了何等失望的地步。[70]

在华盛顿决意复出之前,总统约翰·亚当斯先任命他为美国武装总司令。华盛顿接受了,却还没有弄明白是怎么回事。随后他才知道自己前往费城是去组建军队。事态的发展超出了他的控制能力和理解范围,他发现自己逐渐被卷入"天意的安排"之中。[71]他的复出是一场灾难。他和副指挥官争吵不休,又阴谋陷害亚当斯,干涉内阁事务。既然法国并未入侵,美国的军队亦未集结,华盛顿便彻底斩断了对美国政治之路的念想,悄悄回到芒特·弗农山庄。

1799年6月,康涅狄格州州长乔纳森·特朗布尔(Jonathan Trumbull Jr.)在诸多联邦派人士的支持下,力劝华盛顿再次担任1800年总统候选人。特朗布尔说,唯有华盛顿可以团结联邦派,不让国家受"一位法国总统"的领导。华盛顿最终还是厌倦了。在回复中,华盛顿不再提及自己大公无私的声望和扮演辛辛纳图斯角色的想法。他反而说,在这一新的政治环境下,其参选已不合时宜。他说,在这个党派政治的新民主时代,"个人影响力"以及卓越品性已无关紧要。即使杰斐逊的共和党"立了条扫帚柄"作为候选人,宣称此乃"真正的自由之子"、"民主人士"或"其他任何合乎其意的称呼",它也足够"担当全部的选票"!更糟的是,这对联邦派人士也同样适用。如今党派精神控制一切,人们只会投票给自己的党派候选人。由于他是联邦派候选人,所以华盛顿"相信我绝对不会从反联邦派那里得到哪怕一张选票"。他的参选变得毫无意义,因为"只有在联邦派的支持下,他才能站稳脚跟"。[72]

华盛顿满怀愤懑、万念俱灰地写下这些,尽管他有点夸张,但本质上他是正确的。政治世界改变了,变得民主,党派——而非伟人——很快成为争夺的目标。可以肯定的是,美国人民依然希望领袖皆英雄,一直到艾森豪威尔,他们都在周期性地选举军事领袖担任总统,这或许也是华盛顿未尽的愿望。但民主使得伟大领袖不再是美国政府运行的必需品。尽管华盛顿有着贵族式偏好,尽管他从未设想过让大众参与政治,然而他依然是民主得以实现的关键性人物。他是一个使庸人政治成为可能的伟大人物。世间不会再有这样的总统,也不会再有这样的人。

注释

1. Hawthorne, Emerson, and Ward, quoted in James Morton Smith, ed., *George Washington: A Profile* (New York: Hill and Wang, 1969), xii.

2. Pauline Maier, *The Old Revolutionaries: Political Lives in the Age of Samuel Adams* (New York: Knopf, 1980), 47.

3. JA to Benjamin Rush, March 19, 1812, in Barry Schwartz, *George Washington, The Making of an American Symbol* (New York: Free Press, 1987), 5; TJ to Dr. Walter Jones, January 2, 1814, *Jefferson: Writing*, 1319.

4. Chateaubriand, in Gilbert Chinard, ed., *George Washington as the Him* (Princeton: Princeton University Press, 1940), 96.

5. GW to Lafayette, August 15, 1787, to Henry Knox, February 20, 1784, Fitzpatrick, ed., *Writings of Washington*, 29:259; 27:341. See Paul Boller, Jr., *George Washington and Religion* (Dallas: Southern Methodist University Press, 1963), 94; Jay Fliegelman, *Prodigals and Pilgrims: The American Revolution Against Patriarchal Authority*, 1750—1800 (Cambridge, England: Cambridge University Press, 1982), 212.

6. T.J., A Bill for Establishing Religious Freedom, 1779, *Jefferson: Writings*, 346.

7. GW to Reverend Jonathan Boucher, July 9, 1771, Fitzpatrick, ed., *Writings of Washington*, 3:50.

8. Charles Moore, ed., *George Washington's Rules of Civility and Decent Behaviour in Company and Conversation* (Boston, 1926), 9, 5.

9. Frederic M. Litto, "Addison's Cato in the Colonies," WMQ, 3d Ser. (1966), 431—449.

10. GW to George Steptoe Washington, March 23, 1789, in *Papers of Washington: Presidential Ser.*, 1:438.

11. Bernard Knollenberg, as noted by James Thomas Flexner, *George Washington: The Forge of Experience* (*1732—1775*) (Boston: Little, Brown, 1965), 254.

12. W.W. Abbot et al., eds., *The Papers of Washington: Colonial Series*, 10 vols. (Charlottesville: University Press of Virginia), 1:xvii.

13. Rush to JA, September 21, 1805, in John A. Schutz and Douglass Adair, eds., *The Spur of Fame: Dialogues of John Adams and Benjamin Rush*, *1805—1813* (San Marino, CA: Huntington Library, 1980), 37.

14. GW to David Humphreys, July 25, 1785, Fitzpatrick, ed., *Writings of Washington*, 28:203.

15. David S. Shields, *Civil Tongues and Polite Letters* (Chapel Hill: University of North Carolina Press, 1997), 116.

16. Brissot de Warville, in Chinard, ed., *Washington as the French Knew Him*, 87; JA to Rush, November 11, 1807, in Schutz and Adair, eds., *Spur of Fame*, 98.

17. GW to John Francis Mercer, September 9, 1786, *Washington: Writings*, 607.

18. GW to Tobias Lear, May 6, 1794, Fitzpatrick, ed., *Writings of Washington*, 33:358.

19. GW's Last Will and Testament, July 9, 1799, *Papers of Washington: Retirement*

Ser., 4:480. On Washington's attidudes toward slavery and his will, see Robert F. Dazell and Lee Baldwin Dalzell, *George Washington's Mount Vernon: At Home in Revolutionary America* (New York: Oxford University Press, 1998), and Henry Wiencek, *An Imperfect God: George Washington, His Slaves and the Creation of America* (New York: Farrar, Straus and Giroux, 2003).

20. Garry Wills, *Cincinnatus: George Washington and the Enlightenment* (New York, 1984), 3—16.

21. GW, Circular Letter to the States, June 8, 1783, in Fitzpatrick, ed., *Writings of Washington*, 26:486; Wills, *Cincinnatus*, 13.

22. TJ to GW, April 16, 1784, *Washington: Writings*, 791.

23. James Thomas Flexner, *George Washington and the New Nation* (1783—1793) (Boston: Little, Brown, 1965), 3:419.

24. See AH, *The Federalist*, No.72, Jacob E. Cooke, ed. (Middletown, CT: Wesleyan University Press, 1961), 488.

25. TJ to Dr. Walter Jones, January 2, 1814, in *Jefferson: Writings*, 1319.

26. GW to Benjamin Harrison, January 22, 1785, to William Grayson, January 22, 1785, to George William Fairfax, February 27, 1785, Fitzpatrick, ed., *Writings of Washington*, 28:36, 85.

27. GW to Benjamin Harrison, January 22, 1785, to William Grayson, January 22, 1785, to Lafayette, February 15, 1785, to George William Fairfax, February 27, 1785, to Governor Patrick Henry, February 27, 1785, to Henry Knox, February 28, 1785, June 18, 1785, to Nathanael Greene, May 20, 1785, Fitzpatrick, ed., *Writings of Washington*, 28: 36, 37, 72, 80—81, 85, 89—91, 92—93, 167, 146.

28. GW to Henry Knox, March 8, 1787, to David Humphreys, March 8, 1787, Fitzpatrick, ed., *Writings of Washington*, 29:172.

29. GW to Humphreys, December 26, 1786, Fitzpatrick, ed., *Writings of Washington*, 29, 128; Flexner, *Washington and the New Nation*, 3:108.

30. Monroe to TJ, July 12, 1788, *Papers of Jefferson*, 13:352.

31. GW to Henry Lee, September 22, 1788, in Fitzpatrick, ed., *Writings of Washington*, 30:97, 98.

32. AH to GW, September 1788, *Papers of Hamilton*, 5:221—222; GW to Lincoln, October 26, 1788, *Papers of Washington: Presidential Ser.*, 1:71.

33. Douglas Southall Freeman, *George Washington: A Biography* (New York: Scribner's, 1954), 6:86.

34. Abigail Adams, quoted in Flexner, *Washington and the New Nation*, 220; Garry Wills, *Cincinnatus: George Washington and the Enlightenment* (Garden City, NY: Doubleday, 1984), 23.

35. Rush, "To—. Information to Europeans Who Are Disposed to Migrate to the United States," April 16, 1790, Lyman H. Butterfield, ed., *Letters of Benjamin Rush* (Princeton: Princeton University Press, 1951), 2:556.

36. JM, "Vices of the Political System of the United States," in *Papers of Madison*, 9:352, 357.

37. 华盛顿宣称，"英国奥古斯都时代以其慧心巧思闻名于世"，但他从不认为该时代有任何反共和的政治意涵。GW to Lafayette, May 28, 1788, *Washington: Writings* 68I. On the Federalists and the Augustan Age, see Linda Kerber, *Federalists in Dissent: Imagery and Ideology in Jeffersonian America* (Ithaca, NY: Cornell University Press, 1970).

38. Max Farrand, *The Records of the Federal Convention of 1787* (New Haven: Yale University Press, 1937), 1:65, 119, 2:513.

39. TJ to David Humphreys, March 18, 1789, in *Papers of Jefferson*, 14:679.

40. Louise B. Dunbar, *A Study Of "Monarchical" Tendencies in the United States from 1776 to 1801*, in *Illinois Studies in the Social Sciences*, 10 (1922), 99—100.

41. James McHenry to GW, March 29, 1789, in *Papers of Washington: Presidential Ser.*, 1:461.

42. Winifred E, A. Bernard, *Fisher Ames: Federalist and Statesman, 1758—1808* (Chapel Hill: University Press of North Carolina, 1965), 92.

43. David W. Robson, *Educating Republicans: The College in the Era of the American Revolution, 1758—1800* (Westport, CT., 1985), 149; Thomas E. V. Smith, *The City of New York in the Year of Washington's Inauguration, 1789* (New York, 1889, reprint ed., Riverside, CT: Chatham Press, 1972), 217—19.

44. GW, Undelivered First Inaugural Address, January 1789, *Papers of Washington: Presidential Ser.*, 2: 162.

45. AH to GW, May 5, 1789, in *Papers of Hamilton*, 5: 335—37, JA to GW, May 17, 1789, *Papers of Washington: Presidential Ser.*, 2:314.

46. Flexner, *Washington and the New Nation*, 195.

47. Leonard D. White, *The Federalists: A Study in Administrative History* (New York: Macmillan, 1948), 108; S. W. Jackman, " A Young Englishman Reports on the New Nation: Edward Thornton to James Bland Burges, 1791—1793," WMQ, 18 (1961), 111.

48. David Waldstreicher, *In the Midst of Perpetual Fetes: The Making of American Nationalism, 1776—1820* (Chapel Hill: University of North Carolina Press, 1997), 120—22.

49. GW to JM, March 30, 1789, *in Papers of Washington: Presidential Ser.*, 1:484; Don Higginbotham, *George Washington: Uniting a Nation* (Lanham, MD: Rowman and Littlefield, 2002), 10; JA to Benjamin Rush, Schutz and Adair, eds., *Spur of Fame*, 181.

50. Kenneth R. Bowling and Helen E. Veit, eds., *The Diary of William Maclay and Other Notes on Senate Debates: Documentary History of the First Federal Congress of the United States of America, 4 March 1789—3 March 1791* (Baltimore: Johns Hopkins University Press, 1988), 9:21; Schwartz, *Washington*, 62.

51. Bowling and Veit, eds., *Diary of Maclay*, 21.

52. Page Smith, *John Adams* (New York: Doubleday, 1962), 2:755.

53. TJ to JM, July 29, 1789, in *Papers of Jefferson*, 15:316.

54. White, *Federalists*, 108.

55. Abraham Baldwin, November 30, 1806, in James H. Hutson, ed., *Supplement to Max Farrand's the Records of the Federal Convention of 1787* (New Haven: Yale University

Press, 1987), 305.

56. S. W. Jackman, "A Young Englishman Reports on the New Nation: Edward Thornton to James Bland Burges, 1791—1793," *WMQ*, 18(1961), 104.

57. GW to John Augustine Washington, June 15, 178.3, *Washington: Writings*, 527.

58. Bowling and Veit, eds., *Diary of Maclay*, 130; Glenn A. Phelps, *George Washington and American Constitutionalism* (Lawrence, KS: University Press of Kansas, 199.3), 170.

59. GW to Philip Schuyler, December 24, 1775, in *Papers of Washington: Revolution Ser.*, 2:599—600.

60. GW to the House of Representatives, March 30, 1796, in *Washington: Writings*, 931.

61. GW to JM, December 3, 1784, *Papers of Madison*, 12:478; GM to John Hancock, September 24, 1776, in Fitzpatrick, ed., *Writings of Washington*, 6:107—108.

62. Higginbotham, *Washington*, 53, 59—60, 55.

63. GW, Circular Letter to State Governments, June 8, 1783, *Washington: Writings*, 518.

64. TJ, notes of a conversation with Edmund Randolph [after 1795], *Papers of Jefferson*, 28:568.

65. Higginbotham, *Washington*, 62, drawing on the work of David Shields and Fredrika Teute.

66. JM's conversations with GW, May 5—25, 1792, AH to GW, July 30—August 3, 1792, *Papers of Washington: Presidential Ser.*, 10:351, 594; Elizabeth Willing Powel to GW, November 17, 1792, ibid., 11:396.

67. TJ to JM, June 9, 1793, James Morton Smith, ed., *The Republic of Letters: The Correspondence Between Thomas Jefferson and James Madison 1776—1826* (New York: Norton, 1995), 781.

68. GW to Timothy Pickering, February 6, 1798, to Charles Carroll of Carrollton, August 2, 1798, *Papers of Washington: Retirement Ser.*, 2:76; 483.

69. GW to the Marquis de Lafayette, December 25, 1798, *Papers of Washington: Retirement Ser.*, 3:284.

70. GW to James McHenry, July 4, 1798, to JA, July 4, 1798, *Papers of Washington: Retirement Ser.*, 2:378; 369.

71. GW to John Adams, January 20, 1799, *Papers of Washington: Retirement Ser.*, 3:321.

72. Jonathan Trumbull, Jr., to GW, June 22, 1799, GW to Trumbull, July 21, 1799, *Papers of Washington: Retirement Ser.*, 4:143—44, 202.

第二章　创造本杰明·富兰克林 *

华盛顿无疑是名出色的演员,他知道如何扮演军政领袖的角色,这一点无人可及。但在诸位建国者中,真正的乔装大师还属本杰明·富兰克林。18世纪的美国,没有人能比他展现更丰富的形象,扮演更多的角色。事实上,除了他对电学所作的基础性贡献外,要弄明白他究竟是什么人,我们为何要颂扬他为美国建国者,并非易事。在所有伟大的革命领袖中,他或许是最令人迷惑,也是最难理解的一位了。

富兰克林是个矛盾的混合体。他是革命领袖中最具美国特色,也是最不具美国特色的一位。他是美国式成功故事的典型——从无名之辈到声名显赫——出身普通家庭的小工匠白手起家,成为我们今天所说的亿万富翁。但即便一鸣惊人,他也似乎从未能摆脱卑微的出身。他依然是乡村民主的典范——甚于任何一位建国者。

他大概是最朴实、最平易近人的。普通人对他的理解与对其他国父(如华盛顿与杰斐逊)的理解有所不同。1856年的《纽约时报》认为"乔治·华盛顿只是一位尊贵的英国长官,出于某种机缘而建立了共和国"。"富兰克林在出身上、在工作上、在天性上、在思想上都是一个共和主义者"。[1]到20世纪时,美国人已经开始称呼他为本(Ben)。[2]

然而这位朴实的典型美国人同时也是诸位建国者中最欧洲

---

* 本章是拙著《本杰明·富兰克林的美国化》(New York: Penguin, 2004)的缩写版。

化、最国际化、最老于世故的一个。他是国际知名的科学家。他和英国及欧洲的王公贵族们过从甚密，还与国王们一起吃饭聊天。当然，没有哪位美国领导人像富兰克林那样常年驻守在外。事实上，他生命最后 33 年的大部分时光都是在美国之外——英国与法国度过的。基于某些原因，没有人知道他是否还会回到美国，或者还想回到美国，甚至是否还关注着美国。富兰克林远非一个天生的、不折不扣的美国人，他并不知道自己应归属何方。他是英格兰人？不列颠人？抑或他真的属于法国？我们不该理所当然地认为他具有美国属性。也不该理所当然地认为他要参加革命。

18 世纪 60 年代初期，以大英帝国分裂、美国独立而告终的这场帝国危机初现端倪，当时没有人会把富兰克林和激进运动联系在一起。当然也没有人会料想到他将成为美国革命的领袖之一。1760 年，没有哪位英国人像他那样以满腔热情投入大英帝国的伟业。

人们实在难以区分 1760 年的富兰克林与托马斯·哈钦森有什么不同。哈钦森为马萨诸塞殖民地最后一任总督，对美国人而言，他是亲英派的代表，也是美国自由与美国独立最大的敌人。富兰克林与哈钦森都是品行端正的启蒙运动人物，通文墨、明事理，对宗教热情深恶痛绝。他们都是帝国官员，献身大英帝国。事实上，他们在制定 1754 年《奥尔巴尼联盟计划》(the Albany Plan of Union)、推进殖民地合作与帝国防御方面曾有过通力合作。富兰克林与哈钦森皆与人为善，他们以谨慎、熟虑、谦恭、参与为信条，在帝制社会大获成功。他们都相信，像他们自己这样为数不多的明理之人应秉钧持轴。他们也都自视甚高，不会对一般人屈尊俯就。

从 18 世纪 60 年代初期的形势来看，我们无法预测两人最终会分道扬镳。很多证据表明，富兰克林似乎最不像一个革命者。

他并非本能地或必然地要参与革命，实际上，富兰克林差一点就像他儿子那样继续效忠大英帝国了。从表面上看，我们很难理解富兰克林到底为什么要选择从事革命事业。

首先，富兰克林和其他建国者不同，他并不年轻。他出生于1706年，到1776年已年逾古稀，这不再是一个英姿勃发的革命者应有的年纪了。他是革命领袖中最年长的——比华盛顿年长26岁，比约翰·亚当斯年长29岁，比杰斐逊年长37岁，比麦迪逊与汉密尔顿几乎年长半百。与他们相比，富兰克林完全是上一代人，在英国统治下生活了更长的时间，因此也比他们更忠于大英帝国。

更重要的是，富兰克林和其他革命领袖不同，他声名显赫，在革命之前既已名满天下。参加革命只会让他得不偿失。其他的美国革命领袖都是籍籍无名的年轻人。我们大体可以理解他们为什么会成为革命者。出身卑微却抱负远大，他们在革命中看到了一举成名——汉密尔顿称之为"最高贵心灵的统治热情"——的机会。[3]但富兰克林不一样。他已经拥有了其他人汲汲以求的声名与地位。鉴于其电学领域的发明对基础科学的重大贡献，富兰克林已享誉整个大西洋世界。他是英国皇家学会成员，并在英美各大学获得荣誉学位，包括圣安德鲁斯大学与牛津大学。全欧洲的哲学家与科学家都来向他求教各种问题，从如何建壁炉到海水为什么是咸的。革命之前他就已经是世界上最有声望的人士，当然也是最知名的美国人。

既然革命并不能进一步提高他的声望，让他成为美国最伟大的民族英雄，那么，富兰克林为何在这样的年纪还要冒如此巨大的风险呢？

我们很少会问，为什么富兰克林成了一个革命者。我们认为他参与革命是天经地义的事。在人们眼里，富兰克林等同于革命，等同于美国，他就是一个地地道道的美国人。历史学家一般把这种情况称为辉格主义（whiggism）ⁱ，就像过时的前缩透视法（foreshortening）那样将往昔与逝者看作未来的期望。富兰克林俨然已成为美国的象征，除了美国民族英雄或美国资本主义的代言人之外，我们想象不出他还会是什么。为了重现革命前的富兰克林，我们需将两百多年来强加在他身上的诸多想象层层剥离。18世纪60年代晚期和70年代早期的富兰克林并不一定会弃绝英帝国而参与美国独立大业。他是如何在一夜之间远离英帝国成为一位激进革命者的呢？或许这并非命中注定。

富兰克林让人捉摸不透。虽然比起任何一位建国者，其作品可谓车载斗量，但对于他自己，富兰克林向来讳莫如深。每每提及自己，他总闪烁其词，态度超然，显得低调而疏离。我们感觉富兰克林在有意克制着什么，这种克制或许源于他的一蹴而就，源于这个他要与之周旋的充斥着等级制与庇护制的世界。[4] 当然总有一些费城人让他谨记自己"出身卑微"，来自"最低贱的环境"。[5] 即便他抱怨自己这辈子都不会整理东西，我们还是觉得，富兰克林一贯能驾驭自己的性格，他只让我们看到他想让我们看的东西。只有在18世纪70年代早期以及他生命将尽之时，世界对他而言，才如脱缰之野马，无法掌控。

超越私人写作那种克制而含蓄文风的，是他出色的公众写作，尤其是《自传》——有学者称之为"美国最知名的文本"。[6] 文学研究者不断地阐释、再阐释《自传》，但富兰克林的写作初衷依然言人人殊。建国者中，杰斐逊与亚当斯也写自传，但他们的自传和富兰克林的完全不同。富兰克林的《自传》如同一部小说，我们不能确定该主角是否就是作者本人。事实上，《自传》读者的阅读快感

ⁱ 19世纪初期，一些历史学家用当下观点重新解释历史，以维护辉格党的利益，论证辉格党的政见。该研究倾向一直延续到20世纪。参见巴特菲尔德：《历史的辉格解释》，商务印书馆2012年版。——译者注

来自富兰克林所描述的少年印刷工初到费城时"笨拙可笑的外表"和"我于此所塑造出的形象"[7]之间的反差。正如学者们指出的，人们很难阐述《自传》，因为富兰克林游走于若干人物角色之间，尤其介于无知的青年人与佯装无知的成熟男子之间。[8]

在富兰克林所有的作品中，他的机智幽默，他惯有的自我意识，他所呈现的不同人物角色使得我们难以读懂作者的本意。他有着多重声音与面具，不断地嘲弄着自己。[9]有时他是一名女子，如"寂寞的行善者"（Silence Dogood）、"毒舌爱丽丝"（Alice Addertongue）、"短脸塞西莉亚"（Cecilia Shortface）、"面包师波莉"（Polly Baker），活泼俏丽，令人捧腹不已。有时他是"忙人博迪"（Busy Body）、"老百姓俄巴底亚"（Obadiah Plainman）[i]、"事后诸葛亮安东尼"（Anthony Afterwit），或是理查德·桑德斯（Richard Saunders），也叫"穷理查"——年鉴的撰写者。有时，他以"一个美国人"或"一个新英格兰人"的名义为伦敦报纸写文章。有时则以"一个英国人"或"一个伦敦制造商"的名义写作，所写内容也与之相对应。在伦敦期间，他用了42个不同的署名，在报刊上写了90余篇匿名文章。[10]其中多篇文章是他在费城与伦敦两地完成的，他具有超凡的创造相关人物角色的能力。多重的人物角色与不同的声音的确都帮助他实现了各类作品的特定目的，无论是散文、滑稽剧、诗歌或者讽刺小品。正如当今富兰克林的研究泰斗所说的那样，"18世纪的作家中没有人像富兰克林那样拥有这么多种语气与声调、这般形形色色的特派员、众多不同的人物角色与声音"。要认清这位非凡人物的真面目谈何容易。[11]

在所有建国者中，他或许对人性有着最丰富与深刻的理解。这一刻他将人类描绘为自负与自私的动物，而下一刻他则强调人

---

i　俄巴底亚是一位希伯来先知。——译者注

类对他人的仁慈与关切。正如他有洞穿人性各方面的超凡能力那样，他也能欣赏其他的观点。他喜欢反过来理解传统智慧，例如他有时也会为谴责与诽谤的德性与实用性作辩解。[12]但问题又来了，我们能确定他不是在对我们故弄玄虚吗？他是认真的还是在说反话？他是真心的还是在用惯常的伎俩证明自己的论点？我们并不确定。

当然，没有一位建国者比富兰克林更能认识到表象与实际之间的差别了。他不仅频繁地对这一差别发表意见，而且乐意保持表象与实际之间的不一致。他说，如果一个人不能真正做到勤勉与谦逊，那么他至少可以看上去如此。

即使他写文章反对伪装与韬晦，并追问："谁能狡猾到将自己的狡猾隐藏起来呢？"我们也知道，他自己就是障眼法与隐身术的大师。他说，"我们应该下决心变成我们想装出来的那个样子"，但同时他似乎也乐于隐瞒内心深处的思想与动机。"让所有人知道你，但不要让人把你看透"，穷理查说，"水浅任脚踏，心浅遭人欺。"[13]

虽然富兰克林有时也表现出情真意切，但他仍深深植根于18世纪的传统中，在那样一个世界里，人们因控制自己的内在欲望与情感而变得温文尔雅、彬彬有礼、和蔼可亲。他从来都认为自己的特立独行——乔装打扮、角色扮演、诸多面具、拒绝透露内心世界——是18世纪重修养、爱交际的人们心向往之的。他是一个彻彻底底的社会动物，不可避免地要卷入社会活动中，热衷公益事业。糟糕的反社会自治主张或者莫里哀《恨世者》当中阿尔塞斯特的真诚率直，对他而言都不适用。就像18世纪的许多人那样，富兰克林更喜欢阿尔塞斯特的朋友费兰德所表现出的那种明智与审慎，因为后者懂得，理智的生活方式就是适应社会压力与矛盾。[14]与约翰·亚当斯不同，富兰克林从不情绪化，他将自己大部分想法与感受埋藏在心中。他是一位守口如瓶的保密大师。正如穷理查所说："想要三个人都保守秘密也行得通,只要先死掉两个。"[15]我们真的不知道隐藏在所有面具与声音背后的富兰克林究竟是谁。对每个人每件事,他似乎都有多重形象。

很少有哪位建国者具备这种极富想象力的象征性意义。富兰克林的方方面面都象征着美国。他似乎代表了美国的一切,无论好的或是坏的。因而对富有想象力的作家与精神探索者而言,他代表了美国中产阶级的自满情绪及其大获成功的唯物论观点,他代表了急功近利追逐成就,代表了那种扼杀人灵魂的、肤浅庸俗到难以想象的美国文化。市侩作风和小市民习气在他的身上合而为一。

20世纪20年代,D.H.劳伦斯恶意中伤富兰克林,将他批判为中产阶级价值观的化身。而这一价值观是知识分子尤其是富有想象力的作家和艺术家们所不齿的。19世纪的美国作家,例如埃德加·爱伦·坡、亨利·戴维·梭罗、赫尔曼·梅尔维尔和马克·吐温也都说过类似的话。

但富兰克林也象征着美国价值观——甚至那些富有想象力的作家也不时心向往之。他代表了美国的社会流动,一个普通人通过自我奋斗跻身上层社会,也就是人们所说的美国梦。他象征着当下美国人的稳健、实用、富有创造性,以及对普通人的幸福与成功的关注。

简而言之,他是美国历史上最重要的象征性人物。

为了理解富兰克林及其所象征的意象,我们需要将18世纪的富兰克林从他的形象中分离出来,稍稍解释一下他是什么样的人,他为什么会加入革命,然后讨论他在革命期间和1790年去世后的几十年里是如何成为这种象征的。我们将会看到,美国人所了解的历史上的那个富兰克林实际上是19世纪的一种创造。

毫无疑问,富兰克林是一个能力非凡的人,职业生涯的轨迹也是非凡的。那是一个麻雀变凤凰的故事。但我们并不应该过分强调他生活的这一面,这似乎在说富兰克林的职业生涯是如何的独一无二,他在某种程度上预示了下个世纪霍雷肖·阿尔杰(Horatio Alger)笔下的那些白手起家的成功故事。而实际上,升斗小民最终飞黄腾达的事例在18世纪抑或更早时候就出现了,富兰克林式的步步高升的确令人惊叹,但在英国史上并非独一无二。

在18世纪的英美,许多年轻人沿着社会阶梯向上攀升。正如在导言中提到的威廉·斯特拉恩——富兰克林终生的英国朋友和伙伴,他刚开始像富兰克林一样是位印刷工,后来家财万贯,或许比富兰克林还要富有,甚至当上了议员。在美国,有一个才华横溢的17岁小店员名叫亚历山大·汉密尔顿,庇护者慧眼识才,将他从圣克洛伊的那种“低三下四”的生活中拯救出来,送到欧洲大陆接受教育。[16]在那样一个截然不同的君主制世界里,庇护者总是在寻寻觅觅,拉拔一些聪明的年轻人。毕竟在那个等级分明的年代里,庇护底层人、建立依附关系也是贵族的重要标志。

在18世纪,庇护关系是社会流动得以实现的基本方式,仔细阅读富兰克林的《自传》就能发现,他的成功也是藉此而来。如果没有那些具有影响力的人物在关键时刻帮他一把,他是无法在这么一个等级社会中获得如此成就的。当他的姐夫,一位在马萨诸塞和特拉华地区从事商业贸易的船长,知道富兰克林就在费城的印刷厂工作时,他写信劝服了这位年轻的出逃者回到波士顿。这位内兄碰巧将富兰克林的回信拿给威廉·基思(William Keith)看,这位宾夕法尼亚的总督不相信一个17岁的男孩能写出这样的信,富兰克林后来回忆道,“他说,我觉得这个年轻人有前途,应该要鼓励”。[17]总督请富兰克林在当地一个酒馆喝酒,并提出要帮助他成为独立印刷商,如果他的父亲能提供资金的话。

基思并不是唯一一个注意到富兰克林的殖民地总督。第二年,也就是 1724 年,因为父亲没有给钱,富兰克林带着成箱的书从波士顿返回,中途停留纽约。一个 18 岁的年轻人带着一整箱的书,这在纽约殖民地是一桩怪事,总督威廉·伯内特(William Burnet)要求和这个年轻人见个面,聊一聊书和作者之类的事。

当杰出的宾夕法尼亚人发现富兰克林的天赋后,很快就资助了他。托马斯·邓罕、威廉·艾伦、安德鲁·汉密尔顿等人以各种方式帮助他,比如借钱给他,邀请他到自己家做客,把他介绍给别人,做他的"朋友"——在那个时代,"做朋友"是建立庇护者和受庇者关系的委婉说法。所有"这些朋友……对我来说都很有用",富兰克林回忆道,"就像我偶尔也能帮上他们的忙。"[18] 毋庸置疑,天资聪颖是他步步高升的主要原因,可一旦引起了人们的注意,"关键人物……就认为应该支持并施恩于我"。[19] 事实就是这样。富兰克林最终并不像他自己认为,或 18 世纪的人们所认为的那样,通过自我奋斗实现成功。

但他还是以一种非凡的方式成功了。他既是一个富有的印刷商,也是一名企业家。他在其他殖民地有许多印刷业的合伙人,坐拥很多股份。他至少建了 18 家造纸厂,事实上他可能是英语世界最大的造纸商。[20] 在费城和一些沿海城市,他有大量的房产出租。[21] 他是一个殷实的债权人,实际上就是一个拥有大量贷款的银行家,这些贷款少的只有 2 先令,多的高达 200 英镑。[22] 此外,他还积极投身土地投机生意。

1748 年,富兰克林 42 岁,他认为自己已经获得足够的财富与地位,可以金盆洗手了。此次隐退在 18 世纪中期远比今日要更有意义。它意味着富兰克林最终能够成为一名绅士、一名有闲之士,不必再为生活而奔波。

隐退对于富兰克林来说是一件大事,他非常重视。还请罗伯特·费克为他画了一幅肖像。他带了几名奴隶,搬到"城里较为安静的"地方去住,租下了位于萨萨弗拉斯大街(Sassafras)与第二大街西北角的一套大房子。印刷厂办公室和店面留在了市场大街的旧址,由他的新合伙人大卫·霍尔(David Hall)接手。因为大多数工匠都吃住在工作的地方,富兰克林用这种将住所和业务分开的方式形象地表明了他不再以经商为业。

富兰克林认为,一旦自己成为一名绅士,"能够掌控自己的时间",他就会像其他绅士那样从事写作并投入"哲学的研究与消遣"中去。正如他告诉纽约官员、科学家卡德瓦拉德·科尔登(Cadwallader Colden)的,他现在"有空读书、学习、做实验,和杰出人士促膝长谈,他们也乐于投桃报李,一同探讨那些足以增进人类福祉的问题。不需要再为鸡毛蒜皮的小事烦心了"。[23]但是,如《自传》所说,"如今众人视我为有闲之士,出于各种目的都想来掌控我"。他说,实际上"我们政府的各个部门几乎同时将某些工作强派给我。"[24]作为一个绅士——也就是作为一个有闲之士——他进了政府。1748年他成为费城市议会的一员,1749年被任命为治安法官,1751年成为高级市政官,由费城推选进入宾夕法尼亚议会(该议会由东正教与贵格会主导,极其排外),成为该议会26名议员之一。

他对所有的政府机关都不太满意。他将自己视为一个18世纪的"伟人"——从政治的意义上来说,将提供公共服务视为绅士的主要义务。到18世纪50年代中期,他的目光更是触及大英帝国。1753年他成为北美的副邮务长,也就是皇家公务员,但他还想要更多。1756年他写道:"生活,就像是一出戏,应当漂漂亮亮地收场。我已身处那最后一幕,得想办法让它完美落幕。"[25]他简直不能预料自己的生活将何等完美地收场。

富兰克林已感觉到在美国这个区域性的舞台上难以施展拳脚。1749年,富兰克林出版了一本题为《关于宾夕法尼亚青年教育的建议》的小册子,他写道,在鼓励青年学习和进步的问题上,欧洲比美国做得更好。在欧洲,一个穷人家的孩子,只要他刻苦学习,无论在法律界或宗教界都可步步高升,最终获得"高官显爵"。在美国,一个普通人或许能成为一名民兵上校,但在欧洲,他就可能"在议会中占有一席之地",也许能成为"一个国家的首相,甚至与王室联姻"。[26]

富兰克林踌躇满志。他想参与到 18 世纪最重要的事件,即大英帝国的迅速扩张中。英国,那个欧洲西北边缘上的小岛,人口仅有法国的三分之一,却企图支配全世界,富兰克林想在它的扩张过程中扮演关键角色。他相信,只有当一个理性、想法正确的人(比如他自己或托马斯·哈钦森)提出"少一些偏袒,多一些大度而健全的政策",才可以使帝国的领土和统治获得空前壮大。他对大英帝国的正义性和白厅那些皇家官员的善意充满信心。

从他在 18 世纪 50 年代和 60 年代早期的通信中,我们无法得知这位地道的美国人、革命英雄富兰克林后来会变成什么样。他被殖民地议会和殖民地总督之间的小纠纷激怒了。他希望有一些类似 1754 年《奥尔巴尼联盟计划》那样由政府部门和议会独立制定通过的东西,直接在殖民地施行。他说,"我毫不怀疑,他们会做出一个好东西来"。[27]

1757 年,富兰克林作为宾夕法尼亚议会的代表"回到英国",劝说王室取代佩恩家族来做宾夕法尼亚殖民地的业主,让宾夕法尼亚成为皇家殖民地。[28]有传闻说,富兰克林希望成为宾夕法尼亚的第一任皇家殖民地总督。

他的任务表面上是宾夕法尼亚议会代表,实际上却是国王这边的人。没有人比他更忠心耿耿。他对于英国政府最高层的那些政治家的品德与判断力充满信心,这甚至让他的英国朋友也感到疑惑和惊奇。他甚至在费城家中的显要位置摆放了一幅 1762 年时任首相的比特伯爵(Lord Bute,乔治三世"最亲爱的朋友")的画像,还大肆吹嘘自己和伯爵的交情。

富兰克林在18世纪50年代晚期和60年代早期是一名彻底的亲英派。其他一些到访伦敦的美国人,比如查尔斯·卡罗尔、约翰·迪金森,他们常常将在英国生活中所感受到的奢靡、堕落和美国生活的高尚、单纯进行对比。但富兰克林不是这样。他无需用小地方的标准来诋毁这一大都会。事实上,在18世纪60年代早期,富兰克林的笔下已经开始流露出对美国乡下地方粗鄙庸俗的轻蔑,这与他对英格兰高雅生活的推崇形成对比。就像他1763年写的,"我们100座大森林的面积加起来也比不过英国那个蕞尔小岛,在我们所有的邻居中,只有他们最懂得欣赏明智、道德、优雅的思想"。[29]他说,没有一个在英国长大的人到了美国会感到快乐。他声称,是美国腐败、喜好奢靡,而不是英国。最大的危险在于,如果英国不把它的一部分财富转移出去,"就会像我们一样,患上多血症,也变得精神涣散,言行放肆"。[30]富兰克林在旧世界所看到的一切与美国这个小地方相比,让他羞愧不已。例如,当他看到佛兰德斯的人们欢度礼拜天,处处是繁荣有序的景象,这让他想起新教徒聚居的新英格兰殖民地,相形之下那是多么的狭隘刻板、愚蠢不堪。[31]

富兰克林完全屈从于英国式的高雅生活。他喋喋不休地谈论着在英国的日子。1762年,当他知道自己不得不返回宾夕法尼亚打理家中的邮政业务时,他说他的心属于英国,并发誓很快就会回去。

18世纪60年代早期,富兰克林是一个地地道道的亲英分子,皇家的支持者。他对于即将到来的帝国危机一无所知,也没有察觉到英国及其殖民地之间出现的利益分歧。他的铁杆兄弟中有一些是帝国官员和皇家的支持者。由于和比特伯爵交情深厚,1762

年他的儿子威廉被任命为新泽西皇家殖民地总督,年仅 32 岁。富兰克林似乎对帝国官职有自己的见解。

他是人中英杰,其"政治信念"大致就是"我们的长官认为什么对我们是最好的,那便是最好的"。他对普通民众缺乏信任,厌恶任何形式的无序与暴力。约翰·威尔克斯(John Wilkes)、帕克斯顿男孩(the Paxton Boys)、自由之子(the Sons of Libery)以及"弱政府"主义者对他而言,全都可恶至极。[32]

富兰克林于 1764 年 12 月回到英格兰,并在次年参与到《印花税法案》的制定过程中,这显示了他对民众政府的误解以及精英主义者在政治面前的虚弱。像其他殖民地代表一样,他当然也反对这一法案——该法案对殖民地的许多项目进行征税,包括报纸、执照、契约和扑克牌。但当富兰克林发现《印花税法案》的通过已是板上钉钉的时候,他也便接受了。他说:毕竟帝国需要花钱。为了改善自身的处境,他说服自己的朋友约翰·休斯担任费城征收印花税的代表。他几乎毁掉了自己在美国公众心目中的地位,也毁掉了休斯的人生。

富兰克林震惊了,他没有想到这群乌合之众居然能够在整个北美大陆的范围内有效抵制《印花税法案》的施行。他不但完全不了解殖民地人民的感情,对休斯的一番评论还显示出他是一个多么忠诚的亲英分子。他告诉休斯,在群氓前要保持冷静。他说,"忠于国王,忠于这个国家的政府。无论群众和他们愚蠢的头领是多么疯狂,这将永远是你我最明智的选择"。[33]

出乎意料的是,1766 年他面对英国议会慷慨陈词 4 个小时申讨《印花税法案》,居然挽回了他在美国的声誉。法案激起的民愤震撼了富兰克林,他原来满心以为英国官员通情达理,如今这种信任正被怀疑和不满所打破。英国官员对待殖民地居民的那种"傲慢、轻蔑和恶言相向"让富兰克林愤怒了,他开始前所未有地感受到自己的"美国属性"。

在接下来的四五年里，富兰克林感到非常矛盾，他觉得自己被困在了泥潭中，越陷越深，难以自拔。正如他所说的，英国人认为他太美国化了，而美国人认为他太英国化了。他试图平息双方的激情，淡化英国官员和殖民地居民眼中的那些阴谋与诡计。

然而，他没有放弃进入帝国统治集团的野心。1768年夏天，一次突如其来的机会——在格拉夫顿（Grafton）政府担任副大臣——吊起了他的胃口。与格拉夫顿公爵约了几次都没有见上面，但富兰克林最后还是见到了格拉夫顿的亲密伙伴诺斯勋爵。勋爵告诉富兰克林，如果可以说服他留在英格兰，政府希望"以某种方式让您劳有所获"。富兰克林回答说，"如果政府有任何用得着我的地方，我将很高兴留下"。他告诉儿子，自己"要么升官，要么走人"。[34]

但希尔斯伯勒勋爵（Lord Hillsborough）才是1768年新设立的美洲事务部的负责人，他反对富兰克林提出的在北美阿巴拉契亚山脉以西地区设立殖民地的土地计划，也拒绝与之见面。而富兰克林依然没有放弃希望。选举在进行，大臣在更替，希尔斯伯勒有可能被逐出内阁。

正是在这种背景下，我们才可以更好地理解富兰克林与希尔斯伯勒在1771年1月的重要会晤。在富兰克林眼中，这次会面意义重大，所以他很快就以戏剧的形式将它呈现了出来。当希尔斯伯勒冷冷地拒绝承认富兰克林所持马萨诸塞议会代表的信任状时，富兰克林惊呆了。他意识到，如果没有其他大臣的支持，希尔斯伯勒决不会做出这样的事情。他发现自己，正如朋友威廉·斯特拉恩对富兰克林的儿子所说的，"（他）不仅与希尔斯伯勒勋爵关系不好，而且和其他大臣的关系也不怎么样"。[35]为了在帝国事务中身居要位，在过去的三年中他不惜夸毗以求，但这个黄粱梦终究还是破灭了。

1771 年的这次失败让富兰克林开始考虑自己的生活。在接下来的 6 个月里,他深感困惑与沮丧。他意气消沉,觉得自己百无一用。他开始了不列颠群岛的系列旅程,在一次拜访乡间友人期间,开始写作《自传》。

他人生的第一部分,二十五岁之前的经历——大多数评论家都认为是最好的一个部分——是在一种沮丧、怀旧和蔑视的情绪中写成的。他仿佛在说,看,他不是一个奴颜婢膝的马屁精。他自食其力,在逆境中一路走来,这是任何一个英国勋爵也剥夺不了的。因而《自传》的第一部分成了他的疗伤药,成了他英国政治生涯挫败的一种辩解。这也是他对儿子的一次警告:不要再为奢侈阔绰的生活而啃老了,必须削减开支,要向他父亲年轻时候学习。

但此后,来自英国政府的讯息就变了:希尔斯伯勒改变了对富兰克林的语气,还邀请他去自己爱尔兰的庄园会面。更棒的是,希尔斯伯勒被逐出了内阁,达特茅斯勋爵(Lord Dartmouth)取而代之。达特茅斯是富兰克林的朋友,也同情北美殖民地及西扩的想法,富兰克林重拾希望,觉得自己还有可能在帝国政治中发挥作用。

由于缺乏情感需求,富兰克林暂时搁笔,直到 1784 年条约成功签订、美国独立地位确立之后他才在法国恢复了《自传》的写作。随着帝国再次向他张开怀抱,他卷入了哈钦森信件事件,并最终摧毁了他在英格兰的地位。

18 世纪 60 年代晚期,后来的马萨诸塞殖民地副总督托马斯·哈钦森,写信给英格兰的朋友,力劝他采取严厉措施,包括削减美国人所享有的英国自由权,以确保殖民地对英国的依附。富兰克林不知怎地拿到了这些信,并于 1772 年末将信件一封封寄往马萨诸塞殖民地。按照他的说法,这是为了让美国人相信帝国危机完全是一小撮殖民地官员挑拨离间造成的,比如说哈钦森。伦敦内阁并不需要对这一危机负责,解决母国和殖民地纷争、达成理性共识的道路依然敞开。这就给了达特茅斯(在富兰克林的帮助下)一个重新整理思路、解决问题的机会。

富兰克林的判断严重失误,他寄往马萨诸塞殖民地的信反而加剧了帝国危机。和一般人的看法相反,富兰克林根本就不是一位精明的政治家,他对民众情绪的判断也并不准确(特别是革命前几年的民众情绪)。可以确定的是,他摆脱了帝国纷争双方肆意的猜忌与阴谋。但他依然天真地相信理性的力量,相信几个好人就能应对复杂的状况。后来在 1775 年,他还是被说服了,认为把英国和殖民地分离的事件"只是一个细节问题,两三个理智的人花上半个小时就能解决了"。他几乎很难理解或完全不能理解这种权力架构和民众情绪最终会限制个体行动。最后他明白了,自己贡献大半生的伟大帝国已经在"几个蠢大臣的手中"被榨干了。[36]

英国内阁如今认为富兰克林应该对危机负责。1774 年 1 月 29 日,在枢密院和其他见证者面前,副检察长亚历山大·韦德伯恩 (Alexander Wedderburn) 公开抨击他是一个小偷,一个配不上绅士身份的人。这实际上成了压倒骆驼的最后一根稻草。他小声告诉韦德伯恩他要离开"战场"了,"因为这件事,我会让你的主人变成一个**小国王**"。[37]

两天后,富兰克林被解除了副邮务长的职务。尽管几个月以来他一直妄图拯救这个处于危机边缘的帝国,甚至向查塔姆勋爵提出最后的和平倡议,他终于明白了,帝国和他在其中所扮演的角色该统统收场了。

1775 年 3 月,他乘船回到美国,成为一个狂热的爱国者,而且比大多数人都更加狂热。事实上,革命已经成为富兰克林个人的事情,革命对富兰克林个人的意义或许比起其他任何革命领导者来说都更重大。甚至连约翰·亚当斯这样一个常常义愤填膺的人,都被富兰克林无比的革命热情和他对国王的深恶痛绝所震撼。

毫无疑问,有些狂热情绪是富兰克林故意表现出来的。富兰克林必须克服诸多来自同胞的怀疑。有些人认为他在 18 世纪 60 到 70 年代的状况存在很大争议,所以他不可能是一个真正的爱国者。有些人甚至认为他是一个英国间谍。富兰克林需要克服这种质疑,所以他在 1775 年 7 月给自己终生的朋友,英国人威廉·斯特拉恩的那封了不起的书信中写道,"你是议会的一员,是毁坏国家的元凶之一。你烧了我们的城市,杀了我们的人民,看看你的双手! 他们因你而沾满鲜血! 你和我曾是老朋友,但如今你是我的敌人,而我本杰明·富兰克林,也是你的敌人"![38]

为了让美国同事相信他的爱国主义,富兰克林把这封言辞激烈的信拿给费城人民看,当然,他没有把信寄出去。几天后,他又和往常一样,饱含深情地给斯特拉恩写起了信。

有些愤怒和激烈的情感是他故意表现出来的,但并非完全如此。富兰克林的壮志雄心受英国政府官员的打击,他个人也深受侮辱,这是其他革命者所不曾遭遇的。他参加革命就像一次意义深远的婚外恋。英国对他的所作所为,深深伤害了他。令同僚(如约翰·亚当斯)吃惊的是,在和平谈判期间,他对亲英分子并未表露任何同情。他也决不原谅儿子威廉继续效忠英国王室的行为,主动和他断绝了关系。

1776 年,他准备代表美国扮演一个新角色。甚至在富兰克林参加革命之前,他就意识到自己在欧洲比在英国更受重视。随着 18 世纪 70 年代早期他在英国受挫,富兰克林越来越关心自己在大陆的声誉。"几乎所有博学多才的外国人来英国都会拜访我,"1772 年他向儿子自夸道,"我在国外的声誉还是比在这儿高",几个外国大使"殷勤地要与我结交,把我当成自己人"。[39]

他开始觉得英国的政治舞台很有限,他作为美国大使在"外国宫廷"所获得的声望远远超出了他在英国遭受的形象损失。因此,1776年富兰克林被美国新政府派往巴黎担任外交代表时,他在情感上已经做好扮演一名美国代表的准备。

法国进一步推进了富兰克林美国化的过程。身处法国的八年时光将他塑造成了美国的象征。在这个意义上,富兰克林首先属于法国,然后才是美国。

法国人首先创造了我们所熟知的富兰克林的现代形象:中产阶级穷理查式的道德家、乡村民主的象征、边远地区淳朴的哲学家。富兰克林的聪明之处在于他懂得法国人是怎样看待他的,他也利用这一形象来维护美国的利益。

富兰克林的任务似乎从一开始就是不可能完成的。法国最初不愿承认这个新国家,以避免过早地和英国发生战争。除了分裂大英帝国(该前景不容乐观)之外,美国实际上给不了法国王室任何许诺。富兰克林年事已高,1776年他已年逾古稀,并患有各种疾病。他的同僚非常讨厌他,许多美国人不信任他。毕竟他之前在伦敦生活了20年,儿子威廉也曾担任过新泽西殖民地的总督,是个臭名昭著的亲英分子,并在美国被捕。难怪很多美国人会觉得富兰克林可能是一个为英国服务的间谍。

尽管困难重重,他的成功还是令人钦羡不已。他是美国有史以来最伟大的外交官。他不仅将路易十六的君主国拉入保卫新生共和国的战争中,在那场漫长的战争中,他还从财源日益枯竭的法国政府那里获得了一笔又一笔贷款。没有一个美国人能像他那样做到这一切。

来到法国时,他已声名大噪。他是伟大的科学家、哲学家,一个来自北美蛮荒之地的惊世骇俗的天才。对许多法国贵族来说,富兰克林代表着美国,他们为美国的理念,为它的淳朴、单纯、自由而着迷。他们沉迷于这种激进的时尚（radical chic），用自己想象中的美国及富兰克林形象来批判自己社会的奢侈腐化。他们歌颂自由、共和与平等。他们蜂拥而至去看博马舍的《塞维利亚的理发师》，去听莫扎特的《费加罗的婚礼》，尽管这些作品传递着反贵族制的讯息。许多法国贵族——如拉罗什富科（La Rochefoucauld）——积极主张废除那些维系其地位和财富的特权。他们并不知道这将导致怎样的后果。拉罗什富科后来被一名疯狂的革命暴徒用石头砸死。

富兰克林是这种激进时尚的一部分。贵族们对他顶礼膜拜。他的头像出现在各个地方，奖章、鼻烟盒、糖果盒、戒指、雕塑、版画；连妇女的发式也向富兰克林看齐。富兰克林对女儿说，这些肖像让"你父亲的脸和月亮一样妇孺皆知"。[40]国王路易十六的侍臣很崇拜富兰克林，路易十六就送给了他一个内侧印有富兰克林头像的夜壶。

富兰克林的天才之处在于，他知道法国人想从他身上得到什么，也知道如何才能几近完美地扮演好自己的角色。他穿着简单，棕白相间的亚麻西装配着皮帽，在凡尔赛宫这个欧洲最讲求细节，讲究礼仪的宫殿里，他不戴假发，也不带佩剑。整个宫廷和贵族都喜欢他这样。如果说每一个从宾夕法尼亚来的人都是淳朴的贵格会教徒，那么许多法国人都会觉得富兰克林定是其中之一。他不可能出错。富兰克林在熙攘的人群中很少说话——他的法语说得很糟糕——但法国人却尤为欣赏他这种共和派的含蓄。

其《穷理查宝典》中关于赚钱的内容被看作和伏尔泰、蒙田的哲学一样崇高。法国哲学家孔多塞就是一个典型的高卢式逻辑的代表。孔多塞说，《穷理查宝典》是部"独一无二的作品，没有任何段落表现出作者高人一等，但人们在阅读中却不禁感受到一个高人的存在"。比起后来的法国解构主义，孔多塞更早就指出，富兰克林作品中的思想和行文风格没有超出"人们最基本的理解能力"。但是,孔多塞说,"一个哲学的头脑"却可以发现格言和谚语背后那"崇高的目标及深刻的意图"。[41]

尽管《穷理查宝典》广为流行,但富兰克林在法国依然不是什么中产阶级实业家。他知道法国贵族热爱荣耀和自由,并试图告诉美国外交部长罗伯特·利文斯顿应该如何接近法国人。"这真是一个慷慨的国度,热爱荣誉,尤其喜欢保护受压迫者。"富兰克林说,法国贵族对贸易真的不怎么感兴趣,要告诉他们,帮助我们对他们自身大有好处,"也就是说,帮我们吧,但我们无须心存感激"。

富兰克林的理解更为透彻。时任法国外交部长的弗金斯指出,所有美国人"都对贸易有一种可怕的痴狂"。但富兰克林不是这样。"我相信他的双手和心灵一样纯洁。"[42]

从某种重要意义上来说,是法国人创造了我们今日所熟知的富兰克林。他们比美国同胞更早就需要他了。富兰克林将法国人的这种需要成功转换为他们对美国革命事业的支持。无怪乎在法国的八年成了他生命中最快乐的时光。他正做着他最想做的事:在世界大舞台上扭转乾坤。正是基于这一背景,他在 1784 年续写了《自传》的第二部分,在他看来,人是可以掌控自己人生的。

和平条约签署以后,富兰克林不得不回到美国度过余生,尽管他的朋友都在法国。他很清楚他的命运是和美国连在一起的。1785 年回国时,他的美国同伴不知道该如何对待他。他们只知道他是一位国际英雄,与华盛顿一样都是举世瞩目的美国人,却并不知道为什么会这样。富兰克林不像约翰·亚当斯那样领导过革命运动,也不像杰斐逊那样写过革命文件,更不像华盛顿那样带领过军队。

1790 年富兰克林去世时,只有一篇公开的悼词,那还是他的宿敌威廉·史密斯写的。作为美国哲学学会副会长，这是史密斯的分内事。马萨诸塞州前州长詹姆斯·鲍登那样的人物都能在葬礼上得到十几场致辞的哀荣。为华盛顿公开发表的悼词更是数以百计。法国人则为富兰克林极尽吊唁之能事。最著名的是米拉波（Mirabeau）在法国国民议会上发表的悼词。该议会不仅发表悼词，还宣布为期三天的哀悼日，真是前所未有。相形之下，美国参议院却拒不支持众议院悼念富兰克林的决议。

更糟糕的是，史密斯在美国哲学学会上所作的悼词只是一份漫不经心的潦草之作。鉴于美国哲学学会的绅士们对富兰克林生于薄祚寒门颇感难堪，史密斯不得不为他的卑微出身致歉，并尽可能一笔带过他的青年时代。

美国人依然将富兰克林视为一名爱国者、科学家，而不是后来穷理查式的中产阶级道德家。在他 1790 年去世、1794 年《自传》出版之后，富兰克林的形象才得以改变。在接下来的 30 年里，《自传》的无数版本和缩写本洪水般汹涌而至。1798 年之后，编辑开始将《穷理查宝典》添加到《自传》的各种版本中。

19 世纪艺术家和商人的崛起为塑造富兰克林唯物主义新形象作出了巨大贡献。他们将富兰克林作为自己事业的象征，就像法国人之前所做的那样。他们创办了富兰克林学会和力学协会，并以富兰克林来证明，向那些看不起凡夫俗子的绅士（比如千年贵族）发起挑战是一件多么正确的事情。对于年轻人来说，富兰克林的人生是生动的一课。正如 1810 年的《自传》中所写的那样，一个"身无分文、没有显贵荫庇"的人通过自我奋斗最终实现成功。他是个白手起家的人，是自己命运的缔造者。

19 世纪早期，富兰克林被视作一个辛勤工作最终发财致富的穷印刷工，而不是 18 世纪的绅士、哲学家。与史密斯的悼词不同，此类描述强调了富兰克林的卑微出身和他的青年时代。

帕森·威姆斯(Parson Weems)1817年出版的传记是最好的富兰克林传之一,他写道:"哦,你们这些虚度光阴、呆头呆脑的年轻人,嘴里不叼着雪茄或烟头就不自在,继续吹你们的牛,嚼你们的东西吧——继续吸你们的臭烟、吐你们的痰吧,让爱干净的主妇们为她们漂亮的蜡地板和光鲜的地毯心惊胆战——我说你们继续吧,但要记住,我们的小本(little Ben)可不是通过这种方式成为**伟大的富兰克林博士**的。"[43]

富兰克林作为一个辛勤工作的中产阶级唯物主义者的形象是在他死后的19世纪早期发展出来的。这就是富有想象力的作家——坡、梭罗、梅尔维尔和劳伦斯等人所抨击的中产阶级形象。这种通过辛勤工作、白手起家获取成功的商人形象才是最经受得住考验的。无论富兰克林是多伟大的美国建国者——他在独立战争中的外交活动使其重要性仅次于华盛顿——只要美国的主要产业依然是商业,作为共和国早期蓬勃发展的资本主义象征的富兰克林将继续主宰美国文化。

注释

1. New York Times, September 19, 1856, quoted in Nian-Sheng in Huang, *Benjamin Franklin in American Thought and Culture, 1790—1990* (Philadelphia: American Philosophical Society, 1994), 31.

2. Richard D, Miles, "The American Image of Benjamin Franklin," *American Quarterly*, 9(1957), 136.

3. See Douglass Adair, "Fame and the Founding Fathers," in Trevor Colbourn, ed., *Fame and the Founding Fathers: Essays by Douglass Adair* (New York: Nor_ton, 1974), 3—26.

4. On Franklin's strategy of humility, see Paul W.Conner, *Poor Richard's Politicks: Benjamin Franklin and His New American Order* (New York: Oxford University Press, 1965), 149—69.

5. J.Philip Gleason, "A Scurrilous Colonial Election and Franklin's Reputation," *WMQ*, 3d Ser., 18(1961), 76.

6. Jennifer T.Kennedy, "Death Effects: Revisiting the Conceit of Franklin's Memoir," *Early American Literature*, 36(2001), 204.

7. BF, *Autobiography*, 75—76.

8. J.A.Leo Lemay, "The Theme of Vanity in Franklin's Autobiography," in Lemay, ed., *Reappraising Benjamin Franklin: A Bicentennial Perspective* (Newark, DE: 1993), 372—87.

9. Stanley Brodwin, "Strategies of Humor: The Case of Benjamin Franklin," *Prospects*, 4(1779), 121—67.

10. Verner W. Crane, ed., *Benjamin Franklin's Letters to the Press, 1758—1775* (Chapel Hill: University of North Carolina Press, 1950), xxx.

11. J. A. Leo Lemay, *The Canon of Benjamin Franklin: New Attributions and Reconsiderations* (Newark, DE: University of Delaware Press, 1986), 135; Bruce Ingham Granger, *Benjamin Franklin: An American Man of Letters* (Ithaca, 1964).

12. BF, on censure and backbiting, 1732, *Franklin: Writings*, 192—95.

13. BF, on simplicity, 1732, *Franklin: Writings*, 183; BF, Poor Richard, 1743, Papers of Franklin, 2:370.

14. Lionel Trilling, *Sincerity and Authenticity* (Cambridge, MA: Harvard University Press, 1972), 17—18.

15. BF, Poor Richard, 1735, *Papers of Franklin*, 2:8.

16. AH to Edward Stevens, November 11, 1769, *Papers of Hamilton*, 1:4.

17. BF, *Autobiography*, 80.

18. BF, Ibid., 113.

19. BF, Ibid., 121.

20. J.P.Brissot de Warville, *New Travels in the United States of America, 1788*, Mara Socianu Vamos and Durand Echeverria, trs.(Cambridge, MA: Harvard University Press, 1964), 188n; Carl Bridenbaugh, *The Colonial Craftsman* (Chicago: University of Chicago Press, 1950), 61—62.

21. 1775 年,富兰克林同他的友人说:"我所拥有的微薄家产中,大部分都来自我在海港城市的房产。"他以为英国人会将此付之一炬。BF to John Sargent, June 27, 1775, BF to Jonathan Shipley, July 7, 1775, *Papers of Franklin*, 22:72, 95.

22. Ronald W.Clark, *Benjamin Franklin: A Biography* (New York: Random House, 1983), 45.

23. BF, *Autobiography*, 196; BF to Cadwallader Colden, September 29, 1748, *Papers of Franklin*, 3:318.

24. BF, *Autobiography*, 196.

25. BF to Whitefield, July 2, 1756, *Papers of Franklin*, 6:468.

26. BF, *Proposals Relating to the Education of Youth in Pensilvania* (Philadelphia, 1749), *Papers of Franklin*, 3:400.

27. BF to Peter Collinson, December 29, 1754, *Papers of Franklin*, 5:454.

28. BF to William Parsons, February 22, 1757, *Papers of Franklin*, 7:136.

29. BF to Mary Stevenson, March 25, 1763, *Papers of Franklin*, 10:232.

30. BF to Richard Jackson, March 8, 1763, *Papers of Franklin*, 10:210.

31. BF to Jared Ingersoll, December 11, 1762, *Papers of Franklin*, 10:17476.

32. BF, *Poor Richard Improved*, 1765, *Papers of Franklin*, 12:64.

33. BF to John Hughes, August 9, 1765, *Papers of Franklin*, 12:23435.

34. BF to William Franklin, July 2, 1768, *Papers of Franklin*, 15:161, 162, 164.

35. William Strahan to William Franklin, April 3, 1771, *Papers of Franklin*, 18:65.

36. BF to David Hartley, October 3, 1775, *Papers of Franklin*, 22:217.

37. *European Magazine* (London, March 3, 1783), quoted in P.M.Zall, ed., *Ben Franklin Laughing: Anecdotes from Original Sources by and About Benjamin Franklin* (Berkeley, 1980), 77.

38. BF to William Strahan, July 5, 1775, *Papers of Franklin*, 22:85.

39. BF to William Franklin, August 19—22, 1772, *Papers of Franklin*, 19:259.

40. BF to Sarah Bache, June 3, 1779, *Papers of Franklin*, 29:613.

41. Alfred Owen Aldridge, *Franklin and His French Contemporaries* (New York: New York University Press, 1957), 50.

42. Vergennes to Layfayette, August 7, 1780, Stanley J. Idzerda et al., eds., *Lafayette in the Age of the American Revolution: Selected Letters and Papers, 1776—1790* (Ithaca, NY: Cornell University Press, 1977), 3:130.

43. M.L.Weems, *The Life of Benjamin Franklin: with Many Choice Anecdotes and Admirable Sayings of This Great Man, Never Before Published by Any of His Biographers* (Philadelphia, 1829), 23.

第三章　托马斯·杰斐逊的考验与磨难*

富兰克林或许已经成为追寻美国梦、实现美国梦的一种象征，尤其是在发财致富方面。但如果说有谁能代表美国的民主理念和民主愿景，那就非托马斯·杰斐逊莫属了。"光荣属于杰斐逊"，亚伯拉罕·林肯在南北战争前夕这样说道。杰斐逊以"人人生而平等"的爆炸性思想，为未来所有的暴政和压迫制造了"羁绊和障碍"。"杰斐逊原则是自由社会的定义与公理"，林肯如是说。[1]

几乎从一开始，杰斐逊就是我们美国民族的象征与试金石。他成了某个虚构的、肆意塑造的人物，成了我们美国人内心深处喜欢或厌恶、恐惧或渴望的某样东西——无论它是民粹主义或精英主义、平均地权论或种族主义、无神论或自由主义。我们总是不断地问自己，杰斐逊还活在我们中间吗？杰斐逊思想是否依然有生命力？在论述美国历史的方方面面时，我们都不忘引用杰斐逊的主张。大多数美国人对杰斐逊的理解和我们首位专业传记作家詹姆斯·帕顿（James Parton）的理解一样。帕顿在1874年写道，"如果杰斐逊错了，那么美国就错了。如果美国是对的，那么杰斐逊就是对的"。[2]

正如半个世纪前，梅里尔·彼得森（Merrill Peterson）在其著作《美国人眼中的杰斐逊》中所阐述的那样，美国文化中的杰斐逊形象始终是"美国在困境中寻找自我的……一个敏感标识。"[3]作品出版后的数十年间，尽管专业史学界的水平已达到历史新高，但杰

＊本章曾发表于 Peter S. Onuf, ed., Jeffersonian Legacies（Charlottesville, VA: University Press of Virginia, 1993），经允许收录于此。

斐逊作为美国的象征,其形象传播与认同却丝毫未曾改变。如果有什么变化的话,那就是在这些动荡年代里杰斐逊与美国的关系变得更加紧密。在过去的40多年中,许多人(甚至包括一些历史学家)都认为美国出现了某种重大错误。如果美国出现了某种错误,那么杰斐逊也一定出现了某种错误。

莱奥纳多·李维(Leonard Levy)的《杰斐逊与公民自由:阴暗面》(1963)一书或许就是引发现代人批判杰斐逊的导火索了。[4]这不是对杰斐逊之虚伪与矛盾的无声讽刺或暗自嘲笑,而是检察官式的强烈控诉。李维撕碎了杰斐逊的自由主义面具以揭露其"阴暗面":对党派迫害充满热情、对公民基本自由缺乏关注、时而显出严厉无情的伪善。杰斐逊被李维和其他历史学家描绘成了一个渴望用自己的正统思想给年轻人洗脑的空想家,一个会删改所有他不喜欢的书籍的教条主义者,而不是一位怀疑论者、一位任凭思想自由发散的开明知识分子。归根结底,杰斐逊缺少开放的思维与质疑的精神。

杰斐逊不仅缺少创新与怀疑精神,事实上他还是一个彻头彻尾的教条主义者,一个盲目的早期自由派。正如历史学家伯纳德·贝林(Bernard Bailyn)所言,他对欧洲社会文化的看法是一种"18世纪的陈词滥调——一种自由胆大、气度不凡的开明式陈词滥调,但它仍是个陈词滥调——他不加鉴别地接受了那些披着自由主义外衣的观念和意见,用精致华丽的笔调加以修饰,却甚少质疑也不添加自己的意见"。[5]在这方面,他与颇具怀疑精神、更好管闲事的朋友詹姆斯·麦迪逊大不相同。例如,杰斐逊只能借助"一种传统自由对抗一种过度发展的狂妄的君主制"之类的字眼才能理解法国大革命斗争的开端。[6]他之所以支持将《权利法案》添入联邦宪法,不是因为他和麦迪逊思考这一问题的方式相近,而是因为在他眼中,《权利法案》理应是良善政府的一项重要内容。就像他对美国同侪所说的那样（他的法国自由派贵族朋友都这样认为），"欧洲开明国度的确对我们发明这一保障人权的手段赞不绝口，看到我们随即弃之而去，又感到无比震惊"。[7]我们甚至有这种感觉，杰斐逊是为了避免法国自由派同胞过于尴尬，才在 1787 年、1788 年大力提倡《权利法案》。同样，他的反奴隶制声明也有很多内容似乎是为迎合开明的外国人士而写成的。

杰斐逊对美国黑人和奴隶的看法的确让他成了现代人的众矢之的。如果美国在种族关系上的做法是错的，那么杰斐逊也一定是错的。谁能无视杰斐逊的奴隶主身份及其庄严宣告（自由平等）之间的强烈反差呢？无疑，杰斐逊痛恨奴隶制，他相信自己1776 年提出的"不言而喻的真理"终将在美国成为现实。因早年解放弗吉尼亚未获成功，18 世纪 80 年代，他继续在西部地区推行废奴运动。与华盛顿不同的是，他从未彻底解放自己所有的奴隶。不仅如此，就像近代历史学家所强调的，他还像大多数弗吉尼亚种植园主那样，买卖、繁殖、虐待自己的奴隶，甚至追捕逃亡者，他始终认为美国奴隶制比古罗马奴隶制好得多。[8]

一些近代历史学家甚至声称，在今天看来，杰斐逊对待黑人的态度和行为令人发指，如果将这位蒙蒂塞洛的圣人与反奴隶制画上等号，那就是在给改革运动抹黑。杰斐逊无法想象，一群被解放的黑人在美国白人的土地上自由生活会是一幅怎样的图景。他始终认为，唯有将奴隶驱逐出这个国家，他们才能获得真正的解放。他希望所有的黑人都被流放到西印度群岛、非洲，或美国以外的任何一个地方。据说，正是杰斐逊附加了太多条件，导致废奴运动裹足不前。他在回应年轻人请愿时说，奴隶制一定要反对，只是时机未到。[9]

他驱逐黑人是基于种族的反感与恐惧。他对白人与印第安人通婚没有太多顾虑，却一再表示自己"极度反感"白人与黑人通婚;当罗马奴隶被解放,他"或许可以与一般人混居,而不会玷污主人的血脉"。可是当黑奴被解放,他"必须离开,不得与一般人混居";杰斐逊知道印第安人未曾开化,却对他们敬重有加,还从各种环境因素来解释他们与白人的区别。但他决不会为美国黑人这么做。他坚持认为,黑人天生(肉体或灵魂)逊于白人。[10]

有人说,杰斐逊喜欢黑人(这在美国相当普遍)是性欲受压抑后的一种表现——就他那魅力十足的混血奴隶萨利·赫明斯(Sally Hemings)而言,杰斐逊显然没那么压抑。1802 年,无良记者詹姆斯·卡伦德(James Callender)首次披露了杰斐逊与赫明斯长达数十年的情人关系及育有数子的消息。公布于 1998 年的 DNA 检测结果显示,某个杰斐逊家族的男性是萨利·赫明斯孩子的父亲。许多历史学家便以此认定杰斐逊与他的家奴有暧昧关系,并且是萨利·赫明斯几个孩子的亲生父亲。如此看来,杰斐逊的行为与其他南方种植园主并没有什么不同。[11]

由于某些历史学家始终否认杰斐逊与赫明斯的孩子存在父子关系,争论就被慢慢搁置起来。无论这种关系是否属实,信奉"异族通婚乃道德败坏"的杰斐逊家族中存在异族通婚现象却是不争的事实。[12]因此,任何将杰斐逊的蒙蒂塞洛塑造成典型父权制农庄的做法从一开始就注定失败。

似乎每个人都将杰斐逊视为美国的缩影。杰斐逊在奴隶与种族混合问题上感受到愧疚之情,极好地反映了美国白人在与黑人的扭曲关系中所感受到的愧疚之情。对于弗农·路易斯·帕林顿(Vernon Louis Parrington)及 20 世纪 20—40 年代的人们而言,杰斐逊是解决美国困局的金钥匙;但对于今天的人们而言,杰斐逊则成了一个难题。近期研究成果表明,杰斐逊代表了评论家在过去 40 多年中所预见的那个美国:自以为是、饱含歉疚、种族歧视、教条主义以及那种经受不住任何压力的自由派的虔诚。

无论美国人在"我们是谁"的问题上多么纠结,我们终将在杰斐逊那里找到答案。杰斐逊代表着个人权利,近年来这些权利已被推向极端。问题的症结在于杰斐逊及其《独立宣言》。[13]事实上,18世纪联邦派批评家对杰斐逊痴迷于个人权利的做法批评更甚。一位典型的联邦派讽刺作家说道,他无休止地强调权利,如此热衷于权利,甚至大肆宣扬杂草疯长的权利。这有何不可?难道不是每种植物都有"平等的生存权吗?……为什么小麦、大麦就应该作为田地里的专制暴君而苗壮成长呢?"[14]

也有人提出,或许美国从来都不是一个致力于个人权利发展的自由资本主义社会。如果是这样,那么我们将杰斐逊当作美国代表人物的看法就必须有所改观。在20世纪70—80年代的史学剧变中——人们试图恢复革命时代美国所盛行的古典共和文化,强调美德、腐败、公共福利而非个人私利与谋利——杰斐逊理所当然地站到了风口浪尖。在古典共和传统的映照之下,他不再是个人权利至上的洛克的追随者,而成了一个被都市、金钱、腐败吓坏了的斯多葛式的古典学者,通过向人们反复灌输正确的社会与道德状况,来维持一个由自耕农组成的脱离市场的农业共和国。

一些历史学家——尤其是波科克(J.G.A.Pocock)——因发现了美国早期古典共和主义的传统而兴奋无比,他们激动地认为:独立战争并非一起将美国推向新自由资本主义世界的进步事件,而是"最后一个文艺复兴式的伟大创举"。因为美国诞生于"现代性恐惧"之中,所以代言人杰斐逊不得不回溯过去,努力抵抗正席卷大西洋世界的这一经济巨变。[15]

这是其他一些历史学家——他们力求恢复杰斐逊思想中具有变革性与活力的那些内容——所不能接受的。当盖瑞·威尔斯(Garry Wills)在《创造美国》(1978)中辩称:杰斐逊的《独立宣言》更应归功于苏格兰道德家弗兰西斯·哈奇森(Francis Hutcheson)

的社群主义,而不是约翰·洛克的占有性个人主义时,这些学者迅速重申了洛克的影响。[16]毕竟,美国的品格已岌岌可危。有批评称,威尔斯对于杰斐逊社群主义的强调是在试图"为共和国历史创造一个粉色的黎明"。[17]一些历史学家——尤其是乔伊斯·阿普尔比(Joyce Appleby)——开始着手恢复我们对革命,当然也是对杰斐逊的一般理解。阿普尔比说,其他建国者或许都是精英主义者,常常回溯过去,为丧失德行而沮丧不已,但杰斐逊绝非如此。也许,杰斐逊以前是古典学的门生,但他决不会接受"人只有在公众舞台上才能够实现自我"这样古老的观念。他虽然是个农场主,却是个商业化的新型农场主。阿普尔比说,"杰斐逊远胜于同时代者,他将经济发展计划和国家建设政策整合成为一份进步的道德理论"。他"不是一个在现代性决斗中败阵的输家",而是自由、进步的赢家,他对未来充满信心,希望增进个人追求幸福的权利,削减政府管制、促进美国的商业繁荣。阿普尔比辩称,美国人民更多地关心平等、私有权,以及他们的产品在大西洋世界的销量,而不是很在乎品德、腐败和集体。18 世纪 90 年代,人们将杰斐逊及民主共和党视为自己美好希望和梦想的代言人。阿普尔比写道,在"唯物主义与新道德(基于他对自由个体自治能力的崇高信仰)相交织的未来图景下,杰斐逊将他的国民团结在了一起"。[18]

杰斐逊因重新带领美国人民走向民主、商业的未来,而再次成为自由美国的象征。如果这意味着杰斐逊过分拥护资本主义,那么我们还能从理查德·马修斯(Richard K.Matthews)的作品中获得矫正之法。马修斯为一个另类的美国发现了一个"另类的杰斐逊"——"一个不仅对美国市场社会提出激进批评,而且为未来真正民主的美国提供蓝图(如果不是一份路线图的话)的杰斐逊"。马修斯笔下的杰斐逊信仰不断革命论、社群无政府主义(communitarian anarchism)和广泛的群众政治参与。马修斯总结说,他是一个真正的美国民主激进分子。[19]

在过去的大部分历史中,杰斐逊都代表着美国,肩负着国家的道德品格。没有哪个历史人物可以在承受这种象征的同时依然保持真人的原貌。在所有想象中的杰斐逊或寓言式的杰斐逊底下,曾经有一个具有人类一切弱点和缺陷的真正的人。毫无疑问,杰斐逊的文字和思想超越了时代,但他本人却没有。

就本质而言,杰斐逊属于18世纪。这个南方蓄奴种植园主聪明好学、开明进步。他无疑和所有人一样,弱点与长处并存,愚蠢和智慧共有,无知和远见同在。

杰斐逊很高(6.2英尺),又高又瘦,红红的脸上长着雀斑,明亮的淡褐色眼睛,一头赤褐色的头发,穿着随意。和亦敌亦友50年的革命同伴约翰·亚当斯不同,杰斐逊保守、冷静、盲目乐观。他不喜欢与人争辩,在朋友或敌人的面前总显得很有魅力。但是他一背过身去就表现出气恨难消,因此许多反对者认为他是个表里不一的两面派。

无疑,他是个复杂的人。传播自由民主的崇高愿景和精明的幕后政治在他身上合二为一。他毫无保留,自己是个购物狂,却对那些不逛市场的纯朴的自耕农赞赏有加。他讨厌财迷心窍,讨厌银行遍地开花,讨厌自由资本主义世界在19世纪初期遍布北部各州,但没有一个美国人比他为那个时代做得更多。他把自己每天的账目都算得清清楚楚,却从不计较得失。他认为公共债务是对一个健康国家的诅咒,但是他的个人债务却不断增多——他一借再借以平衡不断上升的开支。他老于世故,却又深爱着远在弗吉尼亚山顶上的老家。

确实,杰斐逊的许多思想很老套,不过正如前面指出的那样,他确实有一种"新瓶装旧酒的非凡天赋"。[20]他不得不很老套(旧酒),否则他绝不可能对同时代人有如此巨大的影响。他后来回忆道,写作《独立宣言》"并不是要找出新理念、新论据,或是从未出现过的思想……而是要把常识放在人们面前,用简单而坚定的措辞来获得他们的肯定,并证明我们是被迫站到这样一个独立的立场上来的。"[21]

杰斐逊非凡的敏感性、学识及艺术鉴赏力是其因循守旧的根源。他饱读诗书,对于当时的先锋意识极其敏感。他想知道在18世纪的世界,什么才是最好、最政治正确、最开明的东西。正是他对知识的极度渴望、对所有进步新事物的非凡感知力,让他成为了美国启蒙运动的先驱。

18世纪的启蒙运动代表了黑暗边界(即所谓哥特式野蛮)的后退、光明与知识的传播。这一斗争体现在很多重要方面。有人认为,斗争中心是在自然科学及人们对自然不断增进的理解上。有人认为,斗争主要集中在平息宗教狂热与反对迷信上。有人认为,斗争主要发生在政治领域,尤其是击退暴政、创立新的自由政府。也有人认为,斗争主要发生在文明与高尚趣味的传播过程,以及那些微小的、看似不经意的习惯当中,它使得越来越多人的生活得到提升,变得更简单、更文明、更舒适、更享受。所有这些启蒙活动以这样或那样的方式,在世界范围推进秩序与理性的发展。用美学的眼光审视一个有序的世界,更好地理解世界的所思所言——这就是启蒙运动。

杰斐逊积极投身18世纪启蒙运动的各个领域。他可能是最擅长为启蒙、教养、高尚趣味开具自由主义药方的美国革命领袖。1743年,他诞生于一个富有但缺乏教养、教育程度不高的西弗吉尼亚种植园主家庭。他考入了威廉玛丽学院。和许多革命领袖一样,他也是父系家族中第一个上大学、接受博雅教育的人。他希望社会由那些有才能、有品位的贵族来领导。长久以来,人们都根据某人的父亲或配偶来评判某个人。但在一个全新的开明共和社会中,人们将只依据功绩、道德和品位来评判某个人。

尽管杰斐逊不是一个轻易展露自己情绪的人,但我们今天还是可以通过他 77 岁那年(1821 年)写下的自传,感受到他平静外表下流淌着的,对所有那些重血统、论出身的弗吉尼亚人的愤怒之情。杰斐逊一开篇就告诉我们,他父亲的家谱世系中断了,只在威尔士找到两份与家族相关的材料。而他的母亲则是弗吉尼亚最尊贵的伦道夫家族的一员。杰斐逊自嘲说,"为了让每个人都认为自己的信仰和成就源于家族,伦道夫一家甚至将自己的血统追溯到英格兰与苏格兰时期"[22]。接着,他提到了自己 1776 年为抑制弗吉尼亚"名门望族"势力——他们用各种法律手段维系长子继承权或限嗣继承权,使之"列入贵族序列,以享家族辉煌"——所做出的努力。历史学家通常认为,杰斐逊夸大了长子继承权、限嗣继承权及"贵族序列"的力量。不仅限嗣继承的做法在弗吉尼亚十分普遍,在那些贵族批判者的家庭中,也会出现类似的"贵族序列"。但杰斐逊显然看到了两者的不同,并为此愤懑不已。他写道,"为了让德才兼备的贵族登上历史舞台,有必要废除'财富式贵族'的特权",他认为自己就是一个典型的例子。他说,"这种天生的贵族才是自然馈赠给人民,用以教育、托管和治理社会的最特别的礼物。"[23]

成为天生贵族就要具备天生贵族的特性:开明、有教养、有品位。唯有当我们体会到他梦想成为全美最国际化、最自由、最文雅之开明绅士的那份恳切与决心,才能真正了解青年杰斐逊。起初,他是个敏感、粗鄙、急性子的人,一心要谴责殖民地的落后状况。大学以及后来在威廉斯堡学习法律期间,他拉小提琴、学法语,提升了自己的品位与趣味。杰斐逊说,他这一生中再也没有比当年与殖民地总督弗朗西斯·福基耶尔(Francis Fauquier)、老师威廉·斯莫尔(William Small)和乔治·威思(George Wythe)共进晚餐时,"听到更多深刻、理智、富有哲学意味的对话了"。回溯过往,他称威廉斯堡"是美国历史上最好的礼仪道德学校"。[24]尽管他年轻时欣赏的艺术作品并不多,但他从阅读与交流中懂得了什么才是好的作品。1771年,杰斐逊列了一份他想要的著名油画、素描、雕塑——从贝尔维德尔的《阿波罗》(Apollo Belvedere)到拉斐尔的织锦画底图(Raphael Cartoon)——复制品的清单。正如法国来访者夏斯特吕骑士(the Chevalier de Chastellux)所描述的,杰斐逊对知识如饥似渴,"虽然未曾离开自己的国家",但到了1782年,这位自学成才的美国人"已兼音乐家、绘图员、测量员、天文学家、自然哲学家、法学家和政治家于一身"。[25]

杰斐逊终于能够以自己的教养、品位、自由风范为傲了。他开始自视为美国的指挥家,通过将欧洲文化中最好最开明的那部分引荐给国民,把他们从"可悲的野蛮"中解救出来。[26]当18世纪80年代的美国人想到要为华盛顿立一座雕像时,杰斐逊在巴黎来信中写道,"毫无疑问,我们要请这里的雕塑家乌东先生(Houdon)来完成此项工作,他的名声在整个欧洲无人匹敌"。没有一个美国人能反驳他的看法。虽然华盛顿委婉表达了对于乌东罗马式雕塑风格的顾虑,但面对杰斐逊的不悦,他迅速作出让步,表示自己并不想"反对行家的鉴赏力"。[27]

时人对16世纪意大利工程师安德里亚·帕拉第奥(Andrea Palladio)的《建筑四书》几乎一无所知,而杰斐逊痴迷于此人,恰恰是杰斐逊这个大老粗习得了大都会风尚及批判性审美。他开始鄙夷起故乡弗吉尼亚的那些乔治时代的哥特式建筑,甚至以之为耻。他想在蒙蒂塞洛建一栋能充分表现古罗马遗风的房子。18世纪80年代,他硬是让弗吉尼亚同僚在里士满建造了一幢以罗马神庙(Maison Carrée 公元1世纪建于尼姆城)为蓝本的新国会大厦,因为他希望有一座可供人民"学习和效仿"、"体现国家优秀品位"的美国公共建筑之典范。他说,这是一座"已享誉两千年的建筑"。杰斐逊几乎凭借一己之力将美国的公共建筑塑造成罗马神庙的风貌。[28]

杰斐逊对酒的品鉴能力同样卓尔不群,在1787—1788年的环欧旅行中,他花费了大量时间考察法国、意大利及德国的葡萄园和酒庄,并筹备了交付美国市场的酒品。几乎所有美国人都认可他鉴酒的专业水平,三位总统也曾就总统晚宴提供何种酒品的问题向他请教。从园艺、食物到音乐、绘画、诗歌,杰斐逊希望每一项都达到英国或欧洲的最高水平。

你可以随意取笑杰斐逊暴发户式的心态和行为,但将他对艺术的痴迷和优良品位看作一个想当完美绅士的美国大老粗的矫揉造作和装腔作势,那绝对是个错误。杰斐逊也许比其他革命领袖更热心于此,但他绝不是唯一一个关心自身及国人品位的人。这是每位建国者在道德与政治上所提出的要求。事实上,对于18世纪启蒙运动而言,提升大众品位本身就具有道德与政治的双重意义。

艺术、品位,甚至良好的风范都有其政治内涵。恰如英国哲学家沙夫茨伯里勋爵(Lord Shaftesbury)所宣扬的,道德与品位同出一源:"一个艺术名家的水平与道德在某种意义上形如一体。"[29]鉴赏力、修养、气质与公共道德、政治领导能力息息相关。好品位者皆是开明之人,开明之人皆有美德。

但现代美德与往日不同。现代的新式美德与乐善好施、与人为善联系在一起。1768年,宾夕法尼亚人詹姆士·威尔逊(James Wilson)和他的朋友威廉·怀特(William White)将这种善意之交往与品位、彬彬有礼联结在一起,把它定义为"社会美德自然而优雅的表达"。彬彬有礼和高尚趣味重塑了传统古典美德的概念。促进社会和谐与友爱成了文明进程的实际目标。"什么才是一个民族所期望的彬彬有礼与高尚趣味"？1792年，一位《纽约杂志》的作者这样问道。"他们培养亲密的友情而非激情；他们相互促进而非彼此安慰"。[30]这种新型的社会美德不同于斯巴达式的简朴，却有几分艾迪生的散文风格（addisonian）；不主张古典式残酷的自我牺牲，倒甘愿为和平繁荣与他人共处。德行成了与彬彬有礼、道德本能及良好品位相等同的事物。[31]正如18世纪苏格兰哲学家凯姆斯勋爵（Lord Kames）所言，"良好的艺术品位与道德意识息息相关，甚至同出一源"。[32]

要了解这种新型的社会美德——彬彬有礼与道德的新结合体，杰斐逊并不需要拜读凯姆斯勋爵、弗兰西斯·哈奇森的作品，或者任何苏格兰道德意识学派的著作。英国人沙夫茨伯里和巴特勒主教（Bishop Butler）所传播的这些观念——彬彬有礼和高尚趣味是社会的自然黏合剂——同样很重要。不仅是这些伟大的思想家，大凡受过教育的18世纪美国人，无一不曾尝试以道德意识、仁爱之力将社会凝聚起来。并不是只有杰斐逊一人强调道德意识。

杰斐逊等人尊奉的现代美德与古典共和传统大不相同。古典美德源于公民的政治参与，政府是公民意识和公共精神的来源。而现代美德源于公民的社会参与，政府成了自由派眼中的世界万恶之源。社会——私人的社会生活诸事务——孕育着恻隐之心及新塑造的美德。真挚的情感散布在画馆、俱乐部、咖啡屋里，充斥在现代生活每日的送往迎来之中，这正是杰斐逊等自由主义者所认为的团结开明人士所不可或缺的黏合剂。一些人甚至认为古典美德的传统宿敌——商业贸易，事实上正是现代美德的来源，因为它增强了各个民族、各个国家之间的交流与信任。可以说，商业的确为培育仁爱之心作出了贡献。

对于社会的这一优越性，杰斐逊盛赞不已，认为它远胜过政府。事实上，这种政府与社会间的传统自由主义划分正是杰斐逊政治思想的前提:相信社会的自然秩序、信任普通民众的道德常识、小政府的理念。杰斐逊说,"人注定要集合成为社会。因此,其道德品行的发展须服从于这一目标。人以社会为依归,被赋予了是非感……人具有道德感或道德观就如同人有手有脚一样……从某种程度上说,道德感屈从于理性的指导;事实上,它也需要如此"。所有人都将这种"他人的爱"、这种"道德本能""植入心田",正是这些"社会性格"使得民主成为可能。[33]

这一被重塑的现代美德对于杰斐逊等美国人而言,其重要性毋庸赘言。与怀旧、保守的传统美德不同,它进步而激进。它为19世纪所有的改革运动及此后的现代自由思想奠定了基础。我们依然渴望拥有一个"兼相爱"的世界。[34]

也许再没有美国领袖会比杰斐逊更认真地对待人类自然交往的能力了。19世纪早期,他用剪剪贴贴的方式重新拼凑了一本《新约全书》,也就是《杰斐逊圣经》(Jefferson Bible)。在这个版本的圣经中,杰斐逊试图调和基督教与启蒙运动的内在关系,并向那些称他为"一切宗教之敌"的批评家作答。杰斐逊发现,耶稣对普罗大众的教诲——爱邻人如同爱自己,实际上是在与近代启蒙直接对话。杰斐逊版本的《新约全书》为全新的共和社会提供了一种社会和谐所亟须的道德规范。

杰斐逊的小政府理念同样建立在他对人民自然交往能力信任的基础上。事实上,杰斐逊完全了解近代西方世界对权力下放和地方民主参与的兴趣。他相信民族性(nationhood),但不相信现代语境下的国家(state)。他厌恶一切官僚主义和强制性的政府机构。有时他甚至认为政府只是一个试图掳掠、欺骗和压制多数人的工具。他难以接受现代语境中的国家,一个有着自己的生命意志并独立于统治者与被统治者的实体。对杰斐逊而言,人民不可能拥有独立的权力,这点他深信不疑。

尽管他并非现代民主人士,但杰斐逊比其他建国者更加信任那些推选出贵族阶层(如果天生贵族真的能够领导国家)的普通百姓的能力和品德。和其他建国者一样,杰斐逊对所有政府官员都心存怀疑,即便是众议院的普选代表也不例外。(他曾在1785年这样评价弗吉尼亚议会,"173个独裁者当然和一个独裁者同样专制"。)但他始终相信,如果没有煽动家和联邦派君主论者的干扰,人民终将作出正确选择。他没有看到我们今天所说的积极自由与消极自由之间、人民权利和个人权利之间存在的潜在冲突。他也很少留意麦迪逊所说的"普通政府违背选民意愿执掌大权,与选民通过政府表达意愿、执掌大权之间的本质差异"。[35]错误不在人民,而在于他们选举出的代理人。多数人往往遭受少数人的压制与凌虐,这少数人中包含所有政府官员,甚至包括那些由人民选举的官员。

因此,杰斐逊拒不承认现代国家的结构体系,也不接受国家的基本前提——即假定国家垄断了对特定领土的合法控制。对他而言,在第一次总统任期内,美国实际上只是一个松散的联盟,与先前《邦联条例》中的政府毫无二致。他看到了一个自由帝国在广袤大陆上不断扩张,这让他对国家概念有所释怀。"谁能限制联邦原则有效运作的范围?"他在第二次就职演说中如此问道。事实上,杰斐逊总认为他的"自由帝国"关乎的是一种原则,而非界限。只要美国人坚信某些事物,无论政府界限何在,他们便还是美国人。有时,他明显无视于西部联盟脱离东部联邦的这一可能性。"那有什么关系?"1840年他如此问道,"那些西部联盟终将如东部一般,成为我们的子孙后代"。[36]

杰斐逊及其共和派同僚将所有西部土地视为美国摆脱欧洲国家命运的手段。只要在未来很长一段时间内,农民都有足够的土地用以耕作,那么美国的社会发展就会减速,就不会像欧洲国家那样被迫进入充斥着制造业、奢侈品及城市衰败的商业终极阶段。杰斐逊及其追随者坚信，没有一个正常人会放弃耕作而投身城市工业，美国的空间扩张将使人们免于时代的蹂躏。有如此多的土地可供耕作，就不会像欧洲那样出现大量失地人口，美国人便无须移民到城市，在奢侈品制造业中寻找工作。这一关于美国未来土地的构想成了区分杰斐逊派共和党与联邦党的重要标准。[37]

但这并不是唯一的区分方式。杰斐逊对现代国家的蔑视，对人民自然交往能力的信任（认为可以此替代传统的政府力量）同样也很重要。当杰斐逊主义者将他们对人民自然交往能力的信任推广到国际范围时，联邦党人（尤其是亚历山大·汉密尔顿）只好把他们当成一群画圈为饼的痴人不予理会。杰斐逊等开明领袖认识到，国家间贸易对国际事务的影响等同于人与人之间的情感对国内事务的影响；两者都要摆脱君主制的阻碍与干预，使主体关系得到自然表达。因而在 1776 年之后，杰斐逊等革命理想主义者希望将他们正在为美国社会所做的努力推广到整个世界：即改变人与人之间交往的方式。他们期盼一个理性的世界，在其中商业贸易的天然纽带将取代腐败的君主外交、秘密联盟、权力制衡与王朝竞争。如果各国人民能够自由地进行商品交换，那么国际政治将实现共和与安定，战争本身亦将消失殆尽。杰斐逊和共和党人在"和平式高压政治"之下，进行"坦诚而自由"的实验——美国竭力阻止海外进口（最终于 1807—1809 年实施了杰斐逊灾难性的"禁运令"），以此来改变国际交往的行为——便是这一类理想派共和党人因笃信商业力量而出现的必然结果。[38]

杰斐逊的想法可能流于传统，但它依然是一种开明的传统激进主义。他急切渴望并深深沉溺于 18 世纪最为自由的新观念中。麦迪逊在 1823 年娓娓道来，和其他那些"伟大的天才"一样，"他习惯于用强硬有力的术语来描绘当时的印象"。因此，国父中只有杰斐逊对谢斯起义无动于衷。他说,"我喜欢不时有点儿反叛,就像来一场暴风雨那样"。情况的确很糟,很多人为此丧命,但"自由之树终将一次次地在暴君和爱国者鲜血的洗礼中重生,因为这是它天然的养分"。在他对法国大革命种种惨烈流血事件的回应中,亦有此类近似夸张的言辞。1793年他写道,由于"整个地球的自由"都建立在法国大革命的成功之上,生活终将迷失。"与其看到它失败,我宁愿地球的一半都了无人烟。哪怕每个国家只有一个亚当、一个夏娃能获得自由,这便是值得的"。[39]与柯勒律治、华兹华斯及其他对此不抱幻想的欧洲自由主义者不同,杰斐逊始终都拥护法国大革命。

他将法国大革命视为一场源于美国革命的人权运动。终其一生,他都致力于美国革命与人权斗争。他在最后一封信里表达了自己的终生理想:美国革命是"激励人们挣脱枷锁的信号,它激励人们摆脱僧侣式蒙昧无知的束缚,去享受自治的幸福与平安"。他预见到整个世界——"有些地区早一点,有些会晚一点,但终将是整个世界"——将追随美国的领导。这种感受成为此后美国救世主式使命感(即在全球范围促进自由与民主的传播)的来源。[40]

然而这种对启蒙主义未来成就充满信心的表述,在杰斐逊退休后的晚年却越发少见了。在他从总统之位退休至逝世的1809—1826年间,乃是美国历史上的混乱时期,其显著标志,便是与英国人、印第安人的战争、严重的商业恐慌、民主与福音派教会的快速成长,以及黑奴问题引起的密苏里危机。对杰斐逊而言,这段时光并不愉快。诚然,蒙蒂塞洛的圣人在山顶庄园里与家人朋友休闲放松,接待自己的仰慕者;与约翰·亚当斯和解后,他也常常写信叙谊,留下了两位老革命之间著名的往返信札;他还为弗吉尼亚大学的创立付出艰辛努力。但除此之外,便再无其他可以宽慰这位老人。

面对这个他亲手建立起的、迅速发生变化的世界，他感到不知所措甚至恐惧。美国革命以一种出人意料的激进的方式推进着，美国社会也变得更民主、更资本主义，但杰斐逊并没有做好心理准备迎接这样的发展变化。在生命最后的时光里，杰斐逊陷入忧惧，他害怕自己奉献终生的美国革命正濒临失败的边缘。他对此作出的回应、他的言行在某种程度上并不符合我们如今所理解的杰斐逊式原则。他转向内心世界，思想日趋神秘，异念频生，以一种令后世历史学家及传记作家大跌眼镜的方式大谈教条。

1809 年杰斐逊结束政治生涯后，他变得比以往任何时候都更加偏执、更加坚持地方本位。他曾为自己的世界主义理念无比骄傲，但从总统之位退休回到弗吉尼亚后，就再也没有离开过那里。事实上，他的注意力就此留在了心爱的蓝岭（Blue Ridge）。他自绝于外界的各种新知识，正如一位拜访者乔治 · 蒂克那（George Ticknor）所述，杰斐逊变得"对当下政局异常的无知与麻木"。《里士满问讯报》是他订阅的唯一一份报纸，对收到新邮件也不会表现出特别的兴趣。在这些方面，杰斐逊与他的好友兼邻居詹姆斯 · 麦迪逊极其不同，蒂克那说，"麦迪逊订阅了多份报纸，长期雇用仆人负责处理络绎不绝的信件，并对时局始终保持密切的关注"。[41]

杰斐逊转向内心世界与弗吉尼亚在联邦中地位的下降几近同时。1776 年，弗吉尼亚还是整个国家中富裕程度和人口密度最高的城市，保守派亦将其视为整个国家的命脉。但在 1820 年，弗吉尼亚却迅速沦落，如同死水一潭，前途渺茫，奴隶贸易成了它最主要的经济活动。到处是一派衰败景象，杰斐逊在蒙蒂塞洛也有同样的感受。尽管他终生厌恶公共债务，但其私人债务却不停增加，他不断借款，拆了东墙补西墙。他曾试图售卖土地，当土地出售再难为继，便售卖奴隶。他常常抱怨债务缠身，害怕自己有一天会失去蒙蒂塞洛，却不愿削减自己在送往迎来及酒水上的高昂开支。

由于无法理解当时的国家经济转型与南方北部的经济衰退，杰斐逊便将自己和蒙蒂塞洛的窘境归咎于银行及投机资本。他的确接纳了商业贸易，1812年战争之后，他甚至能接受一些有限的美国制造业。但是与19世纪早期北美那种充满竞争与活力的商业相比，他所能接受的商业，显然是经过改良的传统贸易。小麦、烟草、棉花等主要农作物的出口便是杰斐逊眼中商业的全部。他所支持的商业与所谓新兴美国世界的商业特征——源源不断的商品流通与贸易，无休止的出售和买入——不同。这种活跃的国内贸易和随之而来的所有资本主义装备——银行、股市、流动资本、纸币——让杰斐逊既感到恐惧又嗤之以鼻。

他的确想让美国农民过上舒适、繁荣的生活，但和某些现代自由派一样，他不了解那种能够创造出舒适、繁荣生活的经济力量。他不理解银行，也不知道银行发行的纸币为何要"压榨国家中最本分勤恳的一部分人来让骗子们发财致富"。他不明白何以"纸上的花招可以像实体经济或辛苦耕作一样致富。就常识而言，无中不能生有。"[42]对他个人来说，股票交易和资本筹集就是一种投机取巧、孤注一掷的把戏，是所有"商业贪婪和腐败"的病灶。[43]

在他看来，美国衰退的罪魁祸首是国家政府中那些腐败专断的方针政策。1819—1820年，北方为限制奴隶制度向西扩散而引发的密苏里危机——对杰斐逊而言这是"黑夜里的火警警铃"——是对联邦及共和主义革命实践的一种威胁。他认为，联邦政府建议限制密苏里人民蓄奴，这既违反了宪法也威胁到政府自治。他说，各个州由不同类型的人群组成，国会无权"管理其目前的基本状况"，只有各个州才拥有管理奴隶的"专有权力"。[44]如果联邦政府僭越这一权力，那么它接下来就可能要解放这个国家所有的奴隶，"在这种情况下，所有位于波托马克河与俄亥俄南部的美国白人定将搬离现在的州，最富裕的人定将率先离开"。[45]

杰斐逊无力阻止联邦集权化倾向与商业价值的传播、扩散,他为"公共舆论背离我们原先的自由原则,几近堕落"而哀叹不已。他变成了一个尖刻的批评家,批判最高法院的篡权;他变成了州权的卫道士,甚至比 1798 年起草《肯塔基决议》以证明各州有权废除联邦法律时态度更为强硬。当麦迪逊依然作为一名民族主义者支持最高法院的宪法解释权时,杰斐逊却在全力支持弗吉尼亚那些最教条、最激进、最地方本位的人物,其中包括州右翼主义者斯宾塞·罗恩(Spencer Roane)与约翰·伦道夫(John Randolph)。他变得目光偏狭、杞人忧天,连对他颇为钟情的传记作家杜马·马隆(Dumas Malone)都认为,他对州权力的狂热"处在盲从边缘"。[46]

他其实不必如此惊慌、如此狂热,也不必退回到 1798 年原则,但他一意孤行,比起朋友兼同僚詹姆斯·麦迪逊,杰斐逊有过之而无不及。像杰斐逊这种信心满满的乐天派,在 1809—1826 年间经历了太多的绝望与恐惧。到底发生了什么?是什么导致了这种绝望与狂热?我们又如何解释杰斐逊一反常态地开始担忧未来,而且日滋月甚?

个人问题的确——债务的增长,破产的威胁,失去蒙蒂塞洛的恐惧——占一部分原因,但并非全部。除了这些外部原因,还有一些其他因素导致了他退休生活的不和谐,这些因素更多源于杰斐逊自身,源于他的原则和眼界,源于他对大众民主深远久长的信念。

对于美国人民的自治能力与自治前景,没有哪位革命领袖比杰斐逊更有信心。也没有人比他更深信,启蒙运动正与中世纪的黑暗野蛮、宗教狂热展开激烈战斗。正是因为他深信美国社会在未来将有长足进步,他才(于情于理)不愿为自己卸任之后的退休生涯做任何打算。他对庸才执掌大权,以及自己和民主共和党授意下发起的民粹革命毫无思想准备。最终,杰斐逊因过度信任人民、对未来过度乐观而深受其害。他曾为之献身的启蒙运动、民主革命,以及他玫瑰色的自由气质令自己泥足深陷。

没有哪位重要领导人像杰斐逊那样对人民充满信心与乐观之情。他相信人民终将解决当下所有的问题。而这种对人民与未来的崇高信仰正是他泽被后世的标志性理念。当他 1816 年告诉约翰·亚当斯,他喜欢"未来的梦想甚于过去的历史"[47]时,那就是他最具美国精神的时刻。

他总是很乐观,事实上,他在一切事务上都显得过度乐观。他的预期总是不切实际:法国贵族是否不如其友人拉法耶特那么自由;花园里的蔬菜是否长势不佳;弗吉尼亚大学里品行不端的学生是否亵渎了他们的荣誉规章(honor code);美国革命是否允许人们追求个人幸福。他是一个天真的纯粹的美国人,他对人性邪恶知之甚少,也不知道什么叫作悲观。

在杰斐逊漫长的公职生涯中,当周围的人表现出束手无策,唯独他依然沉着,满怀希望。他深知奴隶制的罪恶,却认为他那代人对此已无能为力。但他告诉年轻的后来者们一定要有耐心和信心。当年轻人爱德华·科尔斯(Edward Coles)在 1841 年呼吁杰斐逊支持反奴隶制斗争时,他只能表示出自己对于未来的信心——"解放的时刻正在到来,正行进在时间之路上。它会来的……"[48]

他对于一切困境都是如此。他希望以这样或那样的方式来解决这些问题。1814 年,他发现自己和家庭都面临经济困境,就像"暴风雨中逼近的波涛;我依然认为我们会如常生活、衣食无忧,似这波涛已经悄然消逝于生活的船底一般。生活之事如其来路般找到其去路,因此我确信它们现在也会如此"。[49]发展之路不会停歇,科学与启蒙已遍地开花,抵挡了愚昧、迷信与黑暗。难道不是这样吗?他相信,未来站在他与人民这一边。一个自由而民主的社会终将能够解决所有问题,倘使他无缘亲见,那也定将出现在不远的将来。

可惜杰斐逊活得太久,未来与后代人也与他的期待相差甚远。在其生命的最后数十年里,杰斐逊在信中表达了对"新生一代,我曾寄予厚望的这一代"[50]的痛惜之情。尽管他在公务信函,尤其是给外国人的信件中坚持认为,文明与进步依然在行进的路上,但私下里他却对未来愈发忧虑。他意识到,美国社会(包括弗吉尼亚)或许并没有变得更好,而是在倒退。人民并未变得更有趣味、更有礼貌、更善交际;反而比此前更野蛮、更会拉帮结派。杰斐逊为这种社会的分裂和安德鲁·杰克逊——杰斐逊认为他有暴力倾向,不适合担任总统——的走红而感到吃惊。纸币贸易的新文化席卷了整个社会,令他颇受打击,但他决不承认自己的民主平等原则曾为此推波助澜。

那些他曾无比信任的普通人——他比朋友麦迪逊更信任人民——并未变得更加开明。迷信和盲从(杰斐逊曾将其等同于有组织的宗教)却借由他领导的民主革命而重现生机。他无法理解在 19 世纪早期,为什么福音派宗教势力能够取得深厚的群众基础,并牢牢控制住美国文化。在真正的道德多数派(moral majorities)中,他成了一位"困惑的世俗人文主义者"。当杰斐逊在 1822 年预言,今日的年轻人中将不再会出现一神论者时,卫理公会派教徒、浸信会教徒以及其他福音派教徒依然在美国第二次社会大觉醒(the Second Awakening)及大转型中赢得了成千上万的追随者。作为对这一切的回应,杰斐逊能做的便是归咎于那些逝去的新英格兰联邦派,归咎于一位同样深感困惑的新英格兰神职人员,因为他在全国传播了福音教派教义,也传播了资本主义。

面对这种来自新英格兰及"哈佛、耶鲁虔诚年轻教徒"的威胁,杰斐逊的对策便是在弗吉尼亚沉潜待发,建立一所能使真正的共和制原则不朽的大学[51]。他告诉麦迪逊,"这是我们的神学院,她将使纯洁的光辉长久闪耀"。[52]然而大学建立的过程却充满着伤悲与打击。弗吉尼亚立法部门并不像他所期待的那样愿意为高等教育花钱。他对大学的支持更像一种政治债务而非立法资产。

比起革命时期，那些人确实更加偏激、更不理智。他们似乎不知道杰斐逊是谁，也不知道杰斐逊做过什么。这便是他曾寄予厚望的新一代么？传记作家马隆说，在生命的末年，"他体会到了从未有过的不安"，为迎合立法机关，杰斐逊不再一一列举自己61年公职生涯中作出的贡献。[53]难怪他不时有一种被抛弃的感觉。"一切，一切都结束了！"在1825年给一位老友的信中，杰斐逊写道，"我们孤独地栖身于新生一代当中，我们不了解他们，他们对我们也知之甚少"。[54]

虽然这些只是对他乐观精神的轻轻打击，对他民主信仰的小小质疑，但对他这种天真的人来说已经不胜负荷。杰斐逊比麦迪逊更坚持州权原则，更担心联邦集权化倾向，这是因为他曾对革命与人民寄予厚望。他在大众民主与美国未来发展问题上耗费的理智与感情要比麦迪逊多得多。杰斐逊会为事物将要如何发展或应当如何发展的愿景大受鼓舞；麦迪逊则更加倾向于接受事物本来的样子。麦迪逊从未放下他对美国未来的不祥预感，也从未停止对人民和多数民众的猜忌。但杰斐逊能够倚靠的只有他曾深深信任的人民和美国的未来。这便是我们牢记杰斐逊而非麦迪逊的原因。

注释

1. Lincoln to H.L.Pierce and others, April 6, 1859, in Roy P.Basler, ed., *Abraham Lincoln: His Speeches and Writings*(Cleveland: World Publishing co., 1946), 489.

2. Merrill Peterson, *The Jeffersonian Image in the American Mind*(New York: Oxford University Press, 1960), 234.

3. Ibid., vii, 9.

4. Leonard W.Levy, *Jefferson and Civil Liberties: The Darker Side*(Cambridge, MA:

Harvard University Press, 1963).

5. Bernard Bailyn, *Faces of Revolution: Personalities and Themes in the Struggle for Amerman Independence*(New York: Knopf, 1990), 27.

6. R. R. Palmer, "The Dubious Democrat: Thomas Jefferson in Bourbon France," *Political Science Quarterly*, 72(1957), 388—404.

7. TJ to Francis Hopkinson, March 13, 1789, *Papers of Jefferson*, 14:650—51.

8. Robert McColley, *Slavery and Jeffersonian Virginia* (Urbana, IL: University of Illinois Press,1964); William Cohen, "Thomas Jefferson and the Problem of Slavery," *Journal of American History*, 56(1956), 503—26.为了在这些评论中寻求历史的平衡, 有一点非常重要,那就是我们必须记得美国革命之前,奴隶制已经在弗吉尼亚及美洲存在了一个多世纪,期间不曾受到过实质性的批评或道德谴责。杰斐逊及革命战友以抨击奴隶制、在道德上严阵以待的方式直面这个养育其成长的蓄奴社会。我们不能低估这一革命成果的意义。

9. William W. Freehling, *The Road to Disunion: Secessionists at Bay, 1776—1854* (New York: Oxford University Press, 1990), 1:123, 127—28.

10. Jefferson, *Notes on the State of Virginia*, William Peden, ed. (Chapel Hill: University of North Carolina Press, 1954), 138—43.

11. See Jan Ellen Lewis and Peter S. Onuf, eds., *Sally Hemings and Thomas Jefferson: History, Memory, and Civic Culture*(Charlottesville, VA: University of Virginia Press, 1999).

12. Freehling, *Road to Disunion*, 1:128—29.

13. Gary C. Bryner, "Constitutionalism and the Politics of Rights," in Gary C. Bryner and Noel B. Reynolds, eds., *Constitutionalism and Rights* (Provo, UT: Brigham Young University Press, 1987), 7—29.

14. Linda K. Kerber, *Federalists in Dissent: Imagery and Ideology in Jeffersonian America*(Ithaca: Cornell University Press, 1970), 20.

15. J.G.A. Pocock, "Virtue and Commerce in the Eighteenth Century," *Journal of Interdisciplinary History*, 3(1972), 130—31, 134; Pocock, *The Machiavellian Moment: Florentine Political Thought and the Atlantic Republican Tradition* (Princeton: Princeton University Press, 1975), 532—33.

16. Garry Wills, *Inventing America: Jefferson's Declaration of Independence* (Garden City, NY: Doubleday, 1978); Ronald Hamowy, "Jefferson and the Scottish Enlightenment: A Critique of Garry Wills's *Inventing America: Jefferson's Declaration of Independence*," *WMQ*, 36(1979), 503—523.

17. Kenneth S. Lynn, "Falsifying Jefferson," *Commentary*, 66(October 1978), 66.

18. Joyce Appleby, *Liberalism and Republicanism in the Historical Imagination* (Cambridge, MA: Harvard University Press, 1992), 258, 300—1, 318.

19. Richard K. Matthews, *The Radical Politics of Thomas Jefferson* (Lawrence, KS: University of Kansas Press, 1984), 16.

20. Freehling, *Road to Disunion*, 1:123.

21. TJ to Henry Lee, May 8, 1825, in *Jefferson: Writings*, 1501.

22. TJ, *Autobiography*, 1743—1790, *Jefferson: Writings*, 32, 3.

23. TJ to JA, October 28, 1813, Lester J.Cappon, ed., *The Adams-Jefferson Letters*: *The Complete Correspondence Between Thomas Jefferson and John Adams* (Chapel Hill: University of North Carolina Press, 1959) , 2:388.

24. Dumas Malone, *Jefferson the Virginian*: *Jefferson and His Time* (Boston: Little, Brown, 1948) , 1:8; TJ to John Page, May 25, 1766, *Papers of Jefferson*, 1:19—20; Merrill D.Peterson, *Thomas Jefferson and the New Nation*: *A Biography* (New York: Oxford University Press, 1970) , 14, 15, Eleanor D.Berman, *Thomas Jefferson Among the Arts*: *An Essay in Early American Esthetics* (New York: Philosophical Library, 1947) , 1.

25. Seymour Howard, " Thomas Jefferson's Art Gallery for Monticello," *The Art Bulletin*, 59(1977) , 583—600; Marquis de Chastellux, *Travels in North America in the Years 1780, 1781 and 1782*, Howard C. Rice, ed. (Chapel Hill: University of North Carolina Press, 1963) , 2:391.

26. TJ to Giovanni Fabbroni, June 8, 1778, *Papers of Jefferson*, 2:196.

27. TJ to Benjamin Harrison, January 12, 1785, *Papers of Jefferson*, 7:600; GW to TJ, August 1, 1786, Fitzpatrick, ed., *Writings of Washington*, 28:504; TJ to Nathaniel Macon, January 22, 1816, L&B, eds., *Writings of Jefferson*, 14:408.

28. Berman, *Jefferson Among the Arts*, 84; TJ, *Notes on Virginia*, Peden, ed., 153; TJ to 1M, September 20, 1785, *Papers of Jefferson*, 8:535.

29. Stanley Grean, *Shaftesbury's Philosophy of Religion and Ethics*: *A Study in Enthusiasm* (Columbus, OH: Ohio University Press, 1967) , 250; Lawrence Klein, " The Third Earl of Shaftesbury and the Progress of Politeness," *Eighteenth Century Studies*, 18 (1984—85) , 186—214.

30. *New York Magazine*, II(1792) , 406.

31. Conrad, " Polite Foundation," Philip Kurland, et al., eds., *Supreme Court Review—1984*, (Chicago: University of Chicago Press, 1985) , 361, 363, 365.

32. Berman, *Jefferson Among the Arts*, 18.

33. TJ to Peter Carr, August 10, 1787, *Papers of Jefferson*, 12:15; TJ to T. Law, June 13, 1814, L&B, eds, *Writings of Jefferson*, 14:141—142.

34. 更多关于激赏"彬彬有礼乃一种自然的社会黏合剂"的讨论,请参见 Gordon S.Wood, *The Radicalism of the American Revolution* (New York: Knopf, 1992) , 215—25. See also Richard L.Bushman, *The Refinement of America*: *Persons, Houses, Cities* (New York: Knopf, 1992) 。

35. Drew R. McCoy. *The Last of the Fathers*: *James Madison and the Legacy* (Cambridge, England: Cambridge University Press, 1989) .

36. TJ, Second Inaugural Address (1805) , TJ to Dr.Joseph Priestley, January 29, 1804, *Jefferson*: *Writings*, 519, 1142.

37. Drew R.McCoy, *The Elusive Republic*: *Political Economy in Jeffersonian America*, (Chapel Hill: University of North Carolina Press, 1980) .

38. 对杰斐逊外交政策批评的内容,请参见 Robert W.Tucker and David C. Hendrickson, *Empire of Liberty*: *The Statecraft of Thomas Jefferson* (New York: Oxford University Press, 1990) .

39. McCoy, *Last of the Fathers*, 144; TJ to Abigail Adams, February 22, 1787,

Cappon, ed., *Adams-Jeffersson Letters*, I, 173; TJ to William Stephens Smith, November 13, 1787; TJ to William Short, January 3, 1793, *Papers of Jefferson*, 12:356; 25:14.

40. TJ to Roger C.Weightman, June 24, 1826, *Jefferson: Writings*, 1517.

41. McCoy, *Last of the Fathers*, 29.

42. Wood, *Radicalism of the Revolution*, 318.

43. Dumas Malone, *The Sage of Monticello: Jefferson and His Time* (Boston: Little, Brown, 1981), 331, 148—50.

44. TJ to John Holmes, April 22, 1820, *Jefferson: Writings*, 1434; Malone, *Sage of Monticello*, 336—37.

45. TJ to Albert Gallatin, December 26, 1820, Ford, ed., *the Writings of Jefferson*, 10:177.

46. Malone, *Sage of Monticello*, 356.

47. TJ to JA, August r, 1816, Cappon, ed., *Adams-Jefferson Letters*, 2:485.

48. TJ to Edward Coles, August 25, 1814, *Jefferson: Writings*, 1348.

49. Malone, *Sage of Monticello*, 123.

50. TJ to Dr.Thomas Humphreys, February 8, 1817, Ford, ed., *Writings of Jefferson*, X:77.

51. Robert E.Shalhope, "Thomas Jefferson's Republicanism and Antebellum Southern Thought," *Journal of Southern History*, 42(1976), 542.

52. TJ to JM, February 17, 1826, *Jefferson: Writings*, 1514.

53. Malone, *Sage of Monticello*, 477.

54. TJ to Francis Adrian Van De Ramp, January 1825, Ford, ed., *Writings of Jefferson*. X:337.

第四章 亚历山大·汉密尔顿
与财政军事型国家的建立[*]

对美国人来说,第一任财政部长亚历山大·汉密尔顿虽不及杰斐逊或富兰克林重要,却具有某种象征意义。19世纪后半叶,汉密尔顿以大型国有金融资本主义创始人的身份为人们所熟知。19世纪90年代,总统竞选策划人马克·汉纳(Mark Hanna)、共和党及其他许多美国人一起追捧汉密尔顿。他们不仅相信汉密尔顿只手创建了现代美国资本主义,而且还像《美国政治家》系列丛书编辑约翰·摩尔斯(John D.Morse)在1898年声称的那样,"他是美国政府的真正缔造者"。[1]1900年,纽约大学为纪念杰出人士修建了一座名人堂,首位入选者就是汉密尔顿。西奥多·罗斯福尤其欣赏他。甚至美国进步时代改革家、《新共和》的首任编辑赫伯特·克罗利(Herbert Croly)也认为汉密尔顿是"一位健全的思想家、有建设性的政治家",他提出了"一项积极而富有朝气的、建设性的国家政策……坚信一个高效的政府有能力推进国家利益"。[2]

汉密尔顿无疑是政府里的大官,由于他喜好大生意,20世纪上半叶的那些保守派共和党人对他推崇备至。20世纪初期的一位传记作家称他为美国的头号商人。罗伯特·瓦修(Robert Warshow)在1931年这样写道:"作为一个人,他算不上崇高;作为一个政客,他算不上成功;作为一名政治家,撇开金融政策不谈,他算不上杰出。但是作为一个极具天赋的商人,不仅他生活的那个

_____

* 本章大部分内容摘自我2001年10月15日发表在《新共和》上的评论,经允许收录于此。

时代没有人能与之相提并论,甚至整个美国历史中也找不出谁能在这一领域超越他"。[3]

当共和党接纳了商人汉密尔顿时(柯立芝政府将他的头像放在了10美元的币面上),民主党就自然倒向汉密尔顿的终生政敌——托马斯·杰斐逊。事实上,18世纪90年代早期发生在两位建国者之间的冲突,就让许多民主党人预感到,这是美国历史上贵族势力和民主势力斗争的延续。民主党人说,如果汉密尔顿代表商人利益的话,那么杰斐逊就代表人民。

在这类冲突中,少数派代言人几乎无法与多数派代言人相抗衡。罗斯福知道象征所代表的意义,他一反新政的逻辑,把杰斐逊这位主张小政府的伟大总统当作民主党偶像。当共和党人将杰斐逊的头像放到流通率较低的两美元纸币上时,罗斯福则把他放在最受欢迎的5美分硬币和邮资最高的3美分邮票上以示回敬。新政对杰斐逊的推崇,以1943年杰斐逊纪念堂在华盛顿落成达到高潮(该纪念堂没有一个字提及杰斐逊所说的小政府之美),汉密尔顿的声誉随之下降,直到第二次世界大战结束十余年后才得以恢复。

在过去的几十年里,对杰斐逊蓄奴行为和种族态度的严厉批评,反倒给了汉密尔顿一个让人另眼相看的机会。毕竟他反对蓄奴,还终结了家乡纽约的奴隶制度。另外,在这个由移民构成的国度里,他是建国领袖中唯一并非出生于(我们后来称之为)"美国"的人。在2004—2005年纽约历史学会举办的一个重要展会上,汉密尔顿再次被誉为"现代美国的创建者"。

除了《华尔街日报》定期推出的传记和专栏中的悼念文章外,汉密尔顿似乎不太可能在多数美国人心中占有一席之地。华尔街或许会为纪念他建立一座雕像,但要煞费苦心地在哥伦比亚地区建立一座汉密尔顿纪念堂就未必了。数以万计的群众前往华盛顿的弗农山庄、杰斐逊的蒙蒂塞洛,甚至是麦迪逊的蒙彼利埃(Montpelier),但只有极少数人会想方设法去拜访汉密尔顿的家——藏在北曼哈顿后街里的格兰其(Grange)。虽然当今很多持自由主义观点的民主党人会为汉密尔顿眼中正面的利维坦国家而怦然心动,但他们也一定会为他的世界权力政治观而大跌眼镜——他希望拥有一支庞大的常备军、建立一个强大的军事国家,他对民主充满疑虑。(汉密尔顿在1804年说过,"民主是我们真正的病灶",它正在毒害美利坚"帝国"。)即便当今很多共和党人对汉密尔顿所勾勒的整个强大军事系统抱以热情,他们也不想要一个控制经济、搜刮民脂民膏的利维坦国家。因而我们可以预见,汉密尔顿在以后那些利用建国者来实现自己特定目的的人们中或许将鲜有知音。正如他在死于亚隆·伯尔之手的前几年所哀叹的那样,"这一美国世界并非为我而创"。[4]

我们或许应该依据汉密尔顿自己的主张和他所处的时代去理解这位18世纪的政治家,而不是像我们一贯对待建国者的那样,将他视为当今某项社会改革的代言人。

1755年,汉密尔顿出生于英属西印度群岛的尼维斯(尽管汉密尔顿认为自己出生于1757年)。他的父亲詹姆士·汉密尔顿(苏格兰领主的幼子,后来远赴加勒比发财经商)与母亲雷切尔·莱温(Rachel Lavien)并没有正式结婚,因此汉密尔顿是一个私生子,这也是他授人以柄的地方。约翰·亚当斯就曾讥讽汉密尔顿是"苏格兰商贩家的臭小子",那仅仅是政敌们对其卑贱出生的诸多评论之一。1765年父亲的抛家弃子与1768年母亲的去世,让14岁的汉密尔顿成了圣克洛伊商人的账房小先生,他渴望以战争来逃避这种他称之为"低三下四的小职员……造化弄人"的生活。这一砺戈秣马的热情在21世纪的我们听来或许显得刺耳,但对于了解汉密尔顿的性情和他所生活的贵族世界来说则是一个重要讯息。

将他从西印度群岛解救出来的并不是一次战争,而是庇护者的解囊相助。同许多建国者一样,他的文字首先引起了人们的关注,1772 年他对飓风的生动描述刊发在了当地的报纸上。一位长老会牧师和其他西印度群岛的朋友决定送这位前途似锦的年轻人去纽约接受教育。次年,汉密尔顿踏上了赴美之路,再也没有回头。

相较于国王学院(即后来的哥伦比亚大学),汉密尔顿更青睐普林斯顿大学,因为它"颇具共和主义的气氛"。但普林斯顿大学的校长约翰·威瑟斯彭没有让他进入梦寐以求的速成班,所以他在 1773 年秋季以特殊生的身份进入了国王学院。虽说只是个少年,他已开始从爱国者的立场出发,为日益深化的英美危机建言献策了,包括 1774 年和 1775 年写成的两本篇幅较长、令人印象深刻的小册子。1775 年,英国及其殖民地间爆发冲突之后,汉密尔顿终于迎来了他魂牵梦萦的战争。1776 年初,他当上了纽约炮兵连的上尉。

作为一名炮兵军官,汉密尔顿在大陆军中的优异表现给上级留下了深刻印象。1777 年 3 月,年仅 22 岁的汉密尔顿被擢升为陆军中校,担任乔治·华盛顿总司令的副官。华盛顿很快就接受了这位年轻人,并像父亲一样疼爱他。但是关系总有紧张的时候,汉密尔顿对荣誉的过度敏感打破了这种和谐。1781 年初,华盛顿对汉密尔顿开会迟到 10 分钟的事表达了不满:"我必须告诉你先生,你这样做是对我的不尊重。"汉密尔顿霎时怒发冲冠,强调自己没有意识到任何的不尊重,并当场辞去了华盛顿副官的职务。一小时后,颇有悔意的华盛顿想与他重修于好,但 26 岁的汉密尔顿骄傲地回绝了。

在找到新的副官人选之前,汉密尔顿继续留在华盛顿身边,其间他不断恳求总司令让他担任野战指挥官。面对汉密尔顿以辞职作为要挟,华盛顿最终还是让步了。1781年7月底,汉密尔顿成为纽约轻步兵团总指挥——正好让这位年轻指挥官赶上约克镇围城战役。为了显示视死如归的气节,为了能在约克镇立下战功,汉密尔顿竟然在敌军阵营前公开检阅自己的部队。他的一位僚属后来抱怨说,汉密尔顿"置手下的生命于不顾"。⁵在多次死告活央之后,他终于获得了实现荣耀的机会。1781年10月14日,汉密尔顿成功领导了一次对英国堡垒的夜间突袭,他当然是第一个越过敌人堡垒的胸墙,冲锋呐喊的英雄。

汉密尔顿长于西印度群岛,十几岁时才来到北美大陆,所以他不像其他建国者那样对某个殖民地或州怀有深切的情感(当杰斐逊谈到"我的国家",他指的是弗吉尼亚)。汉密尔顿从整个国家入手来思考问题,革命一开始,他便将注意力聚焦在美国政府的建设上。早在1779年,甚至战争结束之前,汉密尔顿就给这些美国英杰写过颇有见地的长信,论述邦联的缺陷及改革的方法。他说,不仅国会需要征税的权力,政府也需要"一种适当的执行力"。国会本身不会有效地发挥"力量"——这是他和华盛顿都相当重视的一个词。"如此变动不居的庞大机构是不可能深思熟虑、照章办事的。三分之二的议员在一半的时间里都不知道以前发生过什么"。这种对强大中央政府的呼吁很快蔓延开来,并以系列文章的形式(署名为"大陆主义者",the continentalist)刊登在纽约的报纸上。⁶

1783年,纽约议会选举27岁的汉密尔顿担任邦联议会代表。在那里,他遇到了弗吉尼亚的詹姆斯·麦迪逊,在巩固国民政府的问题上两人相互协同、成绩斐然。这种伙伴关系从18世纪80年代早期关于增强邦联权力的艰难尝试,到1786年的安纳波利斯会议,再到1787年的费城会议,最后诞生了《联邦论》ⁱ一书——1787

---

i 旧译为《联邦党人文集》。——译者注

年、1788年在纽约写就的85篇支持制宪的文章,已经成为美国政治思想的经典。正是汉密尔顿构思了《联邦论》,并说服麦迪逊和约翰·杰伊鼎力相助。由于身体的原因,杰伊只写了5篇,剩下的文章中麦迪逊写了29篇,汉密尔顿写了51篇。

这群以普布利乌斯(Publius)为笔名的作者,各自的行文风格虽不难分辨,却能保持如此一致的步调,着实令人称奇。这群作者不是什么政治理论家,而是政治实干家。他们想要表达的并不是他们对宪法的信念,而是如何能更好地驳斥反联邦主义者的论点。在费城会议上,汉密尔顿提议总统与参议员的任期采取终身制,宣称英国政府是"世界上最好的政府","他对该制度的简化能否在美国行得通表示怀疑"。[7]但在1787年和1788年的制宪辩论中,他隐藏了自己对拟议中宪法的一切质疑,并予以全力支持。在这方面,他和他的搭档——被称为宪法之父的麦迪逊——没有什么不同,麦迪逊在大会后期认为,这份决案与初稿相差甚远,难免失败。

1789年,34岁的汉密尔顿处在他的人生巅峰期。他平步青云,并与纽约最显赫家族的掌上明珠伊丽莎白·斯凯勒(Elizabeth Schuyler)成了亲。他给每一个遇到他的人都留下了深刻印象。尽管长得又矮又小(身高5.7英尺),但他富有感染力的性格很吸引人,男男女女皆为之侧目。据斯凯勒的幺妹,凯瑟琳·斯凯勒介绍,"他有一种自然、却不张扬的优越感","他印堂饱满,希腊式高挺的鼻子,乌亮的眼睛,嘴角的线条表露出勇气和决心,他有一张令人难忘的脸"。[8]但真正让人印象深刻的是他对于政治技艺的那种敏锐的理解力。老于世故的法国政治家、外交家塔列朗与皇室关系密切,在18世纪90年代中期以法国大革命难民的身份在美国住了一段时间,他认为,汉密尔顿应位列拿破仑和威廉·皮特之前,是当时最伟大的政治家。

1789 年，华盛顿总统任命汉密尔顿为财政部部长。这几乎是冥冥之中的事。华盛顿的心腹（如革命财政家罗伯特·莫里斯）知道汉密尔顿是最适合这个职位的人选，但最想让他来担任财政部长的却是华盛顿。就像许多革命军指挥官那样，华盛顿和汉密尔顿运筹帷幄，形成了一种大陆性的全局观，为统一大业倾注毕生的热情。虽然他们对人性的现实假设看法相近，对美国的未来也有着共同的愿景，但两人最终得以成功合作，还是因为华盛顿极为欣赏其"代孕儿"（surrogate son）的聪明才智，也能谨慎应对汉密尔顿那傲慢自大、暴烈如火的性格。

作为财政部长，汉密尔顿在新政府居轴处中。他效仿英国第一财政大臣，把自己看作帝王式总统华盛顿身边的首相。他有时甚至将政府称为"我的政府"，因为他认为"每届政府大多数重要的举措都与财政紧密相关"，他认为干预其他部门的事务以及带头组织管理政府都是合情合理的。[9]

与国务卿杰斐逊、陆军部长亨利·诺克斯不同，身为财政部部长，汉密尔顿拥有特殊的权威与独立性。华盛顿总统只把杰斐逊和诺克斯当作顾问，甚至常常唐突地插手外交和军事事务的组织执行。汉密尔顿之所以受到特别礼遇，一方面是因为华盛顿本人对财政学知之甚少，另一方面也是因为他深谙财政部和其他部门有着本质上的区别。1789 年创建国务院和战争部时，国会只是宣称部长应当履行总统所要求的职责。但在创建财政部时，国会却要求财政部长直接向国会汇报工作，完全没有提及总统事宜。所以，为了不侵犯国会权力，华盛顿在汉密尔顿管理财政部时给予了相对其他部长而言更为自由的空间。[10]

有了这样的底气，汉密尔顿开始干预国会立法工作。事实上，在早期的国会中，众议院无需常务委员会的原因之一，是它很快就能依靠行政部门的负责人（尤其是财政部部长）来起草大部分法案。1789 年 7 月底,众议院成立了一个专为金融事务出谋划策的财政委员会(Committee of Ways and Means),但 1789 年 9 月 2 日,财政部就成立了。9 月 2 日亚历山大·汉密尔顿被任命为财政部部长,6 天之后,众议院解散了财政委员会,声称众议院将依靠汉密尔顿,而非该委员会提供金融知识。直到 1795 年,在汉密尔顿辞去了财政部职务之后,众议院才重新建立财政委员会。

汉密尔顿欲效仿 18 世纪初期英国政府的做法,将美国打造成当年大不列颠那样的世界第一强国。汉密尔顿特别欣赏英国的制度——变革之前的英国制度。杰斐逊回忆起 1791 年的一次晚宴,汉密尔顿和约翰·亚当斯悉数在场,谈话中有人提及英国制度,约翰·亚当斯说道,"整肃制度腐败,赋予下院以平等代表权,那么它将成为人类智慧所能设计出的最完美的政府"。杰斐逊对此回忆道:"汉密尔顿停顿了一下说,'整肃制度腐败,赋予下院以平等代表权,那么它将沦为一个不切实际的政府:就目前状况而言,即便算上这些无谓的缺陷,它也是人类历史上最完美的政府。'"[11] 如此爆炸性的表述显然是为了故意刺激亚当斯和杰斐逊,殊不知汉密尔顿其实只是效仿了大卫·休谟的现实主义观点。对休谟而言,王公大臣以贿赂、庇护的方式左右议员,这一做法无论是否被人痛斥为"腐败"、"依附",都只是君主克尽厥职的必要之举。[12]

汉密尔顿是一个极其冷静的现实主义者。在 18 世纪 90 年代,他就开始效仿那些 18 世纪大获成功的英国大臣的做法。究其实质,便是为了政府的稳定而"败坏"社会。他试图利用君主式政府的影响力,将主要的商业利益与政府联系起来,创造出利益/依赖关系的全新层次结构,以弥补他所认为的美国德行的缺失。

汉密尔顿知道,美国有许多人——商人,投机者,证券公司等——一心想着撇开政府发大财。这些有钱人也许是自私的阴谋家,但是他们相信新政府仍然需要其支持,事实上是需要所有上层社会有影响力人士的支持,无论他们性格或道德水平如何,无论他们是否公正无私。在 18 世纪的传统风尚中,汉密尔顿看到这些社会上层的少数人士正向社会的方方面面扩展其影响与庇护。和大多数联邦主义者一样,汉密尔顿认为政治最重要的事情是获得上流社会有影响力的庇护者的支持。他认为,一个政治家能俘获这些少数人士的心,那么他最终也能俘获整个社会的人心。

最好的办法就是诉诸这些少数有影响力人士的利益。人与人之间没有比利益——汉密尔顿从他早年在国王学院的经历中领会并反复提及——更好或更牢固的联系了。"人追求自身利益",他在 1788 年说道,"对抗强大的私欲如同改变人性一样简单。明智的立法者会因势利导,尽可能将这种私欲引向公共利益。"他与华盛顿都对人性持现实主义看法。虽然汉密尔顿认为几乎所有人都是自私自利的(华盛顿除外),但他自己总是极其谨慎地保持公正与廉洁。他说,让别人——包括国会议员——成为"投机分子","侵吞公款"去吧,但他不会。就像他带着嘲弄的口吻所说的那样,他是那种"明知人们忘恩负义、造谤生事,却依然舍己为公的公共大傻帽"。他会立于所有利益相关者之上来驾驭并利用他们。虽然他后来否认了自己曾将利益作为各种计划背后的"首要动机",但毫无疑问,他想要通过"增进政府与个人利益之间的纽带关系"来加强中央和联邦的权力。[13]汉密尔顿的财政计划(就像他所有的应对措施那样)并不是为了让某个特定群体盆满钵满,而是为了创造一个强大的民族国家。就像先前那些欧洲国家的伟大缔造者一样,他想要发挥庇护制的强大功能。[14]

他和其他联邦主义者试图在全国范围内建立效忠政府的地方利益圈。汉密尔顿和其他联邦主义领导人利用各种庇护方式来创造新政府的支持体系。与州的惯例不同(成千上万的州、镇、县公务员由选举产生),除了总统和副总统,联邦政府的所有行政与司法机关人员,都是任命而非选举产生。早在 1782 年,汉密尔顿就已预见到联邦政府持有官员任命这一尚方宝剑是多么重要。汉密尔顿说过,这种任命的目的是要"在每个州的内部,产生巨大的影响力来支持联邦政府"。武力本身不足以支持政府,而且使用武力并不适宜,也难以预测。他写道,"避而不用武力将是明智的"。构建政府支持的最好方式就是"让各州的大部分人都参与到支持联邦政府的行动中来,以制衡他人的野心,使反对联邦的势力难以集结"。[15]

汉密尔顿任财政部部长期间,任命了数以百计的政府官员。任命的海关官员、税务员、邮政局局长遍布美国的各大城镇和区域,触及美国经济生活的方方面面。他们的支持(即便有些人曾反对宪法)对新政府建设而言尤为重要。汉密尔顿正是通过这样一个重要职务来完成他的政治抱负。

虽然汉密尔顿否认自己是一个君主论者,但州长莫里斯后来回忆说,他"从原则上反对共和,一心向往君主政府"。[16]由于汉密尔顿是私生子,他在君主政治的血统论中并无既得利益,可他还是反对杰斐逊派所提出的未来美国的农业愿景。因为在他眼里,美国最终会成为欧洲式的传统民族国家。18 世纪 90 年代,他为美国设立的榜样是英国的君主社会和政府。他认为,社会在文明的不同阶段中进步与发展,而现在正是他和联邦主义者的时代。美国社会终将自然而然地趋向等级森严,变得更不平等、更城市化、更工业化——换言之,更像精致复杂、高度商业化的 18 世纪英国社会。他认为美国应该为这一未来的必然结果做好准备。相较于其他国人,汉密尔顿更倾向于将 18 世纪英格兰视为美国新政府的前车之鉴,并开始审慎复制英格兰在社会维稳与战争动员上的伟大成就。

18世纪的英国摆脱了17世纪的混乱与内战——在战争中杀死了一位国王、废黜了一位国王——一跃成为世界上最稳定、最具军事主导权与商业实力的国家。这个坐落在欧洲北部边境的蕞尔小岛，人口仅为大陆国家法国的三分之一，它成为罗马帝国衰败之后最伟大的帝国，甚至超越了上一世纪荷兰的非凡功业，堪称时代的奇迹。18世纪英国这一"财政—军事"国度（历史学家约翰·布鲁尔用词很贴切）能够史无前例地动用资源、发动战争。[17]其集权统治已经发展出惊人的能力，不用敲骨吸髓却照样可以横征暴敛。汉密尔顿看到，汉诺威君主政体成功的秘诀是建立一个能够将税收、国家债务与银行系统、公共安全市场联结起来的集权体制。一个国家如果想要成功发动战争，它必须具有高效的税收能力和低利率的借款。汉密尔顿作为新任财政部部长，他试图复制英国的成功经验，使美国成为一个在战争问题上足以与英国及其他欧洲国家竞争的大国。汉密尔顿和华盛顿认为这可能需要50年的时间。在此期间，美国应规避战争，直到他们可以与欧洲的军力相匹敌。

鉴于18世纪的美国在积极推进国家权力方面缺乏经验，汉密尔顿的计划真算得上是惊心动魄。他在1790年和1791年向国会提交的四篇系列报告中，提出了关于信贷（包括关税和其他税收）、国家银行、铸币和制造业的宏伟蓝图。这些言辞犀利、论证有力的报告，奠定了汉密尔顿作为一名伟大政治家的基础。

汉密尔顿提出，美国政府不仅要承担由美国独立战争产生的邦联债务，同时也要承担一切州债务——因为人们预期债权人将与州政府断绝往来，转而依附于新的国家政府。但国家政府后来并没有立即归还所谓的州债务或邦联债务，汉密尔顿反而要求国家政府向各州"提供资金以偿付债款本息"——即将这些债务转变为某种定期支付年息的永久性债务。同时，他也提议建立一个能够稳定美国信贷、能以钱生钱的国家银行。最后，他预测美国制造业的发展最终不仅要满足军事需求，还要创造一个更多样、更自足、更少依附欧洲的繁荣经济体。

尽管汉密尔顿的金融计划有富人参与设计，念兹在兹的也是金钱利益，但该计划绝非为富人利益服务。他们无疑也会从中受益，然而那是计划之外附带出现的结果。他所真正希望的是以新的经济、财政手段将有钱人及其他有影响力的人物与这个新生的中央政府联结在一起。虽然汉密尔顿为美国资本主义发展贡献良多，但他绝不是一个商人或者企业家，也不应该被誉为后来美国商业文化的推手。他是一位18世纪的绅士，就像他的同僚纽约人亚隆·伯尔那样，因迫于生计而在华尔街当律师。为了国家商业蒸蒸日上，汉密尔顿欣然应允了商人与其他普通劳动者的利益与成功，而他真正想为自己和美国赢得的却是贵族式的声誉与荣耀。

汉密尔顿的"提供资金以偿付债款本息"计划，特别是关于联邦政府承继各州债务的提案，遭到了1790年国会的强烈反对。带头反对的不是别人，正是批准宪法期间汉密尔顿的前合作者，来自弗吉尼亚的国会议员詹姆斯·麦迪逊。与此同时，国会出现了另一个与承继州债务一样有争议的事件——联邦首都的选址问题。南方各州希望首都建在波托马克河上。新英格兰各州和纽约希望首都依然留在纽约。中部各州则希望首都建在费城或至少靠近萨斯奎哈纳[i]的地方。由于畏惧分裂，各方最终都愿意妥协。1790年6月，在一次杰斐逊安排的晚宴上，汉密尔顿和麦迪逊达成共识，南方各州愿意接受国家承继州债务的条件以换取定都波托马克河。

---

i　萨斯奎哈纳是美国东部沿海地区最古老也是最长的河流之一，途经纽约、宾夕法尼亚和马里兰州入海。——译者注

尽管汉密尔顿的"提供资金以偿付债款本息"计划最终成功妥协,但美国银行的方案似乎不可能如法炮制。杰斐逊和麦迪逊都认为银行的创立是一种对宪法权力的违背和篡夺。异议之声困扰着华盛顿,他要求财政部部长为此作一篇驳论。汉密尔顿花了一周时间完成了这篇驳论,这也是他最精彩的政论之一。文中他认真驳斥了银行反对者的论点,以令人信服的理由对宪法作出了一种更宽泛的解释(该解释在此后几十年历史中回响不断)。他认为国会特许建立银行的权力隐含在宪法条款中——为实现其受委托的权力,国会有权制定一切"必要且适当"的法律。[18]华盛顿被说服了,他于 1791 年 2 月签署了《银行法案》,使之正式成为法律。

　　18 世纪 90 年代的美国人大多不了解银行。1781 年,邦联国会在费城建立了北美银行,纽约、波士顿以及巴尔的摩也在 90 年代相继设立了三家银行。事实上,相较于英格兰,美国的银行业才刚刚起步。它不像 18 世纪的英国那样到处可见私人银行或县级银行,还发行各种纸币。1781 年,首家北美银行在费城开张时,行长托马斯·威灵说它是个"新鲜玩意"。美国银行业"如一片人迹罕至的蛮荒之地,在大西洋的这一侧鲜为人知"。英国的业界规则、制度安排,银行汇票在当时都无人知晓。"这一切对我们来说都是未知之谜"。[19]

　　几乎没有一位同僚明白汉密尔顿在做什么。正如我们所见,杰斐逊认为银行发行纸币只是一种欺诈的戏法,无法与"世间辛勤劳作"所创造的"货真价实的财富"相比拟。如果没有等量的硬币在背后支撑,纸币岂不是一文不值? 他表示,"无中不能生有",这是常识。约翰·亚当斯赞同杰斐逊的观点,他说:"任何超过银行库存金银总量的纸币都没有价值,那是用来骗人的东西。"[20]

　　面对这种对银行与金融知识的无知无识,汉密尔顿有时会在他的政府文件中,以华尔街律师那久经世故的愤怒语气,向这群乡巴佬解释银行与信贷业的错综复杂。然而，美国银行（BUS）的建立并没有让汉密尔顿对美国银行业的未来充满期待。他希望自己的国家银行最终能吸纳全国所有的州立银行，确立在银行业的垄断地位。他对银行客户也有着非常保守的看法。尽管他预计美国银行要发行手手相传的纸币，但他还是认为纸币只能用于大商人，以及 90 日以内短期借贷者之间的流通。1790 年，包括美国银行在内的几家银行，仍不想涉及农民的长期抵押贷款业务，因为这么做会在很长的一段时间内占用资金，就像银行等待人们偿还土地贷款那样。

但情况很快发生了转变。为了大多数需要长期贷款的农场主和企业家的利益，北方杰斐逊派共和党人不顾汉密尔顿和美国银行的强烈反对，肆意准许大量州立银行发行上百万纸币，用于普通美国人所需的信贷业务。汉密尔顿对具有商业头脑的普通农场主和小商人的创业需求感觉迟钝，这让人觉得他与其他一些联邦党人并没有真正理解谁才是未来美国资本主义的真正创造者。

1790 年，没有谁比汉密尔顿更踌躇满志，也没有谁比汉密尔顿对于政策所产生的政治影响更缺乏判断力。老搭档麦迪逊竟然在国会里成了自己的主要竞争对手，这真让汉密尔顿有些不知所措。当他效仿英国在 18 世纪的做法，开始着手自己的金融计划时，麦迪逊更是反戈相向。在朋友托马斯·杰斐逊的帮助下，麦迪逊开始组建共和党来抵制汉密尔顿那君主式的计划。很快，这两位《联邦论》的老搭档成了不共戴天的政敌。

自汉密尔顿和麦迪逊在新联邦政府性质的问题上产生极大分歧后，他们最终分道扬镳就不令人感到意外了。汉密尔顿期望美国像大英帝国和现代欧洲各国那样，成为一个拥有中央官僚制、职业军队、在同等条件下有能力向其他国家发动战争的强国。他在内外政策上都自视为现实主义者（这就是为什么像汉斯·摩根索那样强硬的国际学者会如此欣赏他的原因）。汉密尔顿对那些做着天上掉馅饼美梦——认为人们天生的社会性与道德感可以替代政府的利益与武力，起到社会黏合剂的作用——的共和党领袖充满了鄙视。他说，"人性应当为更开明的方案——基于公众道德感的作用和仁爱的传播——所优化和改善"，政府终将"变得一无是处，而社会则挣脱束缚，欣欣向荣"，这些想法本身就是"图谋不轨"。即便"这种新哲学的共和派信徒"（比如说杰斐逊）"没有完全遵循此类疯狂的信条"，其行为也足以危及人类的幸福了。[21]

汉密尔顿拒不接受杰斐逊派共和党中出现的新观点：最好的政府是管得最少的政府。他深信，政府"需要一个公共的指导性力量"，他对那些认为贸易和其他个人利益能够进行自我调节的人充满了鄙视。他说，"这个似是而非的看法疯狂而投机，很多人已经对此深信不疑，它违背了这个最开明国家一贯以来的实践与观念……每一个熟悉商业历史的人都必须反对它"。[22]对于杰斐逊派的其他观点，如共和国天生爱好和平，国际事务中各类经济制裁可以替代军事力量等，汉密尔顿更是嗤之以鼻。

即便杰斐逊和麦迪逊在国家权力及美国未来走向上的看法大相径庭，但对于汉密尔顿的做法，他们还是倍感惊讶。从18世纪90年代初开始，他们试图利用共和党来阻止汉密尔顿和他的联邦派同僚，防止他们将好战的君主政体强加给美国。

这场关于国家政府性质的斗争使18世纪90年代成为美国历史上最富激情的十年。如此激荡的环境让政治难趋常态，汉密尔顿和其他积极分子在当时源源不断的谩骂与人身攻击中拼死捍卫自己的声望。正如历史学家乔安妮·弗里曼（Joanne B. Freeman）所说的那样：我们只有在个人声望和荣誉的文化中才能理解建国初期的政治。[23] 18 世纪 90 年代，除了出现政治党派外，政治依然是一种包括绅士荣誉准则在内的关乎个人效忠与怨仇的贵族之事，其核心就是决斗。决斗是一场煞费苦心的政治仪式，当事人及其下属和朋友通常需要持续几个星期甚至几个月的谈判。这一复杂的政治过程最终将导致多次决斗，但绝大多数人都不会在交火后善罢甘休。

汉密尔顿好誉而恶毁，他一生中共有 11 次关乎荣誉的决斗。1795 年，汉密尔顿在《杰伊条约》问题上与杰斐逊派共和党发生激烈争执，他挥着拳头在几分钟内连下两道战书，甚至提出"要挨个地来解决这整个'可恶派系'"。尽管参与了所有关乎荣誉的决斗，但他事实上只在 1804 年与亚隆·伯尔的那最后一次致命决斗中交过火。[24]

1795 年，汉密尔顿离开华盛顿的内阁，为养家糊口，他重新开始了在华尔街的律师生涯。尽管如此，他依然试图操控国家资本的进程。约翰·亚当斯作为华盛顿的继任者，直到 1797 年依然在华盛顿内阁中担任主要职务，但他对汉密尔顿却是忠心耿耿。正如我们所见，1798 年法国欲入侵美国时，亚当斯迫于形势，请华盛顿再次出山，统帅数万军队。华盛顿很不情愿地答应了，但他有一个条件，就是让汉密尔顿担任主将，并真正负责军队的组织与指挥工作。对于华盛顿要他将这位令人仰慕的领袖宣传为"全美国（如果算不上全世界的话）最不安分、最没有耐心、最不知疲倦、最没有原则的阴谋家在华盛顿面前俯首低眉"[25]，亚当斯深感不平。

汉密尔顿在这次危机中的做法让历史学家大加诟病。共和党认为他打算动用军队来镇压他们。事实上，汉密尔顿确实打算用大规模军事力量来镇压国内的一切动乱。当有传言说杰斐逊和麦迪逊的家乡弗吉尼亚正披甲持兵的时候，他似乎迫不及待地"想要测试下弗吉尼亚的反抗能力"。[26]1799年初,宾夕法尼亚东部发生起义,汉密尔顿告诉战争部部长不要因为出兵过少而犯下大错。他写道,"政府无论什么时候以武装的面貌出现在众人面前,都应该像赫拉克利斯一样,通过展现力量来赢得人们的尊敬"。[27]汉密尔顿长期以来都想为政府创建一支受人尊敬的正规军,他认为1798年的危机正是一个好机会。这样的常备军力不仅可以使美国"制服一个难以驾驭的强大国家",也可以平等独立地与欧洲交战国打交道。[28]然而,建立一支强大军队只是他加强联邦权力的诸多计划的开始。他还想扩大司法部门、建立道路及运河系统、增加税收、为进一步分割大州而修改宪法。

他的目标甚至比美国疆域更为宏大。他认为与法国交战将使美国在英国的协助下,从西班牙手中夺取佛罗里达和路易斯安那——他说,那是为了让它们摆脱强大好战的法国之手。同时他也尽可能襄助委内瑞拉爱国人士弗朗西斯科·德·米兰达(Francisco de Miranda)解放南美。1798年8月,他告诉美国驻英公使鲁弗斯·金(Rufus King),通过这些努力,美国应当成为"主导性的力量",尤其是在陆战部队供给问题上。"我责无旁贷——我愿不负众望"。[29]更重要的是,汉密尔顿希望美国能荣耀加身,如愿成为世界军事强国。所有的黄粱美梦都随着1799年亚当斯总统的新和平使命以及美法短暂冲突终结(此举被亚当斯视为平生最无私、最重要的行动)而葬送。

包括总统在内的许多美国人认为,汉密尔顿和联邦派高层一直希望建立一个以汉密尔顿为首、与英国联盟的君主政体。虽然没有确凿的证据,但汉密尔顿建立美帝国的计划对于1800年的世界来说简直就是异想天开。而两个世纪之后,这些计划就没有那么荒诞不经了。如果身处今日的美国和今日的世界,汉密尔顿会感觉怡然自得。他会喜欢我们政府那巨型的联邦官僚机构、四处蔓延的五角大楼、庞大的中央情报局、巨额的公共债务、大大超出预期的税收、特别是那横跨两大洋、遍布几十个国家，拥有超过百万军队的大型专业军事力量。美国终于成为了他梦寐以求的强大的世界帝国。在这个意义上，汉密尔顿真是当之无愧的"现代美国的创建者"。

注释

1. John Morse, quoted in Stephen F.Knott, *Alexander Hamilton and the Persistence of Myth*(Lawrence, KS: University Press of Kansas, 2002), 71.

2. Herbert Croly, *The Promise of American Lift*(New York: MacMillan), 29, 38.

3. Robert I.Warshow, *Alexander Hamilton: First American Business Man*(New York: Greenberg, 1931), ix, x.

4. AH to Theodore Sedgwick, July 10, 1804, to Gouverneur Morris, February 29, 1802, in *Hamilton: Writings*, 1022, 986.

5. Robert Middlekauff, *The Glorious Cause: The American Revolution, 1763—1789* (New York: Oxford University Press, 1982), 568.

6. AH to James Duane, September 3, 1780, *Papers of Hamilton*, 2:404.

7. Max Farrand, ed., *The Records of the Federal Convention of 1787*(New Haven: Yale University Press, 1937), 1:282—93.

8. Robert Hendrickson, *Hamilton I (1757—1789)* (New York: Mason/Charter, 1976), 246.

9. Leonard D.White, *The Federalists: A Study in Administrative History*(New York: MacMillan, 1948), 117; Jacob E.Cooke, *Alexander Hamilton* (New York: Scribner's, 1982), 73.

10. Freeman W.Meyer, " A Note on the Origins of the ' Hamiltonian ' System," *WMQ*, 3d. Ser., 21(1964), 579—88.

11. TJ, The Anas, 1791—1806, *Jefferson: Writings*, 671.

12. David Hume, " Of the Independency of Parliament," *Essays and Treatises on Several Subjects*(London, 1793), r:51—52.

13. AH to Robert Troup, April 13, 1795, *Papers of Hamilton*, 18:329; Sir James Steuart(1767), quoted in Stephen Copley, *Literature and the Social Order in Eighteenth—Century England*(London: Croom Helm, 1984), 120; AH, "The Defence of the Funding System," July 1795, *Papers of Hamilton*, 13:349.

14. AH, "The Continentalist No.VI," July 4, 1782, *Papers of Hamiltion*, 3:105—6.

15. White, *Federalists*, 117, Cooke, *Hamilton*, 73.

16. Gouveneur Morris, quoted in *Hamilton Papers*, 26:324n.

17. John Brewer, *The Sinews of Power: War, Money and the English State, 1688—1783*(New York: Knopf, 1989).

18. AH, "Opinion on the Constitutionality of a National Bank, February 23, 1791," *Hamilton: Writings*, 613—46.

19. Bray Hammond, *Banks and Politics in America from the Revolution to the Civil War* (Princeton: Princeton University Press, 1957), 66.

20. TJ to Colonel Charles Yancey, January 6, 1816, Ford, ed., *Writings of Jefferson*, 10:2; Hammond, Banks and Politics, 196.

21. AH, "Views on the French Revolution (1794)," *Papers of Hamilton*, 26:739—40.

22. AH, "The Continentalist no.V," April 18, 1782, *Papers of Hamilton*, 3:76.

23. Joanne B.Freeman, *Affairs of Honor: National Politics in the New Republic*(New Haven: Yale University Press, 2001).

24. Ibid., xiv.

25. Adams, ed., *Works*, 9:305—6.

26. AH to Theodore Sedgwick, February 2, 1799, *Hamilton: Writings*, 914.

27. AH to James McHenry, March 18, 1799, *Hamilton: Writings*, 915.

28. AH to Theodore Sedgwick, February 2, 1799, *Hamilton: Writings*, 914.

29. AH to Rufus King, August 22, 1798, *Papers of Hamilton*, 22:154—55.

第五章　存在"詹姆斯·麦迪逊问题"吗?*

美国人不记得麦迪逊了,这实在令人痛惜。尤其当我们回想起他的生平和功绩时,一切似乎更加让人遗憾。他是《宪法》的主要设计者,《权利法案》之父,是美国历史上关乎良知和宗教自由权利的最有力的支持者;他是《联邦论》(这无疑是美国历史上最重要的政治理论作品)的合著者;1789年第一届众议院的领导者和要员;此外,他还是18世纪90年代民主共和党的联合创始人、杰斐逊政府的国务卿、第四届美国总统。即便如此,他仍然没有其他建国者那样的声誉和地位,特别是和他最亲密的朋友托马斯·杰斐逊相比。

麦迪逊似乎逃不出杰斐逊的阴影,他似乎在任何方面都远逊于这位弗吉尼亚同僚。杰斐逊身高6.2或6.3英尺,麦迪逊却只有5英尺6英寸。然而,这个国家却莫名其妙地将身高的差异转移到公众对两位建国者尊重程度的差异上来。首都有一座巨型的杰斐逊纪念堂,但一直到1980年美国国会图书馆新楼以杰斐逊的名字命名时,麦迪逊还是没有类似的礼遇。到处都镌刻着杰斐逊的那些代表自由、民主的豪言壮语,但麦迪逊的话却很少出现在公众视野中。人们将杰斐逊故居"蒙蒂塞洛"修缮得像杰斐逊的形象一样完美,几十年来它已经成为一个圣地,每年有数以千计的人前来参观。相反,麦迪逊的家"蒙彼利埃"时至今日才对游客开放。

1751年,詹姆斯·麦迪逊出生于弗吉尼亚的一个农场主阶级

---

* 本章曾发表于 David Womersley, ed., *Liberty and the American Experience in the Eighteenth Century*(Indianapolis: Liberty Fund, 2006),经允许修改并收录于此。

家庭,他们像贵族统治社会一样统治着自己的家族,拥有自己的奴隶。尽管麦迪逊的父亲是弗吉尼亚奥兰治县最富有的地主,但他们家距离蛮荒的边境并不遥远。年轻的麦迪逊与大部分国父一样,有幸成为家族中第一个上大学的人。当时,麦迪逊就读于新泽西学院(即后来的普林斯顿大学),并在院长约翰·威瑟斯庞(John Witherspoon)的引导下接触了诸如弗兰西斯·哈奇森(Francis Hutcheson)、亚当·斯密和大卫·休谟这些18世纪苏格兰思想家的启蒙思想。也正是在大学期间,麦迪逊开始展露出高度的理解力和意志力。父亲在经济上的支持使麦迪逊得以回乡学习(虽然他对自己糟糕的健康状况抱怨不已),并思考如何参与到弗吉尼亚的地区事务中去。革命改变了这一切。

1776年,25岁的麦迪逊被选入弗吉尼亚州议会,开始为革命运动所吸引。麦迪逊最先对宗教自由产生巨大热情,这也促成了他与杰斐逊的友好往来。杰斐逊长他八岁,已是弗吉尼亚政治革命的主力。这是两人一生深厚友谊的开始。

没有人知道为何他们的友谊如此亲密久长,毕竟两人性格迥异。如我们所见,杰斐逊乐观高尚、卓有远见、才思敏捷。他时而是一流的政治家,对于什么是可能的和可行的极度敏感;时而也极度理想化。他常常梦想未来,因其充满各种可能而倍受鼓舞。相形之下,麦迪逊略显保守,他重视合法性和稳定性,比杰斐逊更愿意接受事物的现状。他往往表现出审慎、冷峻(如果算不上悲观的话)、长于分析,对乌托邦式的方案秉持怀疑态度,特别是当这些方案有可能让民众情绪失控。他从未不假思索地接受某个想法,就像我们指出的那样,他从来不会像杰斐逊那样对人民言听计从。

举个例子,杰斐逊和麦迪逊两人都不信任政府权力,包括民选产生的立法机关的权力。杰斐逊的不信任源于他害怕民选官员缺乏代表性。在他看来,这些人一旦当选,就背弃了选民。与此相反,麦迪逊的不信任源于他担心当选官员太具代表性,只会表达选民的喜好。杰斐逊担心大多数人的权利;麦迪逊担心少数人的权利[1]。在杰斐逊看来,人民不会出错。当麦迪逊为18世纪80年代末的谢斯起义纠结万分时,杰斐逊则在法国来信中漫不经心地讲述人民反抗政府的精神是何等重要,浩气长存又是多么必要。他说,"我喜欢不时有点儿叛乱,就像一场暴风雨,净化了空气"[2]。

1779年,28岁的麦迪逊被推选参加大陆会议,在会议上麦迪逊遇到了许多深深困扰着邦联的全国性问题。引导美国人进行革命的《邦联条例》并没有创建一个真正的政府。事实上,邦联更像是把紧密合作的独立小邦聚集成一个联盟,而不是一个单一的政府,这与当今欧盟有几分相似。每年各州向邦联议会派出一个代表团(有的州称为"我们的大使"),而每个代表团只有一票。根据《邦联条例》,各州原有的商业管理(事实上还有一切普通法的最终制定权)和征税等重要权力均保留给州。邦联决议(如同在大陆会议上那样)只起到建议各州执行的作用。关于是否应该质疑邦联权力下放的问题,条款二中明确表示:"凡未经本邦盟召集之国会明确授予合众国者外,各州保留其主权、自由与独立及所有权能与权利。"因此,如条款三中所称,邦联试图成为并维系一种"互相友好之巩固联盟",小心守护各州的独立性。从字面上看,呈复数形式的"美利坚合众国"(United States of America)包含着一种我们今日不太能领会的意涵。

邦联甫定,就有很多美国人(包括麦迪逊)认为它太过软弱,不尽如人意。到18世纪80年代,这个问题已十分严峻。国会不能征税,也拿不出钱。它无法向军队提供日常补给与军费开支。它不能通过征收关税的方式管制贸易,不能给重商主义的欧洲帝国以重重的回击。它甚至找不到人来做生意。为了修改《邦联条例》,允许国会征收欧洲进口货物百分之五的税款,就需要得到十三个州的一致同意。让美国在国际上蒙羞的是,地中海的巴巴里海盗劫持美国军舰,将水手贩卖为奴,而邦联对此竟无能为力。它甚至不能捍卫新国家的领土完整。英国无视1783年和平条约,依然占领着美国领土的西北部。西班牙则宣称西南领土(包括今天的阿拉巴马和密西西比地区)归其所有,与美国异议人士密谋要脱离邦联。

这些《邦联条例》的明显缺陷让麦迪逊和其他许多人都相信有必要修订国家的第一部宪法。贯穿整个18世纪80年代早期,麦迪逊为全面革新邦联,反复斟酌了各式各样的体系设计。他甚至一度想过,为了强制各州服从国会决议,政府可能不得不向州发动战争。到了18世纪80年代中期,几乎整个政治体都准备修改邦联条款,授予国会征税和规范商业的有限权力。所有人都认为应当改造中央政府,这让麦迪逊等人获得了更大的机会,而不只是去扩充国会的某项权力。到了1786年,他已深信80年代危机所暴露的不仅仅是邦联的弱点,真正的危机存在于各州的公共政治当中。

这一惊人的结论不仅得自杰斐逊从巴黎寄给他的一捆捆书,在弗吉尼亚议会的经历让他进一步相信,18世纪80年代的问题源于各个州本身。1784年,他因《邦联条例》规定的议员任期届满而被迫退出国会,加入弗吉尼亚议会后又担任了四届议员(1784—1787)。那或许是他一生中最沮丧、最低落,但也是最重要的几年。80年代担任弗吉尼亚议员的经历对于麦迪逊宪法改革思想的形成至关重要。

这些年麦迪逊虽在立法方面成绩斐然,特别是促成了杰斐逊颁布著名的《宗教自由法案》,但他仍对杰斐逊多年以后所提及的(无疑遵循了麦迪逊的解释)议会中"无休止的反对意见、欺骗、颠倒是非、恼怒,以及律师和小律师(demi-lawyer)的不断拖延"恼怒不已。确实是麦迪逊第一个发现了美国民主的意涵。并不是所有立法者都像他或者杰斐逊,许多立法者看起来甚至都不像个绅士,更谈不上开明了。弗吉尼亚的议员目光短浅、心胸狭隘,他们中的大多数人似乎只"服务于某一特定利益"。他们不考虑公共荣誉和诚信。他们常常歪曲立法过程,对于任何可能不得人心的事一概不予理会。他们拖欠税金,破坏大英帝国臣民的债务,随意地通过、否决、再通过这些法案。麦迪逊对 1784 年《弗吉尼亚港口法案》充满期待,但其他议员却出于某种私心滥用职权。他要推行的立法提案几乎件件遭此下场,特别是那些涉及法律条款和法院体系改革的内容。他抱怨道,"悉心准备的重要法案被肤浅乏味的讨论败坏了"。他该如何应对这些傻瓜呢?1786 年,在得知议员们"基于……一个外国人不应该比一个公民享有更高待遇的原则"反对某项法案——规定外国大使在弗吉尼亚享有特权——时,他灰心丧气地写信给华盛顿,"这完全不会让您对我们的参议院有所改观"。今天,那些非得要处理纽约市民投诉联合国外交官停车特权的人或许能够理解麦迪逊的这种懊恼之情。[3]

共和派的立法过程本不该如此。无论这种氛围是否增进了州或者国家的利益,麦迪逊都不得不屡次对这一"流行的氛围"作出让步。因为害怕出现更差的结果而不得不同意某些恶法,因为不想正中对手下怀付出代价而放弃某些良法。今天的立法者习惯于这种政治交易,但当时的麦迪逊尚未准备好与议员们相互吹捧,也没准备好进行政治分肥,尽管这些最终都成了美国立法政治的主题。

他为自己和杰斐逊所期待的法律条款改革"可能永远都无法在体系上臻于完善"而感到"忐忑不安"。立法机关太迎合大众了,即便能够吸引人民,也并不会产生优秀共和党人所期待的那种有益影响。例如,与法院改革相关的某法案因"考虑公众利益而付印出版",但麦迪逊担心,这一做法"并不会激发人们对智者与贤人的赞许之情",而只会释放"一种信号,吸引人们削尖脑袋挤进立法机关"。民主不是解决问题的办法,民主本身就有问题。麦迪逊一次次发现,自己必须抵制住"对钞票的渴望"以及其他那些针对普通债务人的救济措施。麦迪逊不得不承认,他所希望的往往只是"平息愤怒",而不是战胜愤怒。[4]

就像其他有着革命热情的理想主义者一样,麦迪逊甩掉了他在18世纪80年代中期民主政治中所扮演的温和共和主义者的形象。他在自己的工作簿上写道:"美国政治体系的缺点"已经够多了,立法者要么是既得利益者,要么是被"最受欢迎领导者"(如帕特里克·亨利)的诡辩术蒙骗的受害者。即便为共和政府的命运忧心忡忡,那些立法者却依然从狭隘的观念出发,只考虑选区内选民的局部利益。大部分美国人的眼界都不会超过自己的皮夹子或自己的街坊邻居。麦迪逊说(他知道他说的是谁),"拥有宽广视野和民族自豪感的人们"或许可以将公诉程序提升到一个开明的国际标准,但"民众"是绝不会见贤思齐的。"一个普通公民或一名罗德岛评估货币政策的议员难道会去考虑或关心法国或者荷兰,甚至马萨诸塞或者康涅狄格将根据什么来看待这些政策措施?如果是为了他们自己的利益,那么这对于两者(公民和议员)都是一个不小的诱惑。"[5]

麦迪逊在联邦宪法的成文过程中起着无可比拟的作用。因此,他对州议会民粹政治的体会就显得愈发重要了。但他的体会并非孤例。事实上,如果立宪者没有麦迪逊类似的体会,他们就不可能如此这般行事:许多参加费城会议的代表欣然接受麦迪逊的《弗吉尼亚法案》,正是因为他们像麦迪逊一样,极度厌恶地方主义者和利益缠身的州议会政治。"卑鄙的州政府就是多年来败坏美国名誉的罪魁祸首……毁灭他们吧",亨利·诺克斯在费城会议上敦促鲁弗斯·金,"以上帝和人民的名义,毁灭他们吧。"[6]

除了弗吉尼亚外,其他一些州也纷纷通过了各种损害少数债权人利益的纸币通胀法以及救济债务人的立法程序。这些 18 世纪 80 年代的经验引发了新的思考,麦迪逊也开始对美国政治产生新的理解,并对多数原则、共和国的适当规模、党派在社会中应当扮演的角色等传统智慧提出质疑。这些新想法都被写入《弗吉尼亚法案》,成为 1787 年制宪会议商讨的范本。该方案的关键在于如果国会认为州的立法违反了联邦条款,它就有权反对或否决州立法。

杰斐逊则没有这样的想法。18 世纪 80 年代,杰斐逊任美国驻法大使,虽置身巴黎,他并不赞同麦迪逊关于州民主政治的体会。杰斐逊承认有必要建立一个新的联邦政府,但他依然坚持美国更适合一种松散的邦联体制。他认为,国家政府应该掌管外交政策和对外贸易,但各州自己的事务(包括税收)应该交由它们自己来决定。1786 年,杰斐逊对麦迪逊说,"在他国眼中我们是一个国家,但在国家内部应有所不同;要在一般政府与特殊政府之间,划出权力的合理界限。"[7]

杰斐逊一直到 18 世纪 90 年代早期也没有改变自己的观点,但麦迪逊却动摇了。1792 年,麦迪逊开始畏惧自己倾力打造的强大政府。麦迪逊的动摇造就了一个类似于"亚当·斯密问题"的"麦迪逊问题"。正如当初学者们研究亚当·斯密理论时,发现了他两种截然不同的思想从而引出"亚当·斯密问题"那样,现在他们也看到了两个不同的詹姆斯·麦迪逊。

亚当·斯密问题,或者如德国学者习惯称之为的"亚当·斯密之问"(das Adam Smith Problem),产生于《道德情操论》中的亚当·斯密和《国富论》中的亚当·斯密之间出现的矛盾与差异。由于对人性的看法截然不同,两本书看起来就像两个人写的。他的《道德情操论》将人类行为归结于同情，但《国富论》却把它归结于人的自利。许多学者花大量时间精力来说明两书之间的显著差异。而最近的研究表明，这个问题是我们在学术上虚构出来的，两本书讲的东西并不矛盾。[8]

我们是否可以用相同的方式看待詹姆斯·麦迪逊？我们能否将两个截然不同的麦迪逊统一起来？

一个是18世纪80年代的麦迪逊，他是狂热的国家主义者，惧怕州以及各州专横恶毒的多数派，想要让各州服从中央政府的控制。尽管他不想消灭州，却似乎很想将它们缩减到基本行政单位的大小，他说这样更"方便控制"。[9]这就是后来成为"宪法之父"的麦迪逊。

与之相对的是18世纪90年代的麦迪逊，一位严谨的宪法解释者、民主共和党的联合创始人，他强调州权，惧怕国家政府及其君主制趋势，信任各州多数民众。1798年，他甚至希望借助州权来判决联邦法令的合宪性，并介入公民和中央政府之间，干预后者的违宪行为。对于早期的麦迪逊来说，各州多数民众是问题的来源；对于后期的麦迪逊来说，这些多数民众成了补救问题的良方。因此，我们很难想象如何才能协调这两个表面上看起来截然不同的麦迪逊。

第一个麦迪逊是《弗吉尼亚法案》的起草人。我们常常会忘记，《弗吉尼亚法案》曾提出要建立一个何等强大、势不可挡的国家政府。根据麦迪逊的计划，两院立法机关的代表名额都将按比例分配，从而将一切与州统治权相关的内容排除在联邦政府之外。而且，对于违背联邦意志的地方法律，州政府若没有能力或权力予以否决，国家立法机关将有权对其进行规范。麦迪逊认为这一奇特的否决权"绝对必要，这也是对州司法权最低限度的侵犯"。[10]

1789年，华盛顿的新政府上台，麦迪逊仍然是个典型的联邦主义者——"一个强政府的伟大朋友",南卡罗来纳联邦主义者威廉·劳顿·史密斯(William Loughton Smith)于 1789 年 8 月总结道。[11]虽然供职于众议院,麦迪逊却是华盛顿总统的亲信。他协助华盛顿通过了关于建设政府职能部门的法案,并且在使行政机关独立于立法机构的过程中立下了汗马功劳。甚至连他所支持的《权利法案》(仅涉及人权与自由问题)也被视为推翻反联邦主义者要求(要对国家政府采取更多实质性的限制)、转移其注意力的一种手段——反联邦主义者将他的《权利法案》称作"装鲸鱼的浴缸"(tub for the whale)。[12]

麦迪逊的变化并非一蹴而就。虽然他勉强承认有必要投资国债,但对于汉密尔顿在 1790 年 1 月提出的仅向当前债务人支付债务的做法却不甚满意。汉密尔顿让国家政府承担一切州债务的计划更令他暴跳如雷。随着国家银行建设方案的最终提出,麦迪逊对这位财政部部长的批评更为激烈,政治精英之间出现了严重分歧。

汉密尔顿并不为自己的金融计划备受争议而感到惊讶。他很清楚,对于任何加强联邦权威的做法,州和地方势力一定会坚决抵制。令他惊讶的是,众议院中最尖锐的批评居然来自老盟友麦迪逊。他本以为麦迪逊会和他一样想建立一个强有力的国家政府。他不明白自己和麦迪逊"在政治上曾如出一辙",怎么后来会出现如此大的分歧。[13]

麦迪逊在议会上坚持认为,纸币不仅是美国对英国君主制敛财行为的一种错误模仿,也是受大都会资本影响的结果,更重要的是,这是联邦权力对于宪法既定框架的一种僭越。他要求做出严格的宪法解释,声称宪法并没有赋予联邦政府设立银行的权力。

18 世纪 90 年代末,麦迪逊和其他弗吉尼亚人公开表达了他们对联邦政府发展态势的恐慌。到 1791 年,麦迪逊私下里把汉密尔顿计划的支持者称为投机者、托利党人——这可是给绝对王权支持者贴上的一张分量不轻的标签。[14] 到 1792 年,麦迪逊和杰斐逊开始成为共和党的领袖,麦迪逊之所以自称为共和党,是为了和致力于建立英国君主立宪式联合体的联邦派相区别。由于共和党主要是麦迪逊苦心经营的结果,很多人就直接把共和党叫作"麦迪逊党"。[15] 到 1792 年 5 月,汉密尔顿已确定"麦迪逊和杰斐逊毫无疑问是我和我政府的敌首,根据我的判断,他们已经成了优良政府原则的颠覆者、联邦安全和国家幸福的威胁者"。[16]

随着法国大革命的到来和 1793 年英法战争的爆发,联邦党人和共和党人之间的分化愈加激烈。美国的未来似乎与欧洲内部斗争的结果绑在了一起。历史学家詹姆斯·莫顿·史密斯写道:"没有一个共和党人像麦迪逊那样,将法国大革命的概念看作是美国革命的一种延伸。"[17]

就这点而言,麦迪逊相信,汉密尔顿及联邦党人正致力于和英国建立某种"联系",决定"在她(英)的支持下慢慢向其政府形式靠拢"。直到 1796 年 12 月麦迪逊从国会退休,他依然是共和党在国会中的领袖,也是共和党在新闻界最有影响的发言人。1798—1799 年危机日趋白热化之际,麦迪逊和杰斐逊站在州权捍卫者的立场来反对联邦党人的大一统倾向,那也就毫不令人惊讶了。

发生了什么? 怎样解释这种惊人的态度变化? 麦迪逊从 18 世纪 80 年代民族主义和联邦主义运动的领袖,一变而为 90 年代支持州权的反联邦主义运动领袖。如何解释这个变化,似乎成了长期以来困扰着麦迪逊的传记作家和历史学家的主要问题。

大多数传记作家和历史学家得出结论,麦迪逊对国家权力的看法确实发生了转变,并拿出一大堆证据来解释他为何从一个国家政府的支持者转变为一个州权的捍卫者。有些人认为,他在 1790 年的"突然转变"是一种"政治上的权宜之计",是为了"开始恢复到州本位的政治"。[18]有些人则强调,他幡然醒悟后才决定向弗吉尼亚选民效忠。从"麦迪逊的弗吉尼亚特性"这一新意识出发,有些人进一步指出,他无法理解债权市场和商业贸易,并强调他之所以反对汉密尔顿的计划似乎是因为他厌恶北方投机者和有钱人。[19]有些人提到他与杰斐逊的友谊,说他心甘情愿地服从老同事,就像他1794年告诉杰斐逊的那样,"我总是乐意听从你的指挥"。[20]还有些人强调,他思考起来"像一个工作中的政治家",哪里出现了对自由与共和政府的威胁,他的看法就会相应发生改变。[21]

有极少数学者则刻意淡化18世纪80年代麦迪逊的民族主义倾向,来强调他在80年代至90年代间的一致性。他们认为麦迪逊在制宪会议期间并不是一个真正成熟的民族主义者。[22]但他在1787年的民族主义作风却让这一看法显得毫无说服力。18世纪80年代的麦迪逊是狂热的民族主义者,渴望创建一个国家政府来控制州的某些行为。但他并不是一个像其他联邦党人(如汉密尔顿)那样的民族主义者。当他开始认识到汉密尔顿想创建一个大一统的国家政府后,就自然转为反对派。他理念中的国家政府并没有实现。

想要在一位政治家(他在一个快速变化的社会里度过漫漫人生)身上发现某种连贯性或许是件愚蠢而无聊的工作。麦迪逊是否改变了他的看法,就真的那么重要吗?他自己当然是这样认为的。直到生命的尽头他依然认为自己的信念始终如一,是汉密尔顿抛弃了他。[23]当然我们必须承认,后来的麦迪逊在许多方面都与早期的麦迪逊有所不同。80年代的他无疑是一个民族主义者,90年代的他则是州权的拥护者。但整个职业生涯中,麦迪逊仍能在某些基本层面做到一以贯之。从来不存在两个詹姆斯·麦迪逊。

如何解释麦迪逊思想的连贯性?首先,我们必须回到18世纪来推断 1787 年的他究竟想做些什么。或许,我们这些学者已经把太多原本并不能归功于他的远见卓识强加在了他的身上。我们希望麦迪逊成为一个不仅是革命和立宪时期,而且是整个美国历史上最有影响力的政治理论家。或许,我们在这位 18 世纪政治领袖的身上安放了远远超过他或任何一位政治家所能承受的理论上的复杂性。我们想让他成为西方传统中重要的政治哲学家之一。如果说英国人有霍布斯和洛克,法国人有孟德斯鸠和卢梭,那么我们美国人至少还有麦迪逊。

对于麦迪逊思想的独特性和复杂性,许多学者深信不疑。他们希望更多地去探寻其政治思想对当今时代的意义,而不是对于 18 世纪的意义,为此他们栽了很多跟头。由于麦迪逊在美国宪法制定的过程中(我们称之为"建国")起到了关键作用,他与他的思想对美国政治和美国社会特性而言,具有一种特殊的可靠性。

政治科学家们非常希望把麦迪逊当作美国一流的政治哲学家,并汇编了一整个图书馆的资料来研究他(以及汉密尔顿)对《联邦论》的贡献。对许多政治理论家来说,了解麦迪逊就是了解美国政治。所以用罗伯特·达尔的话来说,麦迪逊是一位多元论者,不幸的是他要调和我们碎片化的政府结构,以期在多数统治的情况下保护少数人的权利。或者用理查·马修斯(Richard K. Matthews)的话说,他是冷酷无情的美国自由主义的代表人物,他发扬了一种无视德行只在乎物欲的自私的个人主义。而在加里·罗森(Gary Rosen)看来,他则是社会契约(这是自然权利与宪政的基础)的革新派理论家[24]。

政治科学家和政治理论家的这些研究变得越来越精细化、越来越矫揉造作,他们与麦迪逊所生活的 18 世纪渐行渐远。无论他的创造力有多么丰沛,我们都要谨记:麦迪逊并没有和我们或这个时代进行对话。他的世界不同于我们的世界;事实上,我们的世界足以让他震惊。所以这种以古制今的做法让我们面临着严重歪曲其生活世界及其作为的风险。此外,虽然他成就斐然,我们也依然面临着夸大其创造力的风险。

如果我们想要还原一个历史上的麦迪逊,我们必须柔化(如果不是抛弃的话)他作为"宪法之父"的传统观念。毫无疑问,他是费城会议背后的主要召集人,宪法法案正是在 1787 年夏天的这次会议上起草的。他也是《弗吉尼亚法案》的主要撰稿人,这一法案成为费城会议商讨的范本。会议期间,他不仅积极参与讨论,还亲自将讨论的内容记录下来。正是由于这些笔记,我们才能了解到这场会议中究竟发生了什么。但这部脱胎于费城会议的宪法却完全不是他想要的。他有充分的理由认为,宪法是"民众的智慧与劳动共同创造的结果"。[25]

为了理解麦迪逊,我们不得不摒弃原先的观念,即现今的美国宪法(或 18 世纪 90 年代的宪法)是麦迪逊原本想在《弗吉尼亚法案》中实现的结果。

1787 年 5 月 29 日,麦迪逊把《弗吉尼亚法案》介绍给所有的与会人员。这一法案颇具独创性和全国性,但它又着实诡异,其表达的理想主义色彩难以为绝大多数联邦主义者所接受。在判断80 年代美国危机症结的问题上,麦迪逊的看法已经远远超越了《弗吉尼亚法案》。对麦迪逊来说,邦联的确有一些人所共识的弱点,但与州内部的缺陷相比则显得相形见绌。州的自利行为削弱了联邦,更麻烦的是,州的大众政治也威胁到了自治政府的革命实践。麦迪逊说,各州自独立以来批准了大量法律,这些法律的"多样性"、"易变性"、"不公正性"已经对"共和政府的基本原则提出了疑议:统治这些政府的多数人是否真的是公共利益和私人权利最安全的监护人呢"?[26]麦迪逊相信,1787 年费城会议召开的主要动机是解决州内部的问题,而不是去弥补邦联的明显缺陷。正是基于这种看法,麦迪逊创造了《弗吉尼亚法案》的特殊之处——不仅授予国会以绝对立法权,更重要的是授予联邦政府对州立法的绝对监督权。《弗吉尼亚法案》给了国会否决所有违反联邦条款的州法律的权力。它还仿照纽约的做法,建立了一个由行政和国家司法部门人员组成的修正委员会(council of revision),参与立法。这一修正委员会不仅有权审查和否决国会的所有法律(虽然国会可以再次通过这些法律),而且还有权在国会最终否决这些州法律之前审查它们。

当然有许多联邦主义者像麦迪逊一样憎恶各州的现实状况,对于他想建立一个高尚的国家政府以补救该现状的做法他们也双手赞成。但他们之中仍有许多人不认同他处理各州党派政治的方式——这一方式很奇怪,它与司法程序颇为类似,麦迪逊将自己对英国皇室的枢密院在帝国中如何运作或应该如何运作的看法深深投射其中。

麦迪逊关于审查立法的提议确实有些古怪。在为费城会议做准备的几周里,他曾设想国家政府应该拥有一种比《弗吉尼亚法案》的主张更激进的对州法律的否决权。通过私人信件,我们可以看到他的思想深受英帝国经验的影响。费城会议前一个月,他告诉华盛顿,"在任何情况下都要掌握对州立法行为的否决权,它曾作为国王的特权而存在,现在它同样必不可少,不可能因此而构成对州司法权的侵犯"。[27]正如历史学家杰克·N.拉科夫所说,这是一个非常反动的提议。[28]它不仅很反动,还很奇怪。这让人想起1766 年臭名昭著的英国《宣言法案》,据称国会"在任何情况下"都有权对殖民地立法。这也让人想起了杰斐逊在《独立宣言》中曾强烈谴责的殖民地立法中的皇家否决权。麦迪逊提议国会应当拥有州立法的否决权恰恰证明了他的思想是何等怪异。

麦迪逊心目中的国家政府形象也极为奇怪。他想建立一个主要用以规避各州民众多数派政治的国家政府，并借此来保护个人自由和少数派的权利。他根本就没想过要建立一个具有强大行政机关的现代国家。事实上，他从来没有把州的行政机关当作制约立法权滥用的武器，他对新国家政府的行政权也没有任何清晰的概念。直到 1787 年 4 月他才告诉华盛顿，"应该以何种方式建构行政机关，应该授以它怎样的权力，对此我不敢冒然提出自己的意见"。[29]会议进行到大半，麦迪逊还坚持认为：政府部门的委任权和外事行为不归总统负责，而是应该交由参议院处理。直到后来（在所谓的"康涅狄格妥协"之后）各州在参议院获得平等席位，麦迪逊和其他国家主义者对此感到恐慌，这两项权力方才从州主导的参议院移交给总统。1787 年的麦迪逊当然对 18 世纪 90 年代华盛顿和汉密尔顿即将创造出的那种总统制完全没有概念。

会议召开期间，麦迪逊似乎只关心一件事，即国家应该对具有危害性的州法律进行集中控制。7 月 6 日，会议以 8 对 3 的投票结果否决了他关于修正委员会的提案，这更坚定了麦迪逊认为国会应当拥有州立法否决权的想法。接着，会议开始削减《弗吉尼亚法案》中某些重要步骤。在一场激烈的拉锯战之后，7 月 16 日会议通过了《康涅狄格妥协案》，同意每个州推选两名参议员。但对麦迪逊来说，这并不是什么妥协，而是一场惨败。他感到沮丧极了，因为他是多么希望国会两院都能够采取比例代表制。大多数人民都会对自己所属的州忠心耿耿，所以他认为这种让各州在新政府中拥有明确代表、让各州立法机关选举参议员的做法终将削弱新的中央政府。第二天，他甚至召开党团会议，与弗吉尼亚的代表们商量是否要集体退出这场会议。

虽然麦迪逊千方百计地想捍卫他所提出的国会否决权，但第二天（7 月 17 日）事情仍变得越来越糟。他强调"赋予国会以否决各州不当立法的权力，是维持体制和谐最迅捷、最温和、最确定的方法。"他甚至不惜以帝国治下的"英国体制"为例来证明自己的观点。他说:"除了王室凭借特权将帝国每一个辖区内的每一条可能引起纷争、侵害中央权力的法令扼杀在摇篮中,没有什么能够让各辖区保持和谐与顺从。"麦迪逊承认,国王枢密院以特权禁止殖民地立法的做法"有时因为无知或成见而被错误应用到帝国的某一特定辖区",但这种情况不可能发生在对特定利益有着高度认知的美国。[30]

由于这个古怪而不切实际的国会否决权提案(正如古弗尼尔·莫里斯所指出的)"会得罪所有的州",得不到太多支持,7月17日该提案以7对3的结果未获通过。麦迪逊心灰意冷,他觉得宪法终将会失败。事实上,他曾在休会前告诉杰斐逊,新的联邦政府无法实现他的任何一个目标。他说,这个宪法"不能有效地推进国家目标,也无法阻止各地对州政府的危害"。[31]这一特别的讲法让我们认识到,宪法的最终版本与他的原初设想出入很大。

虽然7月17日国会否决权提案的失败让麦迪逊无比沮丧,但他没有放弃希望,依然想挽救国会的某种修正权(以修正各州具有危害性的立法)。7月21日,他对詹姆斯·威尔逊的提案表示附议,后者与麦迪逊一样担心大众立法质量低劣,所以当威尔逊再次提出由司法与行政部门共同执掌针对立法部门的修正权时,麦迪逊表示极力支持。有些代表在上一次反对动议(关于建立修正委员会的动议)时指出,司法部门本身就能够掌控那些不当的立法。但威尔逊认为这远远不够。他说:"法律,可以不公正、不明智,甚至具有危险性和破坏力,但不能违背宪法——比如说以拒绝法律生效的方式来证明法官的正确性。"(这表明1787年,建国者对于后来的司法审查权只处在初步思考的阶段。)

麦迪逊很快就表示支持威尔逊的观点。自从参议院比例代表制方案失利后,他对于国会权力更加谨小慎微,因为各州作为州本身将扮演更为重要的角色。尽管他使出浑身解数来证明建立修正委员会的重要性,对立法权力的恐惧却依然深深困扰着他。他深信,"各州的经验表明,立法权正在将所有的权力吸纳到自己的漩涡之中,这一趋势才是'美国宪法真正的危机所在'"。虽然很多代表认为有必要对立法权进行制衡,但修正委员会的提案却引发了其他方面的顾虑。反对者指出,这样的委员会有可能混淆司法权与行政权,也给了法律阐释者以制定法律的机会,"把政治家变成了法官"。麦迪逊的修正委员会提案再一次流产,不过这次是以微小的差距(4 对 3)败北。[32]

麦迪逊之所以紧紧抓住这些制衡立法权的提案不放弃,是因为他期盼新的联邦政府能在这个国家中扮演一个类似法官的角色——《联邦论》对此有生动的描述。麦迪逊撰写了《联邦论》85篇论文中的 29 篇,他所撰写的第 10 篇已经成为美国政治思想史上最著名的文献。他在该篇中对利益与派系的根源进行了分析,乍看起来麦迪逊是个极其冷静的现实主义者。他写道,政治利益集团是美国现实社会不可根除的一部分。人们难免有各种利益,出于对这些利益的保护,他们就形成了政治派系。他说,派系的成因"根植于人的本性"。如果认为大多数人天性纯良,为了追求某些模糊的公共利益而甘愿撇开这些利益,就未免过于天真了。而且消除这些利益也意味着背弃自由。因此他意识到,控制这些派系利益将成为现代立法的首要任务,也就是说在不久的将来,党派精神将渗入政府的日常运作之中。

尽管许多美国人在 1787 年也说过类似的话,但学者们通常还是更欣赏麦迪逊那种冷静的现实主义,即便质疑共和党同僚的乌托邦思想时——1776 年,他们曾希望美国人民有足够的美德以超越自己的利益,表现出大公无私的气度——他也不会意气用事。然而,当他在《联邦论》第 10 篇中继续展开分析时,我们开始意识到他或许并不像我们认为的那样冷静务实。

他写道,如果政党——一群人大肆推销某种私利——充当自己的法官,就没有哪个政府是正义的;实际上,利益相关的多数派在这方面并不比利益相关的少数派好到哪里去。

> 人们从不允许原告、被告担任法官;因为他们的利益,肯定会使他们的判断带上偏见,可能腐蚀他们的人格。同理,不,更为有理,一伙人不宜同时担任法官和原告、被告。可是,议会从事的最重要的活动,有许多不就是司法判断吗?的确,这些判断,不是涉及单个的人的利益,而是涉及公民大众的利益。议员不是来自不同的阶层吗?他们不是正在判断他们自己担任律师和涉事各方的众多案件吗?不是正在制定一项关于私人债务的立法吗?可是,对此问题,放债的人,是涉事一方。欠债的人,是涉事的另一方。正义应该使双方平衡。然而,政党总是,而且必然是,自己担任自己的法官;而且,人数最多的党,换句话说,势力最大的派,势必指望占上风。[i][33]

由于很多殖民地的议会常常以法庭审理的形式召开会议(就像今天的马萨诸塞州普通法院),许多立法程序也与判决程序相类似,因此麦迪逊用司法的意象来描述州立法机关中的利益集团与派系政治似乎就合情合理了。[34]但这种描述没有什么实用性,也没有前瞻性。它意在回溯殖民地时光,而无关乎我们现有的世界。[35]麦迪逊认为各州大众政治的危机根植于利益,这个诊断结果的确一针见血,但他对此开出的药方却是极其传统的,用他自己的话说,最终可能只是个乌托邦或海市蜃楼。一个崭新的国家政府是

---

i 译文参见尹宣译《联邦论》第 10 篇。——译者注

什么模样,麦迪逊的构想竟然一点也不现代——它很理想化,甚至在很多方面都让人回想起殖民地时期政府的旧观念。麦迪逊希望新的联邦政府能够超越党派,成为一个超级的审判及仲裁机构。正如他所言,新政府将是一位"调解各州间不同激情与利益纷争的铁面无私的仲裁者"。[36]尽管麦迪逊无法将新的联邦政府比作帝国治下类似于英国皇室枢密院的机构,但还是把它和英国王室画起了等号。事实上,他希望新政府能够扮演一个超政治的中立角色(类似英国国王应该在帝国中扮演的角色)。[37]

1787年,麦迪逊非常想在各州之上建立国家,但他并不想把这个国家打造成一个拥有强大行政权力的现代宣战国。相反,他希望政府能扮演一个廉明的法官、一个刚正的仲裁者的角色,能在形形色色的社会利益关系中进行公平裁决。这就是他(和他的朋友杰斐逊不同)最终开始重视最高法院在美国政治生活中作用的原因——因为它最接近1787年麦迪逊想要联邦议会扮演的那种角色。[38]

当麦迪逊把新的国家政府看作一位中立不倚的仲裁者时,他就已经不再是许多学者所认为的讲求实用的多元论者了。他没有对早期的现代利益集团政治作出任何解释,也不像亚瑟·本特利和大卫·杜鲁门那样成为20世纪政治科学的先驱,更没有在利益竞争者的交易过程中看到那种水到渠成的公共政策和公共利益,相反,他更像一个老派绅士。他期望利益和激情的冲突能够在一个日益扩大的共和国中彼此抵消,让那些受过博雅教育的理性人——他说,"开明的视野与良善的情感让他们洞穿了鬼魅伎俩,不再受制于井蛙之见"——秉公执法,处理公益之事。[39]

换言之,麦迪逊远不如我们想象的那么实际和现代。在他的观念里,并不是政府中的每个人都必须归属某一党派。他坚持改革的伟大梦想,认为良好的政治在美国是有可能实现的;他相信社会上依然有一些廉明的绅士,比如说杰斐逊和他自己;他希望自己建构的制度可以允许这些少数派凌驾于汲汲营营的社会多数派,在新的联邦议会中扮演公正的法官或裁判的角色。作为其计划"附属的必需品",麦迪逊预言,扩大外延之后的国家政治将充当一个过滤器,将这类能够成为国家仲裁者的人提炼出来。[40]在一个拥有更多选民、更少代表的国家政治的大舞台上,人们不会再理睬那些18世纪80年代主导州立法机关的人物——他们心胸狭隘、好搞派系、充满了各种地方偏见;相反,只有那些受过良好教育、"品质卓绝、言行端正"[41]的绅士才能进入新的联邦政府。

他的理论似乎并没有对新国家政府的特性产生太多实际影响。事实上,麦迪逊在1789年3月就已经预测到,提升后的国会将表现得与千疮百孔的州立法机关如出一辙。[42]在今天的国会里,我们再也没有听过他的那些关于扩大共和政体与人才筛选的见解。这些见解最后和他的国会否决权一起,被视为不合时宜。他的另外一些想法如今也被认为不切实际。事实上,麦迪逊并不像我们时常所想的那样是个坚定的现实主义者。尽管他的想法总是很挑剔,也很尖锐,但他内心却是一个十足的理想主义共和派(如果算不上一个空想家的话),在某些方面或许和杰斐逊这位老朋友、老同事的差异并不大。

18世纪90年代早期,当麦迪逊渐渐意识到这个由华盛顿、汉密尔顿以及其他联邦主义者所建立起来的政府的特性时,他开始表达自己对理想中国家政府的独特看法:国家政府并不是一个他们所追求的法官式的仲裁者,而是一个有着官僚体系、常备军以及独立行政权的现代欧式政府。像麦迪逊一样,其他的联邦主义者或许也过于看重各州多数派民主,但他们的抱负绝不只是控制各州的大众政治或保护少数派权利。汉密尔顿和他的联邦派同侪想要模仿已在欧洲和英国推进了数代的国家建构过程。

正如我们所看到的,如果建国者中有一位现代人的话,那么这个人一定不是麦迪逊,而是汉密尔顿。是汉密尔顿试图把美国变成像英、法那样强大的现代化财政军事国家。麦迪逊或许需要一个强大的国家政府作为仲裁者去调解各州的民主诉求,正如他的《弗吉尼亚法案》所提倡的那样,但他并没有想要创造一个汉密尔顿式的现代宣战国。这就是为什么当他反对这个由汉密尔顿在90年代一手建立起的国家时,他觉得自己并不前后矛盾。

在现代早期,西方世界取得的重要进展之一便是现代民族国家的出现。这些有着强大行政力、财政力与军事力的国家足以发动任何史无前例的战争。在过去的几十年里,学者们积累了丰富的近代早期欧洲国家形成的历史及社会学文献。[43]从16世纪到18世纪,欧洲君主们一直忙于巩固权力、划定疆域,同时确保国土免受他人的侵害;他们建立更为庞大的官僚机构和军事力量以便发动战争,这就是他们在三个世纪的大多数时间里所做的事情。这意味着需要建立更加集权的中央政府,要费尽各种心思从老百姓那里榨取人力和钱财,以最终推进军队规模、公共负债、税收的增长及行政权力的扩张。[44]

这样一种君主制国家的建设势必招来强烈反对,尤其是对于有着长期重自由、反王权传统的英国人来说。17世纪末18世纪初出现在英国的"国家辉格反对党"(country-Whig-opposition)思想,究其本质就是共和党的雏形。英国人反对这种姗姗来迟的君主制国家建设。当18世纪晚期的英国激进分子(如杰姆斯·伯格和托马斯·潘恩)警告人们"自由之灯将在整个欧洲熄灭,英国的前景一片黯淡"时,他们说的就是现代国家建设的问题。[45]麦迪逊、杰斐逊和许多美国人之所以与革命作斗争,就是为了防止这类现代化国家建设危及美国。他们不会让汉密尔顿和联邦党人将美国变成一个背负着沉重债务、税收和军费的现代化财政军事大国。

这种散发出君主制气息的国家是为战争而设计的。麦迪逊于1795年写道，"在公众自由的所有敌人中，战争也许是最可怕的，因为它孕育着所有潜在的敌人。"他说，战争作为"军队之父"，不仅会促使"债务及税收"的进一步增长，还意味着"行政自由裁量权范围的进一步扩大；对职务、荣誉、薪酬分配的进一步影响；它笼络人心的所有手段加在一起会削弱人民整体的力量"。[46]这些麦迪逊翻来覆去的论点，就是90年代共和党歇斯底里也要反对的汉密尔顿派联邦主义者国家建构方案的原型。

许多美国革命家，包括杰斐逊和麦迪逊，都想结束这种现代国家建构和由此产生的国际冲突。就像1776年开明的美国人找到了一种能够终结国家暴政的新型国内政治一样，他们也在寻求一种能够促进国家间和平，甚至看到战争消亡的新型国际政治。整个18世纪的自由主义知识分子都梦想着拥有一个没有腐败的君主外交、没有秘密联盟、没有王朝对抗、没有常备军，也没有权力制衡的开明新世界。不懂得倾听民声的君主制正是一个棘手的问题。臃肿的官僚机构、常备军、长期债务以及重税是其常年发动战争的结果。削弱君主制及其所有的配备，战争问题就会迎刃而解。一个由共和国构成的世界将迎来一种不同形式的外交——和平外交，它不是基于传统外交权的残酷斗争，而是基于各国人民商业利益的天然一致性。如果不再有过去那种自私的君主制法庭、非理性的王朝对抗、秘密的双面外交进行干涉与破坏，各国人民可以自由自在地贸易往来，那么我们就可以期待国际政治变得更加共和、更加和平、只受到商业的统辖。在这个被商业联系起来的新世界里，老式外交官们或许完全没有用武之地。[47]

1776年，美国受孤立被排除在欧洲贸易帝国之外，这让她突然有了将这些国际关系与商品自由交易的自由主义理念付诸实施的机会和需求。商业利益和革命理想主义相互交织在一起，形成了延续至今的美国对外关系的基础。从某种程度上来说,这种交织与融合直到现在仍存在于我们的世界观中。

贸易将足以使各州精诚团结、世界太平。事实上,对于麦迪逊、杰斐逊和其他理想主义的自由人士(如托马斯·潘恩)来说,不同国家人民之间的和平贸易就是国内领域的社交活动在国际领域的对应物。就像开明思想家所预见的,人民出于自然情感而汇聚到共和社会之中,那么各国出于商业的自然利益也定会聚集到一个新世界之中。无论在国内或国际上,君主制及其侵入式机构、垄断式手法都会妨害人们情感与利益的自然和谐的交流。

在各种商业强制手段背后所潜藏的,正是 18 世纪 90 年代到 19 世纪初期麦迪逊、杰斐逊及其他共和党人不断尝试的开明设想。共和党人很清楚,如果像美国这样的共和国要避免君主制下权力膨胀与强化的过程——重税、长期巨额债务、常备军——他们将不得不发展出某种和平的方式来替代战争。麦迪逊并不是一个彻头彻尾的空想家。1792 年他写道,他怕“普遍永久的和平除了在哲学家的幻想和仁者的胸怀中,永远都不会存在”。但由于战争既愚蠢又邪恶,他仍然希望理性的进步可以最终结束战争。他说,“我们期待什么,就应该试着去做什么”。[48]

当然,麦迪逊的理想是建立一个共和世界——也就是说,每个成员国政府都能够广泛地代表民意。杰斐逊和麦迪逊相信,与那些完全不考虑民众意愿的君主国不同,自治的共和国将更加爱好和平(汉密尔顿对此不屑一顾)。麦迪逊也承认,共和国之间有时也会发生战争。但如果战争只是民众当局发起的,更重要的是,如果战争的花费仅仅由宣战的一代人直接承担,那么就像麦迪逊所说,“国家会得到丰厚的回报”。所有“愚蠢的战争”都能避免,只有“情非得已的战争和防卫”观念留存下来,甚至这样的观念也会消失。麦迪逊说,“如果所有国家效仿之,各国都能得到双倍的回报,甚至雅努斯神殿之门也将不再敞开"。[49]换言之,麦迪逊相信在一个共和世界里,战争之门会永久关闭。

但在一个君主制的世界里,麦迪逊的结论是,美国避免战争最好的途径就是发掘一些共和式的和平备选方案。方案之一即克制美国商业的利益,以商业歧视为手段对付敌国,他说这些措施"最有可能让我们在不发动战争的情况下达成目标"。[50]换言之,麦迪逊提出了现在称之为经济制裁的方法,这是一个即使在今天我们也常常用来替代武力的不二选择。鉴于共和党人视商业为连接整个国家的重要手段,他们将商业作为国际政治的武器也就不足为奇了。

这种共和式的理想主义——畏惧财政军事型的现代国家,渴望以和平方式替代战争——是我们理解麦迪逊和其他共和党人思想的最好背景。这不仅有助于解释他们对现代国家权力的看法,也能够解释18世纪90年代早期,他们为何以贸易歧视的方式来对付大英帝国。1795年的《杰伊条约》激怒了麦迪逊等共和党人,因为它让美国放弃了这个至关重要的武器。这一背景同样也有助于解释1806年《杰伊条约》废止之后,杰斐逊和麦迪逊为什么要与英、法这两个欧洲交战国停止进口贸易与往来通商。这类尝试最极致的表现就是被杰斐逊称为"坦诚而自由"的和平式高压政治试验——即1807—1808年,共和党对所有美国贸易发布灾难性的"禁运令"。直接向公共政策施加压力的做法的确是美国思想路线史上最不寻常的例子。[51](汉密尔顿一定死不瞑目。)麦迪逊实际上比杰斐逊更赞同禁运的强制性效果。直到晚年麦迪逊仍然相信,如果没有过早废除禁运,终有一天它会起作用。[52]

或许,要证明麦迪逊是一个试图摆脱强势的联邦政府与国家建构过程的理想主义共和派,最有力的证据就属1812年他和那些共和党人一起积极备战并投身战争了。备战这个词并不恰当。国会中的共和党人一边谈论战争,一边提议要废除军队。他们缩减陆军部,反对设立海军。战争前夕他们废除了美国银行,1812 年 3月又勉强同意提高税收,前提是只有战争真正爆发方可生效。

历史学家常常因为麦迪逊和共和党备战不力、指挥不当而苛责他们。但这种批评忽略了一点,即麦迪逊和共和党人最害怕什么? 正如 1806 年杰斐逊所说:"我们的宪法是为和平而建——它不是用来为战争做准备的。"[53] 共和党人认为,战争会导致一种汉密尔顿式的君主政府,这种政府通常会增加税收、扩建官僚机构、背负巨额债务、建立常备军、加强行政权力。由于战争对共和党原则来说是一个威胁,共和党政府决心于 1812 年以一种不同于君主制战争的方式发动战争。正如财政部部长阿尔伯特·加勒廷(Albert Gallatin)一开始就指出的,共和党的困境在于:即便能掌控战争的进程却不能拯救战争的"罪恶……债务、长期税收、军事组织、败坏或反对共和制的其他行为与机构"。[54]

在战争损失最为惨重的时候,麦迪逊依然保持乐观。虽然国家受到侵略、首都也被焚毁,但这一切总比用欧洲君主制的方式建立国家权力要好得多。即使身处战争,他仍继续提倡禁运,因为在他看来这是最好的斗争方式。他知道,一个共和国的领袖不应该变成拿破仑,甚至汉密尔顿。他坚信,在一个共和国中,强势的行政领导权只会危及发动战争的初衷,所以他坦然接受了管理上的混乱、低效以及军事上的失败。[55]

尽管这场战争没有解决任何问题,但实际上它却解决了一切。这表明有限共和政府领导下的革命性试验是多么伟大与正确。当美国首都以华盛顿总统之名命名以示致敬时,战争之剑依然高悬于"公民自由或政治自由"的上方,但在麦迪逊总统对英国的战争中,这样的事情却没有发生。总统先生不但将战争之剑限制在"适当的范围内",他还在"不侵害政治、公民或宗教权利的情况下,每年斥资百万军费,统领五万人马"。正如其崇拜者指出的,麦迪逊在"未审理一桩叛国罪,甚至连一桩诽谤罪都无人起诉"[56]的情况下,承受住了同时来自外国劲敌与国内普遍反对之声的压力。

历史学家们生活在一个非常不同的世界里。在这个被先发制人的战争理论、巨大的联邦官僚机构、四处蔓延的五角大楼、庞大的中央情报局、繁重的公共债务、远远超出建国者想象的税收、超过百万的军力所主导的世界中,或许没有人会欣赏麦迪逊的成就,但麦迪逊的同时代人却不这么认为。1817年,约翰·亚当斯告诉杰斐逊,"即使麦迪逊政府漏洞百出,它所获得的荣耀以及对联邦的贡献都要比华盛顿、杰斐逊、亚当斯三位前任加起来多得多"。[57]

我们的历史学家习惯了赞扬《联邦论》第10篇的作者麦迪逊,也习惯了诋毁那个似乎有着对立思想的总统麦迪逊。但其实要不是我们编造,根本就不存在什么"麦迪逊问题"。也许我们不应该在《联邦论》第10篇的作者麦迪逊身上浪费时间,而应该把重点放在总统麦迪逊的身上。不管你是否同意他对战争和政府的看法,它总会帮助我们更好地理解那个未曾经历的时代。

注释

1. 关于两人差异的精彩讨论,请参见 Drew R. McCoy, *The Last of the Fathers: James Madison and the Republican Legacy*(Cambridge, England: Cambridge University Press, 1989), 45—64。

2. TJ to Abigail Adams, February 22, 1787, Lester J. Cappon, ed., *The Adams-Jefferson Letters: The Complete Correspondence Between Thomas Jefferson and Abigail and John Adams*(Chapel Hill: University of North Carolina Press, 1959), 1:173.

3. Jefferson, quoted in Ralph Ketcham, *James Madison: A Biography*(New York: MacCillan, 1971), 162; Drew McCoy, "The Virginia Port Bill of 1784," *Virginia Magazine of History and Biography*, 83(1975), 294; JM to Edmund Pendleton, January 9, 1787, to GW, December 24, 1786, in *Papers of Madison*, 9: 244、225; A.G.Roeber, *Faithful Magistrates and Republican Lawyers: Creators of Virginia Legal Culture, 1680—*

1810(Chapel Hill: University of North Carolina Press, 1981), 192—202.

4. McCoy, "Virginia Port Bill," *VMHB*, 83(1975), 292; JM to GW, December 7, 1786, to Pendleton, January 9, 1787, to GW, December 24, 1786, to TJ, December 4, 1786, *Papers of Madison*, 9:200, 244, 225, 191; Ketcham, *Madison*, 172.

5. "Vices of the Political System of the United States" (April 1787), in *Papers of Madison*, 9:354, 355—56.

6. GM to Henry Lee, April 5, 1786, Fitzpatrick, ed., *Writings of Washington*, 28: 402; Jerry Grundfest, *George Clymer: Philadelphia Revolutionary, 1739—1813* (New York: Arno Press, 1982), 165、164; E.Wayne Carp, *To Starve the Army at Pleasure: Continental Army Administration and American Political Culture, 1775—1783* (Chapel Hill: University of North Carolina Press, 1984), 209; Knox, quoted in William Winslow Crosskey and William Jeffrey, Jr., *Politics and the Constitution in the History of the United States*(Chicago: University of Chicago Press, 1980), 3:420、421.

7. TJ to JM, December 16, 1786, *Papers of Jefferson*, 10:603.

8. Adam Smith, *The Theory of Moral Sentiments*, D.D.Raphael and A.L.Macfie, eds. (Oxford: Oxford University Press, 1776), 20—25.

9. Gordon S.Wood, *The Creation of the American Republic, 1776—1787*(Chapel Hill: University of North Carolina Press, 1969), 473.

10. JM to GVV, April 16, 1787, *Madison: Writings*, 81.

11. Stuart Leibiger, *Founding Friendship: George Washington, James Madison, and the Creation of the American Republic* (Charlottesville: University Press of Virginia, 1999), 123.

12. 遇到鲸鱼的水手常常会丢出一个浴缸,希望能够转移鲸鱼的注意力。See Kenneth R.Bowling, "'A Tub to the Whale': The Founding Fathers and Adoption of the Federal Bill of Rights," *Journal of the Early Republic*, 8(1988), 223—51.

13. AH to Edward Carrington, May 26, 1792, *Papers of Hamilton*, 11:432.

14. Stanley Elkins and Eric McKitrick, *The Age of Federalism* (New York: Oxford University Press, 1993), 234; JM to TJ, May 1, 1791, in James Morton Smith, ed., *The Republic of Letters: The Correspondence Between Thomas Jefferson and James Madison, 1776—1826*(New York: Norton, 1995), 2:685.

15. Smith, ed., *Republic of Letters*, 2:881.

16. AH to Edward Carrington, May 26, 1792, *Papers of Hamilton*, 11:429.

17. Smith, ed., *Republic of Letters*, 2:747.

18. E.James Ferguson, *The Power of the Purse: A History of American Public Finance, 1776—1790*(Chapel Hill: University of North Carolina Press, 1961), 298.

19. Elkins and McKitrick, *Age of Federalism*, 136—45.

20. JM to TJ, October 5, 1794, in Smith, ed., *Republic of Letters*, 2:857.

21. Marvin Myers, ed., *The Mind of the Founder: Sources of the Political Thought of James Madison*(Indianapolis: Bobbs-Merrill, 1973), xlv.

22. 在一篇写于半个世纪前的短文中,尼尔·雷蒙强调麦迪逊始终一以贯之。但雷蒙却极少提到麦迪逊毕生信守共和主义(这一点罕有质疑),他说 18 世纪 90 年代"麦迪逊放弃了早先的民族主义。"Reimer, "The Republicanism of James Madison,"

Political Science Quarterly, 69(1954), 45—64, *quotation at* 56.兰斯·班宁, 在他的著作 *The Sacred Fire of Liberty*: *James Madison and the Founding of the Federal Republic* (Ithaca: Cornell University Press, 1995)中认为, 18 世纪 80 年代的麦迪逊并不是一个狂热的民族主义者。班宁说, "在某些时候、某些方面, 在他的革命理想中……他是一个民族主义者。"换言之, 现代研究误解了 18 世纪 80 年代麦迪逊的立场, "误判了麦迪逊对美国制宪会议的希望与担忧", "误解了会议召开期间思想上的主要变化。"由此导致人们对于"他在《联邦论》所说、所想持有一种不公正的看法。"班宁总结道, 18 世纪 90 年代, 身处杰斐逊反对派阵营的麦迪逊"并不是我们通常意义上所理解的'宪法之父'"。*Sacred Fire of Liberty*, 42, 9.

23. See JM to C.E.Haynes, February 25, 1831, in Gaillard Hunt, ed., *The Writings of James Madison* (New York: G. P. Putnam's Sons, 1910), 9:442; and N. P. Trist, "Memoranda," September 27, 1834, in Max Farrand, ed., *The Records of the Federal Convention of 1787*(New Haven: Yale University Press, 1937), 3:534.

24. Robert Dahl, *A Preface to Democratic Theory* (Chicago: University of Chicago Press, 1956); Richard K.Matthews, *If Men Were Angels*: *James Madison and the Heartless Empire of Reason* (Lawrence, Kansas: University Press of Kansas, 1995); Gary Rosen, *American Compact and the Problem of Founding* (Lawrence, KS: University Press of Kansas, 1999).更多关于政治理论家对麦迪逊的阐释, 参见 John Samples, ed., *James Madison and the Future of Limited Government*(Washington, DC: Cato Institute, 2002)。

25. JM to William Cogswell, March 10, 1834, in Farrand, *Records of the Federal Convention*, 3:533.

26. JM, "Vices of the Political System of the United States" (April 1787), *Madison*: *Writings*, 69—75.

27. JM to GW, April 16, 1787, *Madison*: *Writings*, 81.

28. Jack N. Rakove, *Original Meanings*: *Politics and Ideas in the Making of the Constitution*(New York: Knopf, 1996), 51.

29. JM to GW, April 16, 1787, *Madison*: *Writings*, 81.关于麦迪逊对州政府行政权的贬低, 参见 JM to Caleb Wallace, August 23 1785, *Madison*: *Writings*, 41—42。

30. Farrand, ed., *Records of the Federal Convention*, 1:21, 140; 2:28.

31. JM to TJ, September 6, 1787, in Smith, ed., *Republic of Letters*, 1:491.

32. Farrand, ed., *Records of the Federal Convention*, 2:73—75.关于英国枢密院的角色及其对麦迪逊的影响, 参见 Mary Sarah Bilder, *The Transatlantic Constitution*: *Colonial Legal Culture and the Empire* (Cambridge, MA: Harvard University Press, 2004), 191—92。

33. JM, *The Federalist*, No.10, *Madison*: *Writings*, 160—67.

34. On the colonial legislatures acting as courts see Wood, *Creation of the American Republic*, 154—155.

35. 请注意 1772 年塞缪尔·亚当斯以传统司法意象所作的描述: 当一个人离开自然状态并成为社会一员时会发生什么。亚当斯写道, 在自然状态下, 人是自身权利和所受伤害唯一的审判者。而一旦步入社会, "他就将审判权交给了介于自己和邻居之间的中立仲裁者"。Samuel Adams, "The Rights of the Colonists", 1772, in Harry Alonzo Cushing, ed., *The Writings of Samuel Adams* (New York: G. P. Putnam's

Sons, 1904—08), 2:353.

36. JM to GW, April 16, 1787, in *Madison: Writings*, 81.

37. 在传统思想中,政府——对大多数国家而言政府即是君主——被认为是各州之间公正的审判者。人们假定君主为社会最公正人士,是因为其私利被认为与公众利益相一致;事实上,这已经成为君主政体长期以来的最佳辩词。

38. McCoy, *The Last of the Fathers*, 70—71, 102.当然,正如奥斯卡和玛丽·汉德林在 *Commonwealth: A Study in the Role of Government in American Economy: Massachusetts, 1774—1861*, rev. ed.(Cambridge, MA: Harvard University Press, 1969)中所指出的,19世纪上半叶,马萨诸塞及其他州政府通过分发大量州权(尤其是创立公司章程来保障私人既定的权利),最终摆脱了仅行使警察权的局面,转而成为社会各种竞争性利益唯一的公正裁决者。虽然这些 19 世纪自由的州政府并没有以麦迪逊及大多数革命者所期望的方式积极推动公益事业,但它们至少看起来都在向麦迪逊希望美国成为的那种司法型政府靠拢。

39. JM, *Federalist*, No.10, *Madison: Writings*, 160—67.

40. JM, "Vices of the Political System," *Madison: Writings*, 79.

41. JM, *Federalist*, No.10, *Madison: Writings*, 166.

42. JM to TJ, March 29, 1789, Smith, ed., *Republic of Letters*, 1:606.

43. 大量关于近代初期欧洲国家建设的文献,请参见 Charles Tilly, ed., *The Formation of National States in Western Europe*(Princeton: Princeton University Press, 1975); John Brewer, *The Sinews of Power: War, Money, and the English State, 1688—1783*(New York: Knopf, 1989); Brian M.Downing, *The Military Revolution and Political Change: Origins of Democracy and Autocracy in Early Modern Europe*(Princeton: Princeton University Press, 1992); Lawrence S.Stone, ed., *An Imperial State at War: Britain from 1689 to 1815* (London: Routledge, 1994); Thomas Ertman, *Birth of the Leviathan: Building States and Regimes in Medieval and Early Modern Europe*(Cambridge, England: Cambridge University Press, 1997)。布鲁尔始创"财政—军事国家"一词,我深受其作品 Sinews of Power 的影响。但让我开始重新思考麦迪逊作品的却是 Max M.Edling, *A Revolution in Favor of Government: Origins of the U.S.Constitution and the Making of the American State*(New York: Oxford University Press, 2003),我从中受惠颇多。

44. 关于解释近代早期国家从臣民或公民身上榨取财富(但不竭泽而渔)的不同能力,参见 James Macdonald, *A Free Nation Deep in Debt: The Financial Roots of Democracy*(New York: Farrar, Straus and Giroux, 2002)。

45. 这种反对现代国家建设的情绪充斥着伯纳德·贝林的《美国革命的思想意识渊源》。

46. JM, "Political Observations," April 20, 1795, *Papers of Madison*, 15:518.

47. 该话题向来少有问津。唯一涉及美国的是菲利克斯·吉尔伯特的小书 *To the Farewell Address: Ideas of Early American Foreign Policy* (Princeton: Princeton University Press, 1961),历史学家却常常置之不理。对于 1776 年条约的这一范本,我们的研究尚未涵盖这些涉及战争及贸易的自由主义思想。

48. JM, "Universal Peace," February 2, 1792, *Madison: Writings*, 505.

49. Ibid., 507.雅努斯为古罗马神祇,人们提及它不仅仅因为他是一位两面神,罗马人常常在战时将雅努斯神庙打开,这样神就会前来帮助他们。只有罗马和平期间,大门才会被关上。

50. JM, "Political Observations," *Papers of Madison*, 15:518—19.

51. TJ to JM, March 24, 1793, to Tench Coxe, May 1, 1794, to Thomas Pinckney, May 29, 1797, to Robert R.Livingston, September 9, 1801, and Jefferson, Eighth Annual Message, November 8, 1808, *Jefferson: Writings*, 1006, 1014, 1045—46, 1093, 544.

52. J.C.A.Stagg, *Mr. Madison's War: Politics, Diplomacy, and Warfare in the Early American Republic 1783—1830* (Princeton: Princeton University Press, 1983), 22, 36.

53. Dumas Malone, *Jefferson the President: Second Term, 1805—1809* (Boston: Little, Brown, 1974), 76.

54. Albert Gallatin to TJ, March 10, 1812, in Henry Adams, *The Life of Henry Gallatin* (New York: J.B.Lippincott, 1879), 455—56.

55. Ralph Ketcham, *James Madison: A Biography* (New York: MaCmillan, 1971), 586, 604.

56. Irving Brant, *James Madison: Commander in Chief, 1812—1836* (Indianapolis: Bobbs-Merrill, 1961), 419, 407.

57. JA to TJ, February 2, 1817, Cappon, ed., *The Adams-Jefferson Letters*, 2:508.

第六章　约翰·亚当斯的相关问题及不相关问题[*]

　　约翰·亚当斯始终认为自己是最不受重视的革命领袖。就像他在 1790 年告诉好友本杰明·拉什的那样，他知道自己的革命地位永远得不到承认。亚当斯哀叹道，大革命的实质乃"富兰克林博士的电棍敲击大地，华盛顿将军一跃而出。富兰克林用电棍触发了他——从此以后两人执掌政府的一切政策、谈判、立法乃至战争"。[1]

　　亚当斯并非无病呻吟，这位马萨诸塞出身的爱国者的确感受到了革命同僚对自己的忽视。大陆会议期间（1774—1776），他为独立事业奔走前线，贡献无人可及；他是《独立宣言》起草小组的成员之一，但自 18 世纪 90 年代起，人们却更关注杰斐逊在宣言初稿撰写中所起的作用。此外，亚当斯始终认为《宣言》只是 1776 年 5 月 10 日和 5 月 15 日议会决议（由他主要负责）的一份衍生文件罢了。鉴于"迄今为止没有政府能够解决人民的迫切需要"，决议劝导殖民地各方接受新政府，宣布"彻底禁止皇室行使任何权力"，呼吁"一切权力由殖民地人民政府行使"。当某些迟疑不决的同僚将最终决议称为"美国独立的制造器"时，亚当斯喜滋滋地反驳道："它本身即是独立。"1805 年他却沮丧地回忆说，这些五月决议"当时即鲜为人知"，"如今只有寥寥数人尚未忘却"。[2]

　　自那以后，亚当斯总觉得自己的成就未得到足够重视。虽然他被任命为独立后的第一任驻英使节，并在 1789 年以仅次于华盛

　　* 本章取自拙著《美利坚共和国的缔造：1776—1787》的部分章节，经允许收录于此。

顿的得票数成功当选美国副总统，但这种认可似乎还不够。亚当斯渴望成为自己心目中的伟人。在独立自主方面，没有哪个人比亚当斯更自鸣得意。他违抗父命，选择做一名律师而不是牧师；1770年，他负责保护那些在"波士顿大屠杀"[3]中杀害过五名美国同胞的士兵；1774年，他不顾许多爱国同僚的反对，为那些受到暴徒伤害的保皇派辩护；80年代初，他在欧洲和平谈判中公然违抗每一个人：议会、同僚，还有法国盟友。他从不玩弄诡计，却常常因为刚愎自用、直截了当而遭到嘲笑与斥责，对此他依然倔强倨傲。他崇拜狄摩西尼和西塞罗两位古典英雄，他们的成就来自对抗失败、对抗寂寞、对抗不得人心。他说："只要我活着，我必须独立思考，这种感觉是我生命所不可或缺的。"[4]

他的同僚不知该拿他如何是好。虽然他们知道亚当斯非常聪明，也乐于奉献，但他的行为却往往让人摇头皱眉。杰斐逊曾在1783巴黎和平谈判时表示，亚当斯过于自负，他似乎讨厌所有人。"他讨厌富兰克林，讨厌约翰·杰伊，讨厌法国人，讨厌英国人。"但杰斐逊也承认，亚当斯非常正义。他告诉朋友麦迪逊，"不管怎样，诚实也许正是从毒草中提炼而来"。[5]但没有一个人认为亚当斯的品格优于富兰克林。有人曾这样公开描述亚当斯："赤心报国、光明磊落、通儒达识，有时却言行昏乱、不可理喻。"[6]

尽管如此，比起1788年他从英格兰返回美国后所面临的思想上的疏离，这种因个性问题而导致与同僚间的疏离实在不足挂齿。亚当斯没有参与1787年新联邦宪法的起草工作，也没有经历各州围绕宪法批准问题而展开的大范围讨论。结果就是他无法理解隐藏在新联邦宪法形成与辩护背后的政治新思维。错过了这场自革命以来最具思想意义的重要盛事，这实在是他的大不幸。

讽刺的是，亚当斯理应是所有人中最会误解宪法意涵的一位，因为没有哪个美国人在美国革命的宪政思想领域比他涉足更深。

当然,也没有一个人比他更重视革命及其政治意义,也没有人将自己的生命和事业全然等同于这场革命及其成功。对亚当斯而言,政治始终是一门最重要的科学。从职业生涯一开始,他就不断告诫自己要追求思想的活力。"一天中至少要思考法律典籍与法律问题……专注于有关政府本质、目的与手段的具体知识。比较它们彼此间的不同形式及其各自对公共幸福和私人幸福的作用。学习塞内卡、西塞罗以及其他所有优秀的道德作家。学习孟德斯鸠、博林布鲁克……以及其他所有优秀的民权作家"。[7]在法律和政治领域,没有人比约翰·亚当斯有更多的阅读与思考。

　　亚当斯比任何一个革命家都更能代表美国启蒙运动中政治与宪法的那一面。宪法制定初期,他的小册子《关于政府的思考》(*Thoughts on Government*)(1776)成为指导新共和国制宪者最具影响力的一部作品;70年代末,他为1780年马萨诸塞州宪法——被普遍认为是革命时代最重要的州宪法——起草工作贡献良多。他孜孜不倦地研究政治、劝导他的同胞,他比绝大多数人更迅速、更深刻地意识到1776年美国人对革命者品格所持的错误假设。在思想危机最严重的80年代,身处英国的亚当斯尝试着将他所理解的美国人以及美国政治转化为具有普适性的社会与政治科学基本原则。那便是他的《美利坚合众国政府宪法之辩护》(*A Defence of the Constitutions of Government of the United States of America*),这是当时唯一一部美国宪政的全面解析、美国启蒙运动的最佳成果,也是为混合政府或均衡政府这单一主题所作的庞杂无序却精彩逼人的政治注脚。

　　如果按照亚当斯为革命运动和美国宪政所作的重大贡献来评判,他理应成为一名建国要人。亚当斯作为建国者备受瞩目的关键原因,在于那几年中他的政治思想与其他美国人形成了鲜明反差。尽管亚当斯积极参与宪政,深刻洞察自身及美国的品格,但他从来没有真正理解1776年后美国政治思想的基本原则到底发生了怎样的变化。终其一生,他都是卓越的政治科学家。当他最后以满腔热血献身政治学时,他终于明白自己被愚弄了。

可能他识记了太多东西,可能他太光明磊落,可能他太像一个科学家而不像一个政治家。身处18世纪80年代思想骚动之中的亚当斯至少坚守了自己所学到的开明政治之真理:政府与社会紧密相连,除非两者相互协调,否则国家将永无宁日。

亚当斯从未有过半点儿虚伪。他拒绝滥用语义,他不去否认或掩饰美国政治的寡头性质(因为他不会口是心非)。他正确认识到,没有一个社会——包括美国在内——可以做到真正平等,他尝试着与社会及政治生活的现实妥协(没有一位革命家这样做过)。但他却为自己的诚实付出了极大代价。亚当斯在政府即将分裂之际,为混合政府或均衡政府的传统理念据理力争,言辞凿凿、振聋发聩,坚决地将自己隔离于美国主流思想之外。

和其他美国人一样,在对未来的兴奋与期待之中,亚当斯开始了自己的革命事业。早在1765年他就写道,"美国是上天设计的剧场。在这里,人类将塑造真实的自我形象;在这里,科学、美德、自由、幸福、荣耀将和平共存"。1776年他说道,革命"对世界各地的庸人而言(无论这代人或是后人),都将是一桩骇人听闻之事"。[8]没有谁比亚当斯更能理解启蒙运动的期望和承诺了。

尽管当时人人怀揣疑惑与不安,但没有一个革命领袖愿意捅破1776年的那层信念。1776年,只有亚当斯直面眼前的困难。他在美国独立前夕曾预言,美国人民将会遭遇"前所未有的灾祸与苦难"。这些磨难至少能"带来良好的效果:它会激励我们去寻找那些缺失的美德,去纠正那些扰乱、羞辱、毁灭我们的错误、愚蠢和恶习"。[9]亚当斯很清楚共和政治对人品的依赖。历史告诉世人,"公共美德是共和国的唯一基础"。亚当斯说,除非"人们对公益事业满怀激情,确信公共利益高于一切个人情感",否则没有一个共和政府得以长存。但美国人能具备斯巴达式的牺牲精神吗?"世界上哪个国家能拥有这种品格呢?"

亚当斯指出,美国与现代世界任何一个民族一样,有着相同的公共精神。但终其一生,他都在怀疑革命事业("甚至连新英格兰都有这种自私和卑劣"),不是因为它缺乏力量或智慧,而是因为它缺乏美德。革命所释放的大把激情——"希望、恐惧、快乐、悲伤、爱、憎恨、恶意、羡慕、仇恨、嫉妒、野心、贪婪、怨恨、感恩"——席卷了整个大陆。他在 1776 年 1 月告诉默西·沃伦,"无数的卑劣行为,无数的贪污与腐败,无数的贪欲和野心,真可谓'天下熙熙,皆为利来;天下攘攘,皆为利往'"。共和政治似乎真是个危险的实验。革命所引发的一切希望与一切焦虑好像充斥了亚当斯的整个头脑。[10]

比起其他革命家,1776 年的亚当斯似乎更寄希望于共和政府的再生效应,寄希望于那些足以塑造人民品格、消灭他们的愚蠢和恶习、激发其美德与能力的政客出现。早在 1765 年他就观察到,世界民族之林中唯有美国人已经懂得,如果"知识不能普及全体人民",自由将无法持存。同其他人一样,亚当斯也沉浸在革命初期的亢奋之中,他相信教育与共和主义能够控制人民的暴戾之气。他希望教育与共和主义能给"人们的生活方式奠定基调",由此生发出"力量、刚毅、活力、勇气、坚忍、进取"的国民精神,使"公众优先于一切事物"成为家喻户晓的原则。亚当斯在 1776 年 6 月解释道:"如果我们不能超越现有的方式,更大程度地将纯粹德行——作为自由宪法的唯一基础——灌输给人民,那么即便他们推翻了自己的统治者,改变了自己的政府形式,他们也无法获得永恒的自由——因为那只不过是专制君主和专制政府的更替罢了"。或许,亚当斯对共和主义改造能力的信赖有些不切实际,但考虑到他对美国品格的深层理解乃基于自身现有的学识,事实上他已别无选择。美国革命不得不重组固有的文化,否则将前功尽弃。[11]

但在独立后的几年里,亚当斯对于改进美国人品格的乐观态度发生了变化。美国人像他一样固执己见。到18世纪80年代,他一直担心的事情终于成了现实:美国人"不配拥有高尚的品格","期待他们变得更好"简直就是痴人说梦。他如今意识到了这一点,而且比任何人表达得都更加清晰:如果新的美利坚共和国仅仅仰赖于人们的美德,那它注定会像过去的所有共和国那样以毁灭告终。当亚当斯开始在1787年撰写《美利坚合众国政府宪法之辩护》时,他已完全相信自己的同胞和世界上任何民族一样道德败坏。与杰斐逊的驻外使命不同,长居欧洲的经历让亚当斯对美国品格的问题更加焦虑。对杰斐逊而言,通过与欧洲的比较,美国更显示出它的纯朴和德行;而对亚当斯来说,欧洲仅代表着美国当前的状况。

显然,"上帝并没有特别眷顾美国人,美国人的本性和其他民族一样"。一旦1776年的希望消失,就意味着亚当斯给自己出了一个难题,他要说服自己的同胞,他们终究"和其他民族一样,因此也应该像其他国家一样行事"。由于亚当斯拒不承认正在形成中的美国例外主义迷思(myth),他与同胞之间出现了根本分歧。[12]

亚当斯现在相信,美国人和历史上的任何一个民族一样,皆为财富与先占权而汲汲营营。美国社会的本质即野心、贪婪、仇恨,而非美德与善行。那些认为美国极其平等的人是对现实视而不见。亚当斯问道,"是否有一个国家,或者说是否会出现一个国家,每个人都是平等的,包括他们天生的品性与后天获得的品性,他们的美德、才能与财富"?他认为,每个民族的不平等特性是"人类立法者所无法根除的"。这种不平等无需以法律或人为的方式——由头衔和绶带所象征的世袭荣耀——实现。他们根植于本性、财富、出身或功绩。有些人因为拥有更大的产业或继承了一笔巨大遗产而比其他人更加富有。有些人因为继承了家族的社会地位与威望而比其他人拥有更好的出身。有些人更聪明、更大胆,比别人更有才华,他们展示勇气(或学着用这样的方式)以赢得社会的尊重。所有这些差别导致了社会不平等,而所有这些不平等"对每个人都一样,永远不能被任何人所改变,因为它们建立在自然法则之中"。[13]

这种社会区隔的必然性位于亚当斯社会图景的核心。他相信,所有生命都是一场争夺,争夺财富、争夺权力、争夺社会地位,人们希望这场争夺经久不息、世代相传。亚当斯说,"我们可以把这种对区隔的欲望称为幼稚、愚蠢,但我们不能改变人类的本性"。人类的欲望永无止境,亚当斯所说的"贵族激情"尤其欲壑难填。"财富本身的增长赶不上人们欲望的膨胀"。对赞誉的欲望更有过之而无不及。人类如此渴望赞誉,"只要嗅不出奉承的气息便时刻痛苦不已"。贵族激情中最强烈的就属野心了,"它最终占据整个灵魂。一个人除了自己的目标外,对他而言世界上再也没有什么重要的东西了。"[14]

只有少数人能够在激烈的竞争中脱颖而出,但不幸的是,我们无法保证这极少数人乃德才兼备之士。共和派希望唯赫赫之功者统治世界,这一想法固然值得嘉许,却言之无物。亚当斯问道,"如何才能使人依照自己的才华、美德、贡献赢得相应的尊重?如何发掘有功之人?……谁来作裁决?"共和派倚靠选举的做法完全行不通。由于道貌岸然者的诡辩与虚伪,选民曾反复受骗上当。追名逐利者与"那些有真才实学的以德取位之人比例过于悬殊"。因此人们"通过展现他们的品位与练达、财富与华贵、古老的羊皮纸文稿、绘画与雕像,以及祖先的美德"来掩盖自己的不学无术,以计谋与伪善来说服人们自己是天生的统治者。"谦逊、温和、微贱、无功怎么会如此乱作一团?"[15]

那些到达社会巅峰之人除了节节攀升的能力外,似乎没有什么值得称许的。一旦到达巅峰,这些少数人就只想着如何压迫下位者来稳固、强化自己的地位。同时,社会最底层的人受野心家诱导,也只想着如何替代和破坏那些让他们羡慕嫉妒恨的社会领导者。特别是"财富、家世、功绩受到公认"的人,他们似乎最接近"宣称独占鳌头者舍我其谁"的上层人士。这些少数人是否会因自己的优势感到快乐,那已无关紧要。人们受到神秘激情的驱使,总想着要替代上位之人。"他们朝思暮想要改善自身条件、增加财富,无尽无休",希望能够与"自己眼中的有钱有势者"享受同样的乐趣。[16]

因此,亚当斯得出结论,社会分化不可避免地出现在"富人与穷人之间,劳力者与劳人者之间,饱学之士与草木愚夫"之间,这种建立在人类非理性与激情之上的分化既不严格,也不牢固。无论美国有多么共和、多么质朴,也不能幸免于此。亚当斯评论道,"或许可以这样说,在美国,我们没有社会等级上的区别,我们也无须为这种分化与分歧负责"。但这种期待毫无意义。"我们只能说,在美国,法定权利的区别、头衔、权力以及特权不是世袭而来的"。人类的本性依旧渴望社会区隔。亚当斯问道,难道我们不是"像欧洲国家追求头衔、嘉德勋章和绶带那样"[17]汲汲以求于美国的工人、农民、绅士在等级与地位上存在细微差异吗?

他认为,在托克维尔得出同样深刻结论前的半个世纪,美国事实上比其他任何地方都更看重社会区隔。"一个自由的民族是最沉溺于享受的。"美国人难免随波逐流,但由于他们对平等的共和式承诺并不支持社会区隔,他们就会在整个社会中营造出深切的怨恨之情。民主社会中"没有主从关系"。当人们看到"和自己一样"的邻居有更好的外套、帽子、房子、马,"他便无法忍受,他必须也一定会迎头赶上"。亚当斯注意到，革命战争之后，美国"一头扎进了花花世界，而不是花上一百年时间慢慢来"。亚当斯总结道，由于美国实际上"比存在过的任何国家都更加贪婪"，所以期待美国社会不耽于享乐、不想区隔是一件极其愚蠢的事。正如许多人在 1775 年认为的那样，英国皇室根本不是美国殖民地腐败与派系斗争的源头。每个社会都有社会斗争与分裂，美国亦无法避免。[18]

　　这就是约翰·亚当斯当时所感受到的美国：一个为了权势与地位争斗不休的社会，一个缺少和平、满意或幸福的社会，一个任凭"可怕的苦行僧式的争强好胜感"腐蚀每个人心灵的社会，一个让失败成为不可承受之重的社会。亚当斯展现给美国人民的是一幅关乎他们自身的黑暗图景，其面目之可憎前所未见。事实上，亚当斯对美国社会极其悲观，甚至绝望。怎样才能让这个躁动不安的社会免于分崩离析？怎样才能抑制这些野蛮自私的激情，不令其自我毁伤？大自然将"激情变作了灵魂的质地与本性"，人类永远无法消灭它。亚当斯说："去规范它，而不是消灭它，这就是策略。"但要如何规范桀骜不驯的激情呢？

　　到 18 世纪 80 年代，亚当斯已经对共和政治的励志与改良特性失去信心。他不再像其他美国人（如杰斐逊和本杰明·拉什）那样，继续相信教育可以规训人的情感。我们无法教别人如何把个体欲望湮没在对整体的热爱当中。没有一个国家能这样教育国民。"必须将数百万没有从教育中获得原则与情感的民众抚养成人，防止他们践踏法律"。亚当斯说，"以雄辩对抗分歧、推崇一致，用这种方式来调和美国观念的多样、原则的矛盾、利益的分歧、情感的相对"是没有出路的。教育、宗教、迷信、咒骂——它们都不能控制人的欲望。他说，"除了武力、权力与力量之外没有什么可以阻止它们"。只有"当人类的三个不同阶层受到自身利益的约束,彼此监督、守护法律"时,才能维护社会秩序。[19]

只有均衡政体或混合政体的古典方案才能抑制人类的狂怒与激情,保持社会统一。亚当斯提出的政治方案究其本质就是以瑞士评论家约翰·路易斯·德·洛尔姆(亚当斯称"其作品是有史以来为三权政治平衡所作的最好辩护")的方式对古代混合政体与18世纪英国传统体制(亚当斯称之为"人类发明中最了不起的构造")进行整理改造后的结果。[20]

但这并不是大多数18世纪英国人所了解的英国体制。到了80年代,亚当斯理解的均衡不再是君主与人民之间的均衡,不再是光荣革命式的均衡(由贵族在侵蚀性的王权与人民自由之间进行斡旋。从辉格体制的历史来看,贵族总是一边站在人民的立场上进行调停,一边悄悄帮助国王)。和其他美国人一样,亚当斯在这些年里重建了这种传统辉格式均衡,以适应社会新形势、适应美国社会本质的新评价。

这不是亚当斯所描绘的各种激情的混杂。对他来说,社会不是麦迪逊在《联邦论》第10篇中提到的各种利益与派系的大杂烩。激情可能已经发生变化,但在亚当斯心里,社会利益无疑可以简化为一种二元关系:少数人与多数人,已经获得优势者与期望获得优势者。得出这一结论的不只他一个。有人在18世纪80年代将政治形容为一种介于"小有积蓄,面对账单利息时总是捉襟见肘的人"和"坐拥大片地产,特别是腰缠万贯者"之间的竞赛,简言之,就是民主制与贵族制之间的竞争。[21]

特别是18世纪80年代的马萨诸塞州,社会两极化程度已经严重到无以复加的地步。早在1778年,西奥菲勒斯·帕森斯就在《艾塞克斯决议》中提出了一种两院制的立法机关,两个独立的立法机构分别代表各州的人民与财产。[22]这种赤裸裸的区分后来体现在亚当斯主笔的1780年马萨诸塞州宪法当中。当时没有哪个州胆敢用这种方式阐释两院制原则。到 80 年代中期,马萨诸塞州媒体充斥着各种关于穷人与富人、贵族与平民斗争的言论,有些激进分子甚至扬言要废除财产的根据地——参议院。

从 1784 年到 1786 年,革命战争将门之子、刚毕业的哈佛高材生小本杰明·林肯在《波士顿杂志》和《独立纪事报》上发表了一系列文章,解释马萨诸塞州宪法的自然与历史基础。亚当斯《辩护》中的每一个要点都在林肯的系列论文中有所阐发。虽然林肯发表著作时亚当斯身在国外,并没有直接受到这些文章的影响,但他对形成文章的思想与政治氛围并不陌生。他的《辩护》与帕森斯、林肯的著作同出自马萨诸塞的文化氛围之中。[23]

1785 年,林肯写道,"平衡应当包括三方面:两个天平盘以及执握天平之手"。亚当斯凭一己之力并不能让事情变得更好,只有"相互监督与制衡的制度"才能保存宪法。立法机关必须为那些居于社会顶层和底层的人们提供独立议会,一个给贵族,另一个给人民,并由一位享有立法权的独立行政官从中斡旋,来组织、分隔、平衡相互冲突的社会诸元素。亚当斯回应道,完美的体制是"三方的平衡——政治的三位一体、立法的三位一体以及行政权的统一,这在政治上并不是什么秘密"。[24]

"有钱有权又有能力"的贵族一旦拥有强烈的贪欲和野心,就变得十分危险。但亚当斯也相信,他们最能代表社会的荣誉与智慧。亚当斯问道,那么"立法者应如何利用自己的影响力为大众争取平等利益?另一方面,立法者又如何能够防止他们扰乱公共幸福?"只有将这些天生贵族或最显赫的成员集中到一个单独的立法部门,与国内其他人相隔离,国家才能"在受益于他们智慧的同时,不必担心他们的激情"。[25]

同样的,社会大众也必须被限制在一个单独的立法部门之中。亚当斯担心贵族的自负(他曾为此饱受折磨),但他也认识到普通人的贪婪性格(因为他自己也曾经如此)。多数人和少数人一样,都对自由与公众利益具有危害性:"他们本质相同,思想和躯体是如此相似。""民众不会忍受白眼或轻慢。"实际上,贵族至少有来自教育和血统上的智力优势,而民众则反复无常、无知无识。如果不加以制衡,人们不仅会毫不迟疑地攻击、劫掠、毁灭贵族,还会在群众中掠夺搜刮。亚当斯说,历史无可辩驳地证明了,民众若不受约束,"就和拥有无尽权力的国王与参议院一样不义、专制、残暴、野蛮、冷酷"。然而,政治体制中如果没有人民代表,政府则一定具有压迫性。亚当斯写道,"政治体制中没有民主的部门,就没有自由的政府"。事实上,欧洲诸政府因缺少人民之声而脱离了自由的旧世界。民众需要被收容在一个单独的立法部门当中,不仅要抑制他们的激情,也要对抗贵族的狡猾与贪婪。他们的众议院成了反对少数盘剥多数的桥头堡。[26]

然而,只在这两个社会元素之间取得平衡是不够的,事实上,除了永动钟摆外,"事物在本质上无法平衡"。亚当斯认为,只有独立的行政权(或者说一人统治,即社会中的君主要素)才可以调解、平衡民主制与贵族制之间相互冲突的激情。他说,能够否决一切立法的行政权才有足够的强力来反对任一立法机关非理性与压制性的措施,尤其是在反对贵族的强取豪夺方面。他认为,"以史为鉴,人权、自由以及政体中的民主混合成分是离不开强大行政权保护的"。对亚当斯、德·洛尔姆或者林肯而言,行政权是让社会力量处于平衡状态的中流砥柱、是一台不可或缺的均衡器、是"政府的本质"。亚当斯认为,控制社会激情与党派活动、取得社会平衡状态的唯一选择,就是建立一个绝对君主政体(拥有一支常备军)。[27]

此番对行政角色的新认识,是自1776年始亚当斯思想发生过的最大转变。他将这一转变归因于自己对"谁是主要政敌"看法的重大调整。在《对政府的思考》一书中,亚当斯和1776年的大多数辉格派一样,认为政治的本质是统治者/行政官与人民之间的斗争,上院贵族充当着调解人的角色。如今在《辩护》中,亚当斯则认为基本的斗争发生在人民与贵族之间,执政官/行政部门起到了平衡者的作用。早年的亚当斯像其他美国人一样,简单地把贵族设想成社会上最能干、最明智的人群,他们不同于普通民众却也绝不会与人民福祉背道而驰;现在他却发现,贵族利益与人民/民主利益南辕北辙。在这两股对立的社会要素之间,出现了一个独立的社会实体——行政权,它代表君主的利益,享有国家立法权力。

亚当斯说,"在各个民族、各类共和政体中,我们总会发现一位首席执政官、一位领袖、一位首脑,他们拥有不同的名称,执掌不同程度的权力。"除去他们头衔和权力的差别,每位执政官在根本上极为相似:每个社会都有实现君主统治的冲动,执政官的产生满足了这一基本需求。世袭统治者与选举出的统治者在本质上并无二致;美国州长除了选举产生,缺少世袭的神圣性之外,他们在政治上扮演的社会角色与英国国王完全相同。因此对亚当斯而言,大多数州都无法明确归类为君主制或者共和制。实际上,马萨诸塞州就是一种更接近英国君主制的共和政体。只有根据两者混合程度来划分政府类别才有意义;只有适当混合的君主式共和政府,才是优良的政府。

对于亚当斯来说,每个社会必然出现的均势状态是启蒙运动——该政治科学原则被认为适用于一切时代与一切民族——的结果。唯有"把社会各大部门整合进一个体系",将三种经典类型的政府("君主制、贵族制、民主制")建构为一个"平等、独立的混合体",才能实现各州的稳定与有序。"三权在本质上有一个不可改变的基础……如果得不到任何政府体制的认可,该权力将被视为不完美、不稳定,很快会受到控制"。[28]

　　亚当斯的政治体制补救措施与他所描述的社会弊病完全不搭调。亚当斯设想均衡政体——两院制立法机构与独立的行政机构——能够以某种方式遮掩他所见到的混乱时局,进而缓解并控制局面。他对美国社会的看法比其他建国者更加黑暗消极,不仅如此,他解决社会问题的政治方案虽然在形式上与 1787 年美国政治思想要义相似,但本质上却背道而驰。亚当斯太过沉溺于自己马萨诸塞州的思想氛围,太过专注于欧洲,与风起云涌的美国思潮太过隔绝,因此他从未意识到自己的美国同胞在 1787 年究竟对传统政治理论与均衡政体作出了怎样的贡献。

　　亚当斯在《辩护》中确立了目标,他写道,"要把制定美国宪法的三读审议与推理论证的样本呈现给公众",尤其是 1780 年马萨诸塞州宪法。因此,他最初对麦迪逊和其他联邦派人士建立新国家政府以取代《邦联条例》的做法毫无兴趣。直到 1787 年他依然认为,"无论邦联多么不可救药",只有各州才能真正拯救美国于水火之中。尽管他愿意谨慎地赋予邦联国会一些额外权力,但正如他在《辩护》中写到的,他相信美国人民已经认定"单个议会足以处理所有的联邦事务;理由很充分,因为国会不是立法之集会,不是代表之集会,而仅仅是外交之集会"。[29]

　　然而,当 1787 年联邦新宪法制定时,亚当斯很快就发现宪法的内部结构与自己的均衡政体提案之间存在相似之处,他随即成了新宪法的忠实拥趸。由于亚当斯未能意识到制宪会议大辩论中,联邦主义、分权、代表以及人民主权等美国新思维所体现的独创性,所以他依然相信新宪法必然创造出一种"全国性"的政府,而不是联邦的政府。他说,"用联邦一词来描述它并不恰当"。他从"历史经验中所了解到的主权(最高王权)是隐而不现的"。亚当斯说,主权不能分割或共享。他从 18 世纪 60 年代至 70 年代美国与英国王室的辩论经验中得出,"权力之统治权(imperium in imperio)的说法文理不通,词义矛盾",政府最终的,也是最高的立法权必须落于国家政府或州政府手中,但不能由两级政府同时掌握最高立法权。换言之,两个立法机构不能同时作用于一个共同体,两者必分高下——这也是18世纪60年代至70年代英国官员所执的立场。大英帝国打破了这一主权原则,必然导致美国新政府成为"一个君主共和国",而"不是诸多独立共和国的联盟"。[30]

或许,最能体现亚当斯与美国主流思想之间分歧的就是他无法理解新宪法拥护者(联邦派人士)对主权概念作出了怎样的贡献。联邦派把主权整个地交给人民,而不是联邦政府或者州政府。联邦派所说的"主权在民",并不像理论家一直以来认为的那样——"所有政府权力来自人民"。他们实际上是在说,主权作为不可分割的最高立法权,它永远属于人民,政府仅仅是一个权力有限的民众临时代理人——就像借给不同政府官员的短期可收回贷款一样。州政府或联邦政府的任一部分,抑或是所谓的大众议院代表,都不再完全代表人民。而所有选举产生的政府部门(参议员、州长和总统)现在不管怎样,都只能部分代表人民。有些人甚至认为法官也是民众代理人。

这一新思维使得混合政府或均衡政府(君主制、贵族制、民主制三者相互对立)的陈年老调成了亚当斯矢志不渝的理论思想。即便是美国政府(包括联邦政府和州政府,君主式的行政机关与贵族式的参议院),大多数美国人也不再视之为体现不同社会秩序的经典混合政府或均衡政府。大多数美国人(亚当斯除外)都将他们的政府称为纯粹民主制或代议民主制国家。当选举过程成为衡量代议制的唯一标准之后,大多数美国人(亚当斯除外)开始把所有选举产生的政府官员(包括参议员和行政官)都看作与人民齐平的民众代理人。此外,如果法官是民众代理人,那么他们或许也应该选举产生。

所有这些新思维都与亚当斯擦肩而过。他写作《辩护》一书来反驳法国人对美国革命时期州宪法(起草于 1776—1780 年间)的批判。许多像亚当斯这样的法国自由派人士致力于政府体制中财产与阶层关系的研究,他们得出结论:美国大多数州宪法中的两院制立法机构正以损害第三等级人民的利益为代价,向贵族秩序作出让步。如果所有人民都囊括在社会之内,那么政府只应该体现他们的权利——也就是说,应该有一个像宾夕法尼亚政府那样的一院制立法机构,只有一个众议院,没有参议院也没有君主式的州长。

面对这种激进思想,亚当斯抛弃了法国人对政府与社会阶层、社会等级之间关系的假设,紧抱住英国古典式混合政府或均衡政府理念不放。事实上,亚当斯和大多数英国人一样,认为真正的政府不仅要体现人民的意志,还应当体现所有社会阶层的意志;正是这种看法使君临议会(king-in-parliament)模式的英国政府获得了最高权威。

但亚当斯的美国同胞已超越英法的等级与阶层概念,他们创造了一种现代政府与社会关系的新概念,这一全新的现代概念正是亚当斯所无法充分理解的。

然而在写作过程中,亚当斯开始意识到自己的思想精奇古怪,偏离了美国主流政治观点。1787 年他告诉本杰明·富兰克林:"《辩护》是我政治信仰的自白书。如果这是异端邪说,那么我想我一定会被清理出门户。但只有在这个意义上,我才是或者曾是一位共和主义者。"1787 年他告诉詹姆斯·沃伦:"广受追捧从来不是我心仪之事,我不曾是,也不会是一个受追捧的人。这本书将让我声名扫地。"[31]

然而,它并没有让亚当斯声名扫地,至少没有立即如此。亚当斯的两院制议会主张——独立行政权参与立法过程——恰好与18世纪80年代联邦派为宪法问题开出的药方完全一致,于是该方案背后过时的逻辑推理就被隐匿起来。这部三卷本的著作让人一头雾水。由于他的理论与费城制宪会议所制定的宪法表面上如出一辙,《辩护》受到了广泛赞誉,人们以此来证明"一个民族无法在单一立法机关构成的政府治下获得长久自由"(据罗德岛某报刊称)。第一卷的推出正逢其时,虽然它意在向稳定的美国州宪法致歉,但人们却总是把这本书与联邦新宪法并为一谈。[32]

　　而那些费尽心思去揣摩亚当斯逻辑推理的人,很快就发现它与1787年之前的美国激进思想存在诸多矛盾之处。甚至一些激赏者(如北卡罗来纳的威廉·戴维)也指出,该书是对"英国体制的颂扬而不是对美国体系的辩护"。批评家们观察到,亚当斯似乎并没有解释美国宪法的原则,而是"处心积虑地想要——尽管不时地出现保留条款——推翻我们的宪法,或至少要埋下不满的种子"。据称,也许是亚当斯的"光线太弱无法穿透欧洲法院的玻璃"。《辩护》很快就受到"几乎每一份报纸的攻击",它被称作"人类所创造出的最独具匠心的政治骗局"。[33]

　　到处都在抨击亚当斯的谈话("人与人之间应该维持那种足以产生敬畏感的距离")与演说("他所说的三股均衡权力中的一股——即由那些出身好,或血统高贵、家世显赫者构成——是否真的必要。在美国哪些地方可以找到出身好的人? 如果有这样的人,他们是含着金汤匙来到这个世界,还是戴着其他优越出众的标识凌驾于我们这些可怜鬼之上?")。宾夕法尼亚的塞缪尔·布莱恩说,每个社会,特别是美国社会"在个人天赋、智慧与勤勉方面存在极大差距",所以我们不能为了让亚当斯的三大阶层得以"部分参与"政府工作而去隔绝共同体的任何一种观点或利益。布莱恩说,甚至在英国这种"有着强大的世袭贵族与真正阶级等级和利益差异的地方"，亚当斯提出的均权体制也毫无用武之地。[34]

没有哪位批评者能像杰出的新泽西"农民"约翰·史蒂文斯那样切中要害。与其他人一样，史蒂文斯特别反感亚当斯对贵族政治的痴迷。他争辩道，美国在平等问题上有其特殊性。"我们没有阶层、等级、贵族等这样的东西……它们几乎不可能在这里获得任何基础"。只有当巨大财富积聚在少数人手中才会产生贵族政治。而由于美国有着良好的共和法律及广泛的商贸、社会流动，严禁任何人的垄断与特权行为，因此"财富来源限于少数区域或少数人手中并没有什么危害：财富极有可能四处扩散"。虽说亚当斯已否认了该时期美国存在不同阶层，但史蒂文斯正确地意识到，亚当斯在本质上还是承认美国存在贵族政治，尽管只处于初始阶段。

史蒂文斯未曾误解亚当斯的观点：美国虽然不存在世袭贵族，但比起欧洲，它并没有更好地摆脱贵族统治，恰当控制与利用贵族的唯一方式就是把他们放在一个单独的立法院中。史蒂文斯无疑在政治理论方面不及亚当斯，但他更能理解当下的美国思想，并本能地认为亚当斯那种老派的混合政府或均衡政府的古典思想——政府阶层来自社会的不同构成部分——不适用于美国。史蒂文斯认为，"美国任何一个政府都不会对这种通用的、让人无比骄傲的'政治万灵丹'有任何顾忌"。他说，如果亚当斯的观点正确，那么美国的共和主义伟大实验就不再是独特的，"我们迄今为止所追求的只是一个幻象罢了"。史蒂文斯坚持认为亚当斯是错误的。美国的共和政体与英国不同，它不单单是英国体制的复制品。史蒂文斯强调，它们都属于"政府的民主形态"。[35]

史蒂文斯说，虽然存在权力制衡、上院和独立行政权，但它们都是民主国。史蒂文斯并不是在亚当斯所捍卫的政府结构问题上与之争辩，他只是在对亚当斯的论证，以及亚当斯为两院制立法机关、独立行政权所做的辩护提出异议。对史蒂文斯来说，设立上院的目的并非出于社会原因,而纯粹是功能的需要。设计参议院并不是为了限制或代表贵族,而是为了减少一院制议事机构出现的问题。史蒂文斯说,为了避免这些问题,"便加入了另一个代议机构:两个独立的议院相互牵制",以此来遏制立法的随意性与篡权行为。行政权与司法权则是另一股牵制的力量。

史蒂文斯认为,亚当斯将政府比作"第三只手执握两个天平盘"的说法并不适用于美国。他提出了一种更为贴切的机械式比喻:政府机关就像一个"起重机",受到人民这一"平衡块"的控制,"由此产生的力量驱动整个机器运行"。对史蒂文斯来说,人民根本不是政府的一部分。他没有看到人民作为一个阶层在政府中与贵族相抗衡,相反他看到享有主权的人民伫立于整个政府之外,将自己的权力撕成一块一块,分派给各种代理人。史蒂文斯说,"政府的某些权力应该分成几块,没有哪个人或者哪部分人可以占据比政府管理权更大的权力"。史蒂文斯的权力制衡并不是为了体现和限制社会多数,而只是去切割、分散、制衡一个由人民授权却不被信任的政治权威。史蒂文斯认为政府的某些部分失去了他们以往的社会根基,或多或少都成了民众的代理人。因此,亚当斯和史蒂文斯眼中的政府组织结构完全相同,但其基本原理却大相径庭。[36]

其他美国人则对亚当斯的看法持保留意见。他的政治结构(即两院制立法机构与独立的行政部门,这貌似与美国政府非常合拍)与逻辑推理(似乎与18世纪90年代多数美国人的想法完全脱节)之间出现的矛盾让人百思不得其解。尽管亚当斯承认人民是一切权力的来源,但他仍然坚持均衡政府的传统观念,认为人民只能参与政府部分工作。事实上,他们只是参与统治的某个等级或阶层(就像英国人民通过下院所起的作用那样),而且他们只能在一院制立法机构中(如宾夕法尼亚)行使全部的统治权。

他告诉塞缪尔·亚当斯,"每当我赞许地使用共和国一词,我指的是这样一类政府:人民作为整体,或者通过代议的方式能够真正享有统治权"。像大多数18世纪90年代的美国人一样,塞缪尔·亚当斯满心希望构建一个两院制立法机构,他也确信整个政府统治权都掌握在人民手中,"我从未听说哪位美国政治家曾郑重否认过这一政治信条"。他只是无法理解自己堂弟的说法——人民只享有政府的最高权力。他问道:"朋友,整个最高统治权不是在人民手中吗?"只要人民乐意,他们有权随时更改甚至废除自己政府的形式。塞缪尔说,人民以选举议员、参议员和州长的方式持续地行使主权;"他们选某些人来行使政府权力,不久之后,这些人把权力交还给人民,人们再重新选他们或任命其他合适的人"。[37]

约翰·亚当斯似乎在和其他美国人鸡同鸭讲。为什么同胞们不能理解他?他悲叹道,"难道要等到整个民族学会用文字来理解其他人的意思,他们才会理解政府的原则和规章?"举个例子,罗杰·谢尔曼就被亚当斯的说法彻底弄糊涂了。他不能理解亚当斯给共和国下的特殊定义——"由一人以上者掌握主权的政府",这个奇怪的定义使英国成了像美国那样的共和国,"它实际上是一个君主共和国,但它也是一个共和国;因为国家主权(立法权)在一人、少数人与多数人之间平等分配,或者换句话说,在社会人的自然分化中——君主、贵族和民众——平等分配"。对于谢尔曼来说,共和国是君主国的对立面、是一个没有国王的联合体、一个仅受人民权力——由人民选举产生的一院制/多院制立法机构与行政机构组成——制约的政府。谢尔曼说,"之所以特意将一个国家称为'共和国',是因为它依赖社会公众/多数人,不受任何世袭权力的影响"。[38]

但对于亚当斯而言,这个概念仅仅是人们用"共和国、联邦、平民国家等词来表示民主,或者更确切地说是代议制民主"的另一个例子。亚当斯无法理解的是,为什么1787年美国的最高行政官和参议员不能再像英国同僚那样体现一种社会身份与地位,而是莫名其妙地像众议员那样成了人民的代表。很多美国人并不认为一个完全掌握在人民手中的政府/民主国就是一个具有"单一立法机构、由人民定期选举、涵盖整个主权"的政府。但亚当斯坚持这样的看法。对他而言(从传统经典术语的角度来说),如果只存在一个统治者与一个参议院,那么该政府就必定不是一个民主国。因为马萨诸塞的州长是一个"有限君主",所以"马萨诸塞的体制就是有限君主制"。同样的,亚当斯说,新的国家政府也像英国那样,是一种"有限君主制"或一个"君主共和国"。

1787年,当许多美国人背离了1776年均衡体制背后的经典假设时,亚当斯却在这十年间致力于将这些假设公之于众,并与英国混合君主制理念相调和。亚当斯告诉谢尔曼,"我们总统在位的时间既非永久,也非终生,仅有四年时间,但在这四年间,总统却比古罗马执政官、中世纪意大利的执法官、威尼斯总督、荷兰共和国执政官的权力更大,甚至还要胜过波兰国王与斯巴达国王"。由于美国是一个君主共和国,总统作为选举产生的国王,他成了社会"唯一者"(one)的化身,"最高行政权应该是立法机关的一个分支,它具有否决一切法律的权力,这一点对君主共和国十分重要"。他告诉谢尔曼,如果君主的命令不能在立法机关中占有一席之地,国家"在一人、少数人和多数人之间"所期待的平衡就无法实现。[39]

18世纪90年代,行政否决权的这一解释已经与美国思想完全脱节。谢尔曼说,美国的否决权与社会中君主要素的体现毫无关系;美国行政权所具有的否决权"只是为了修正"法律,避免立法草率的现象。事实上,谢尔曼思考得越多,亚当斯的观点似乎就和新政府越没有什么关系。例如,他所说的两院制立法机关就与社会分工毫无联系。"由于全体公民都有资格参与参众两院的事务，财富本身并非必要条件，因此两院通常都由一些有着类似生活背景的人员构成。"事实上，政府所有部门都是与人民齐平的民众代理人，"同心协力，推进公共事业建设"。[40]

当大多数美国人只把州政府、联邦政府以及各个政府部门看作发挥不同功能的民众代理人时，亚当斯却好像完全没有受到周遭新思想的影响，他回溯历史，更是紧抱混合政体的经典理论不放。朋友们的存疑、反对都无法与他尖刻的言辞与喷薄的激情相抗衡。本杰明·拉什怯生生提出的每一条美国传统共和主义观点，亚当斯全部予以激烈反驳，这让拉什大为惊讶。在拉什看来，美国人和其他民族不同，他们很少拉帮结派，特别适合共和体制，但在历史上却没有得到公正评判。对亚当斯而言，这个讲法荒诞不经，因为波士顿、纽约、费城和伦敦一样，都是邪恶、放荡的城市。他质问拉什："你怎么能说美国没有派系呢？……我们政党的所作所为不是和其他共和派政党一样吗？汉考克、鲍登家族的历史不就是美第奇、奥比奇家族的历史吗？"让拉什害怕的是，亚当斯甚至歌颂世袭制，不仅因为世袭制"在一个伟大国家的某一社会阶段代表了傲人的智慧和模范品德"，也因为它代表了"我们子孙后代的希望"，美国人最终必须诉诸这一体制，"将它作为应对那些为期不远的分歧、叛乱和内战的庇护所"。如今，连以示区分的头衔和标志对美国而言都是必要的，甚至是有益的。这实际上就是1789年亚当斯为总统所设计的君主式头衔，他也因此而饱受争议。

与同胞间的渐行渐远令亚当斯感到恐惧和沮丧，但这些只让他更加坚守自己离经叛道的思想。他自视为当代的普罗米修斯，当美国同胞"为一个弄不明白的共和政体吵吵嚷嚷时"，他却因自己的学识而被人抛弃与惩罚。[41]

老骥伏枥，志在千里。当他目睹《美利坚合众国政府宪法之辩护》遭遇最鞭辟入里、一针见血的抨击时，79 岁的亚当斯不得不撸起袖子与之对抗。没有人比杰斐逊民主派的知识分子发言人——来自加罗林的约翰·泰勒——能更敏锐地察觉到他如何背离了美国革命的主流思想。在《美国政府原则及政策调查》（1814）一文中，泰勒指责亚当斯曲解了美国政府的特殊性质。泰勒宣称，美国革命终于将人们的观念从长久以来主导政治思想的"数值分析"政治模式——即一人统治、少数人统治、多数人统治分别对应君主制、贵族制、民主制的政府分类形式——中解放了出来。革命伊始，美国只观察到了英国混合宪制的伟大之处，但"通过望远镜，才能发现新的原则与必然性"，找到一种审视政治的新方法。泰勒宣称，这二十年里美国在政治科学领域所取得的成就，比全世界在过去的二十个世纪中所取得的还要更多。[42]

亚当斯却不知为何没有注意到这些政治思想的突破性成就。他的"语言"对美国人来说很"奇怪"。他似乎并不理解美国社会的新基础，他像英国人那样思考问题，认为美国社会是由自然而然出现的阶层所构成的。他把人分成"一人、少数人、多数人"，并通过"将我们选举产生的、负责主管的临时州长改造为君主；将我们的参议员改造为贵族阶层；将我们的代表改造成一个以个人身份行使政府管理功能的国家"的方式想尽办法把美国政治体制塞入这种苍白的三分法当中。然而，美国政府与这类古代的政治范畴不同。泰勒说，在美国人看来，社会并非由那些体现于政府结构中的阶层或财产构成，而是由那些置身于一切政府之外的"个人组成"，他们将最高主权的各个部分分配出去，但不是全部"集中到多数人手中"。

在英国（不像美国），人们把整个国家主权交由立法机关。在英国体制（即亚当斯所喜爱的混合政治模型）中，"国家和政府被视为一体……；但在我们这里，国家和政府是不一样的"。人们认为,对于由不同阶层构成的政府而言,"各个阶层构成了最高主权,所以最高主权也自以为构成了整个社会"。在英国,亚当斯所假设的"完全代表"理念"有助于从人民那里拿回主权,交予政府"。英国人民直到下次选举开始才能重新参与政治活动。美国政府不一样。它们无法全面代表社会。泰勒说,"我们所有政府机构都是民众的有限代理人",政府选举过程不会遮蔽主权民众的存在。泰勒后来所提出的政治假设有助于公投、公民表决提案、罢免民选官员及其他美国民主优异特性的进一步推广。[43]

在泰勒看来,亚当斯错得不可救药,他的那套办法已经过时。泰勒总结道,由于亚当斯从未真正了解美国独特的政治体制,他犯了一个"根本性的错误",就是混淆了"我们的分权与他的阶层均衡"。他的伟大作品并不能为美国宪法作辩护,那只不过是对宪法的"一种讽刺和曲解"罢了。[44]

这位老者会如何作答?长久以来,亚当斯十分坚持自己的政治原则,绝不允许任何攻击(即便这一攻击强而有力)来撼动它们。对他而言,这种"过时分析"仍然是"永恒不变的真理"。他写了三十多封信回应泰勒。但岁月已销蚀了他的激情,他在信中告诉泰勒,通信是"为了愉悦彼此"。他只是一再重申,自己深信社会不平等难以避免,却没有表示他读过(更不要说理解)泰勒的书。他与同胞间的分歧让人遗憾。似乎从一开始,他就觉得自己受人误解与迫害。1812 年,他向本杰明·拉什感叹道,"从 1761年算起,我这五十多年来始终生活在一个敌国当中"。[45]一直以来,他都很想坦率地告诉自己的同胞某些真相,只是这些真相无法为美国价值观和美国神话所接受罢了。

注释

1. JA to Benjamin Rush, April 4, 1790, Lyman H.Butterfield, ed., *The Letters of*

Benjamin Rush(Princeton: Princeton University Press, 1951), 1:1207.

2. Gordon S.Wood, *The Creation of the American Republic, 1776—1787*(Chapel Hill: University of North Carolina Press, 1969), 132.

3. 事实上,塞缪尔·亚当斯及其他波士顿爱国者都希望亚当斯能够为这些士兵防守,或许是为了维护波士顿在帝国的声望。Hiller B.Zobel, *The Boston Massacre* (New York: Norton,1970), 220—21。

4. JA to James Warren, January 9, 1787, in Wood, *Creation of the American Republic*, 581; Peter Shaw, *The Character of John Adams*(Chapel Hill: University of North Carolina Press, 1976), 318.

5. TJ to JM, February 14, 1783, *Papers of Jefferson*, 6.

6. Wood, *Creation of the American Republic*, 195.

7. JA, entry, January 1759, Lyman H. Butterfield et al., eds., *Diary and Autobiography of John Adams*(Cambridge, MA: Harvard University Press, 1964), 1:72—73. There have been many studies of Adams's political thought. See Correa M.Walsh, *The Political Science of John Adams* ... (New York: G. P. Putnam's Sons, 1915); Joseph Dorfman, "The Regal Republic of John Adams," in his *Economic Mind in American Civilization*(New York: Viking, 1946—59), 1:417—33; Zoltan Haraszti, *John Adams and the Prophets of Progress*(Cambridge, MA: Harvard University Press, 1952), esp. ch. 3; Edward Handler, *America and Europe in the Political Thought of John Adams* (Cambridge, MA: Harvard University Press, 1964); John R.Howe, Jr., *The Changing Political Thought of John Adams*(Princeton: Princeton University Press, 1966); and C. Bradley Thompson, *John Adams and the Spirit of Liberty*(Lawrence, KS: University Press of Kansas, 1998).

8. JA, unpublished newspaper communication, December 1765, Butterfield et al., eds., *Diary of Adams*, 1:282; JA to James Warren, March 31, 1777, Worthington C. Ford, ed., Warren—Adams Letters,... Massachusetts Historical Society, *Collections*, 7273 [1917, 1925] 1:308; JA to Abigail Adams, July 3, 1776, Lyman H.Butterfield et al., eds., *Adams Family Correspondence*(Cambridge, MA: Harvard University Press, 1963), 2:28.

9. JA to Abigail Adams, July 3, 1776, Butterfield et al., ed., *Family Correspondence*, 2:28.

10. JA to Mercy Warren, January 8, April 16, 1776, Ford, ed., *Warren-Adams Letters*, 1:201—02, 222; JA to Abigail Adams, April 28, 1776, Butterfield et al., eds., *Family Correspondence*, 1:401.

11. [JA], "Dissertation on the Canon and Feudal Law" (1765), Adams, ed., *Works*, 3:455—57; JA to Mercy Warren, January 8, April 16, 1776, Ford, ed., *Warren-Adams Letters*, 1: 202, 201, 225; JA to Zabdiel Adams, n, field et al., eds., *Family Correspondence*, Il:21.

12. JA to James Warren, January 9, 1787, Ford, ed., *Warren-Adams Letters*, II: 280; JA, *Defence of the Constitutions of Government of the United States*(1787—1788), Adams, ed., *Works*, 4:401; Mercy Warren to JA, July calling a comment Adams made in 1788, Massachusetts Historical Society, *Colls.*, 5th Ser., 4(1878), 361.

13. JA, *Defence of the Constitutions*, Adams, ed., *Works*, 4:392, 397.

14. Adams, ed., *Works*, 5:488; 4:406.

15. JA, "Discourses on Davila" (1790), Adams, ed., *Works*, 6:249—50.

16. JA, *Defence of the Constitutions*, Adams, ed., *Works*, 4:390—400; [JA], "Discourses on Davila," Adams, ed., *Works*, 6:257.

17. Ibid., 280; Adams, *Defence of the Constitutions*, Adams, ed., *Works*, 5:488.

18. Ibid., 6:95, 97, 95, 96; JA to Benjamin Rush, April 4, r790, Alexander Biddle, ed., *Old Family Letters*, Ser.A(Philadelphia: J.B.Lippincott, 1892), 57.亚当斯与拉什的通信再版于 John A.Schurz and Douglass Adair, eds., *The Spur of Fame: Dialogues of John Adams and Benjamin Rush, 1805—1813*(San Marino: The Huntington Library, 1966)。关于亚当斯的个性与他对政治社会态度之间的关系,参见 Bernard Bailyn, "Butterfield's Adams," *WMQ*, 3d Ser., 19(1962), 238—56。

19. JA, "Discourses on Davila," Adams, ed., Works, 6:247, 246; JA, Defence of the Constitutions, Adams, ed., Works, 4:557, 5:431; JA to TJ, October 9, 1787, Papers of Jefferson, 12:221; JA, Defence of the Constitutions, Adams, ed., Works, 4:557.

20. Ibid., 4:358.德·洛尔姆《英国宪法》的法文版于 1771 年在阿姆斯特丹首次出版,1775 年后许多英文版本也在伦敦相继出版。关于德·洛尔姆,参见 R.R. Palmer, *Age of the Democratic Revolution*(Princeton: Princeton University Press, 1959, 1964), I:145—48.关于亚当斯在 18 世纪 80 年代"对美国社会及政治秩序进行系统性的再评估",参见 Howe, *Changing Political Thought*, 133。

21. Boston *Independent Chronicle*, October 18, 1787.

22. On the Essex Result see Wood, *Creation of the American Republic*, 217—18.

23. 1785 年 11 月 14 日至 1786 年 2 月 9 日,"自由共和派"在《独立纪事报》上发表了十篇文章。前六篇曾发表于《波士顿杂志》,I(1784), 138—40, 192—95, 271—74, 375—78, 420—23, 546—49。根据麻省历史学会收藏的詹姆斯·弗里曼的《波士顿杂志》副本,人们认为林肯是这些文章的作者;飞利浦·米德则认为林肯是美国革命战争将门之子。

24. Boston *Independent Chronicle*, December 8, 1785; JA, "Defence of the Constitutions," Adams, ed., *Works*, 4:557; 6:128.对亚当斯来说,重要的是古典混合体制(由民主、贵族、君主要素构成)的平衡,而不是政府行政权、立法权、司法权的分离。See Haraszti, *John Adams and the Prophets of Progress*, 27—28, 310.

25. JA, *Defence of the Constitutions*, Adams, ed., *Works*, 4:290, 414.

26. Adams, ed., *Works*, 6:10, 89, 10; 4:289. See also Adams, ed., *Works*, 4:290, 480; 6:109—10.

27. Adams, ed., *Works*, 4:285, 200, 585, 588.

28. Adams, ed., *Works*, 4:379; JA to Abigail Adams, March quoted in Howe, *Changing Political Thought*, 166. [JA], "Discourses on Davila," Adams, ed., *Works*, 6: 272; Adams, *Defence of the Constitutions*, Adams, ed., *Works*, 4:579. See also ibid., 4:358—60, 462, 474;5: 108; 6:108.

29. JA, *Defence of the Constitutions*, Adams, ed., *Works*, 4:293—94; JA to Philip Mazzei, June 12, 1787, quoted in Howe, *Changing Political Thought*, 67; JA, "Defence

of the Constitutions," Adams, ed., *Works*, 4:579—80.

30. JA to William Tudor, June 28, 1789, JA to James Lovett, June 4, 1789, in Adams Papers Microfilm, Reel 115.

31. JA to BF, January 27, 1787, John Bigelow, ed., *The Works of Benjamin Franklin* (New York: G.P.Putnam's Sons, 1887—88), 11:298—99; JA to James Warren, January 9, 1787, Ford, ed., *Warren-Adams Letters*, II:281.

32. *Providence Gazette*, June 23, 1787; TJ to JA, September 28, 1787, *Papers of Jefferson*, 12: 189; Joel Barlow, *An Oration Delivered ... at the Meeting of the ... Cincinnati, 4 July, 1787* (Hartford, CT: 1787), 15; Benjamin Rush to Richard Price, June 2, 1787, Farrand, ed., *Records of the Federal Convention*, 3: 33.

33. William Davie to James Iredell, August 6, 1787, Griffith J. McRee, *Life and Correspondence of James Iredell* (New York: D.Appleton, 185738), 2: 168; JM to U, June 6, 1787, *Papers of Jefferson*, 11:401—02; Reverend James Madison to 1M, June 1787, James McClurg to JM, August 22, 1787, and the Richmond Virginia *Independent Chronicle*, August 15, 1787, all quoted in Charles Warren, *The Making of the Constitution* (New York: Barnes and Noble, 1928, 1937), 816—18.

34. Baltimore Maryl and Journal, July 6, 1787; [Samuel Bryan], "Centinel, No.1," October 5, 1787, John Bach McMaster and Frederick D.Stone, eds., *Pennsylvania and the Federal Constitution, 1787—1788* (Philadelphia: Historical Society of Pennsylvania), 568—69.

35. [John Stevens], *Observations on Government, Including Some Animadeversioins on Mr. Adams' Defence of the Constitutions* (Boston, 1791), 46—47, 4—7.

36. Ibid., 39—40, 30—32, 14.

37. JA to Samuel Adams, October 18, 1790, Samuel. Adams to JA, November 20, 1790, Adams, ed., *Works*, 6:415, 420—21.

38. JA, Defence of the Constitutions, Adams, ed., *Works*, 5: 453; JA to Roger Sherman, July 17, 1789, Roger Sherman to JA, July 20, 1789, ibid. 6: 428, 457.

39. JA, *Defence of the Constitutions*, ibid., 5:454, JA to Benjamin Lincoln, June 19, 1789, Adams Papers Microfilm, Reel IIS, JA to Roger Sherman, July 17, 18, 1789, Adams, ed., *Works*, 6:430, 428—29.

40. Roger Sherman to JA, July 20, 1789, Adams, ed., *Works*, 6:438, 441.

41. JA to Benjamin Rush, February 8, June 9, 19 and July 5, 24, 1789, Biddle, ed., *Old Family Letters*, 31, 37, 39, 40, 44, 46.

42. John Taylor, *An Inquiry into the Principles and Policy of the United States* (New Haven: Yale University Press, 1950, first published 1814), 32, 37, 118, 158—59.

43. Ibid., 364, 171, 33, 150, 422, 200, 356, 393, 374.

44. Ibid., 373, 461, 469, 355, 356, 355.

45. JA to John Taylor, no dates, Adams, ed., *Works*, 6:464, 463, 482—83, 514; JA to Benjamin Rush, January 8, 1812, Biddle, ed., *Old Family Letters*, 369.

第七章　美国第一位公共知识分子托马斯·潘恩*

　　1805 年,约翰·亚当斯的脾气还是一样的暴躁。他不断回想自己曾经历的狂热岁月,思考着如何去定义那段时光。他说,或许应该称它为"愚蠢的时代、堕落的时代、狂暴的时代、无情的时代、邪恶的时代、波拿巴的时代……或是火炬般强光在无尽深渊中升腾而起的时代"。他说,你可以"称之为任何时代,但绝不能叫它理性时代"。

　　它不可能是理性时代,因为它已被托马斯·潘恩所主导。亚当斯感到疑惑,"在过去的 30 年中,难道世界上还有人比托马斯·潘恩对世界人民与世界事务产生过更大的影响吗"?但这种影响远非好事。亚当斯说,事实上"当时没有比他更危险的萨梯了[i],世界上从来没有哪个时代,有这样一个亦猪亦狼的杂种(拜野猪和母狼所赐),终其一生,放荡不羁,却因人类的懦弱而感到痛苦。就让我们姑且称之为潘恩的时代吧"。[1]

　　虽然亚当斯极尽讽刺之能事,或许潘恩仍会喜欢这个头衔。不自负,非潘恩矣。为什么那个时代不能以他来命名?有谁比他更适合?潘恩曾写道:"虽说早年生活多有不顺,我仍可以骄傲地说,面对困难我安之若素,无私之心有口皆碑,我不仅为这个世界建立一个新帝国(基于一种新的政府体制)作出了贡献,也在最难

---

　　* 本章曾以《扰乱和平》为题发表于《纽约书评》(1995 年 7 月 8 日),经允许修改并收录于此。
　　i　satyr,希腊神话中的森林之神,半人半兽,是一个长有公羊角、腿和尾巴的怪物。——译者注

成功、最难胜出的政治文学领域取得了卓越成就,这一点即便是长袖善舞的贵族也无法企及或媲美。"[2] 潘恩认为自己足以和富兰克林、亚当斯或杰斐逊比肩,做一名美利坚合众国的建国者。

我们能照实说他这个观点错误吗?杰斐逊不是在 1801 年说过,潘恩"和所有活着的人一样勤勤恳恳",代表着自由和美国革命吗?[3] 然而不知为何,许多美国人并不记得潘恩的建国者身份。我们可以把美国革命时代想象成"杰斐逊的时代",但美国人(除却亚当斯的怪论)依然不太可能称其为"潘恩的时代"。大部分美国人从来都没有将潘恩视为美国革命时期的核心人物,更遑论整个时代了。事实上,在历史的大部分时间里我们都倾向于忽略他。我们任凭他在 1809 年默默无闻地死去,甚至允许威廉·科贝特十年后将他的遗骸带回英格兰。甚至革命领袖最后也开始忽略他。即便他们都认识潘恩,但没有人在其死后公开颂扬他。大多数人因为认识潘恩而感到尴尬,一心只想忘却他。他的文章被销毁,他的形象也逐渐淡出人们的视野。

迄今为止,美国人还没有认认真真出版过一部权威的潘恩作品全集——与现已出版的多卷本革命领袖文集相较,即便在数量上无法等同,起码也该在出版目标上相齐平。美国人早期所写的传记不断抹黑潘恩,将他描绘成一个傲慢的、酗酒无度的无神论者。尽管 19 世纪有人尝试改写潘恩形象,但直到蒙丘尔·D.康威的两卷本《托马斯·潘恩的一生》(1892)出版后,人们最终才正式对他抱以赞赏的态度。由此,潘恩在美国革命名流中的地位有了大幅度提升。但直到 20 世纪 70 年代,现代历史学家(区别于文学家)才开始尝试着撰写潘恩传记。

即便我们对潘恩的研究已进行了几十年,这个男人依然显得与我们格格不入。潘恩自认为已跻身"独立新世界的建国者"之列,但大多数美国人并不认同。人人都觉得他与其他革命者不一样，他不像富兰克林、华盛顿、亚当斯，也不像杰斐逊。我们无法把他当作美国建国者。特别是当我们认识到其深远影响时，这种漠视实在让人惊叹。英国近代传记作家约翰·基恩对潘恩的研究极为深入，他曾在传记《汤姆·潘恩：政治的一生》中把潘恩称为"那个时代最伟大的公众人物"。基恩写道，潘恩"比同代欧洲闻人——亚当·斯密、雅克·卢梭、伏尔泰、伊曼努尔·康德、斯塔尔夫人、艾德蒙·伯克、彼得罗·韦里——引起更大轰动，激起更多瞩目"。他的著作《常识》、《人权》和《理性时代》"成为18世纪流传最广的三本政治手册"。对于如何让世上的普通人过一种体面而快乐的生活，潘恩的洞察依然有其"生命力与普遍意义……这无疑比马克思的相关看法更有意义。人们总是将后者与那些19、20世纪的政治方案——将尊严与权力带到这个不幸的世界——画上等号"。基恩说，事实上，"潘恩拒绝暴政与不公的大胆之举不仅与他19世纪后继者（马克思）的举动一样意义深远，而且潘恩切实可行的计划……实际上比马克思的思想更为激进。主要原因在于潘恩的计划试图将叹为观止的远见、对普罗大众的虔敬、对纷繁人世的洞察全部结合在一起"。[4]

潘恩的出身与其他建国者同样隐微。1737年他出生在英国的塞特福德，他比华盛顿小五岁，比杰斐逊大六岁。他的父亲是一名贵格会教徒，母亲则是一名英国国教徒，这样的混合让他对宗教秉持一种暧昧态度。虽然有些传记作者认为，潘恩在大部分人生中自视为一名贵格会教徒，但他更可能借鉴两派的道德教诲，选择既不做一名贵格会教徒，也不做一名英国国教徒。在当地小学接受六年教育（他没有学过拉丁文）之后，十二三岁的潘恩跟随父亲学习制作紧身胸衣，并留在当地做生意。由于父亲生意不景气，潘恩曾搬到伦敦居住过一段时间。1757年，他逃到海上当了六个月的私掠船船员。之后，他回到多佛继续做生意，后来在三明治（英国南部小镇）结了婚。一年后（1760年），他的妻子死于难产。1761年，这位年轻的鲸夫回到了塞特福德。几年后，他成了一名特许权税的税务官——大英帝国最令人深恶痛绝的政府官员。可能是太过放纵，约莫一年他就被解雇了，迫于生计，他曾一度尝试教学甚至传教，直到1768年恢复了在刘易斯地区苏塞克斯镇税务官的职位。1771年他再次结婚，但这段婚姻可能并不尽如人意，他和妻子很快就分手了。实际上，自从第一任妻子去世后，潘恩终其一生都在女人面前显得冷酷与不安。

在刘易斯的日子里，潘恩开始对政治和地方事务感兴趣，并加入了一个讨论会，类似青年本杰明·富兰克林在费城参加的那种。1772年，在一场旨在提高税务人员薪水的运动中，潘恩搬到了伦敦，一次偶然的机会，他读到了牛顿学说的科普读物并遇上了当时正致力于大英帝国统一事业的富兰克林。潘恩组织的这场争取税务人员福利的运动失败了，1774年他再次被税务部门解聘，并被迫宣告破产。37岁的潘恩彻头彻尾地失败了，前途一片渺茫。

而富兰克林一定是从潘恩身上看到了某种特质。1774年9月他给女婿理查德·贝奇写了一份推荐信，想帮助这位被两次解聘的税务官在美国开始新的生活，"当个办事员，或是学校的助教，或是助理调查员"，富兰克林认为潘恩"完全胜任"这些工作。[5]

直到1774年9月，潘恩开始站在美国立场上为报纸撰写短文前，他几乎从未真正涉足过新世界。他人生前三十年的经历——在近乎英国底层社会的贫困生活中默默度过——让他准备好如同美国人般思考。但不管怎样，在他到达美国仅仅14个月后（这期间，他花费大量时间协助编辑费城某杂志），1776年1月，潘恩突然因他的小册子《常识》而震惊世界，他的人生以及世界的进程由此而改变。

《常识》是美国革命时期最激进、最重要的手册,也是用英文写作的最优秀作品之一。它前后共有几十种不同版本,销售量高达 15 万本以上,而当时最畅销的书最多也只卖出几百或几千本。尽管这本 1776 年 1 月出版的手册并没有使美国人民想到宣布独立,但它确实比其他一些已经开始考虑美国与英国王室间关系的作品更大胆、更富于表现力。潘恩将国王蔑称为"高贵的畜生",并号召美国人立即宣布独立。他恳求道,"看在上帝的份上,让我们最终做一个了断……新世界的诞生指日可待"。[6]

正如他的朋友本杰明·拉什所说,这本书无疑"对美国人的思想产生了突如其来的广泛影响"。[7]几乎每个人都认为它是一份天才之作,这本书也使得潘恩很快成为美国闻人。至此,他在美国的声名开始由盛转衰。富兰克林的女儿萨拉·富兰克林·贝奇后来谈及对潘恩的看法,"他原本可以在完成《常识》后立即死去,这或许是他可以做到的最理性的事情,因为他再也没有能力在世上留下更多赞誉了。"[8]

在英国的那些时光里,潘恩与激进思想的圈子过从甚密,他从各类手册和演讲中掌握了英语世界最自由、最激进的思想。虽然潘恩不是一位原创思想家,但他确实有某种神秘的力量能将他人的构思以一种更易理解的形式表达出来。潘恩或许没有在《常识》中提出新想法,但他的确以明白易懂的散文阐明了 18 世纪最后 25 年间英裔美国人激进而开明的思想。像激进同僚托马斯·杰斐逊一样,潘恩乐观地相信每个人都有一种天生的道德感或社会感驱使个人与他人交往。事实上,潘恩和杰斐逊认为,人们天生的社会交往或许可以取代大部分政府权威。潘恩和其他乐观的共和主义者认为,只有当爱他人、关心他人的天生道德倾向自由发展,不受政府干预,尤其是君主政府的干预,社会才可以团结、繁荣、昌盛。

与 21 世纪的自由主义者不同,潘恩及 18 世纪其他自由派思想家往往认为社会有益,而政府有害。实际上所有的社会不平等和剥削,包括社会荣誉、社会区隔、行政补贴、商业合同、法律特权和垄断,甚至是过量的财产与各种财富,似乎都从社会团体流向政府,最后集中于君主政府。潘恩在《常识》开篇为这一自由派观点作了精彩总结:"社会因我们的需求而生,政府则因我们的邪恶而生。"社会"通过凝聚我们的善,从正面提升我们的幸福感",政府"通过抑制我们的恶,从侧面提升我们的幸福感"。社会"鼓励人际交往",政府"催生社会区隔"。新兴的杰斐逊式自由派所持"对社会干涉最少的政府是最好政府"的观点,正是建立在这种社会自然和谐的信念之上。[9]

　　但潘恩和其他自由主义者在激进主义道路上走得更远。在潘恩和其他革命者所想象的那个更加美好的新世界中,战争本身将被废止。正如开明的自由派美国人认为新型的国内共和政体可以结束暴政那样,许多人也在寻找一种能够促进国家间和平的国际共和政体。潘恩非常赞同这种开明的国际视野。

　　正如我们所见,整个 18 世纪的自由派知识分子都期待着一个崭新的共和世界,在这个新世界里,腐败的君主制外交、秘密结盟、王朝对抗、权力制衡将被废止。由于王朝的野心、膨胀的官僚机构和君主制下的常备军是引发战争的主要原因,因此根除君主制即预示着根除战争。潘恩认为,战争"是'旧政府'体制中最重要的一部分。因为就结果而言,战争容易成为政府向人民征税、给某些职位或地区加派人手的必要借口。虽然对国家来说,不管用何种方法废止战争都是有利无害,但战争的消亡也的确意味着从'政府'手中夺走最重要的摇钱树"。君主制国家鼓励战争仅仅是为了"维持政治体制的精神"。而共和制国家没有陷入战争泥潭是因为"该政府的天性不允许任何利益背离国家的利益"。[10]一个由共和国构成的世界往往会鼓励和平外交,这类外交建立于国际贸易之上,两者彼此协调。如果各国人民能够相互自由易货,不受以前那种宫廷战争贩子、非理性王朝战争、隐秘双面外交的负面干扰,那么我们曾期待的和平的共和式国际政治就有希望成为现实。

潘恩在《常识》中告诉美国人,"我们的计划是开展贸易。良好的商贸往来将确保整个欧洲的和平与友谊,因为美国成为一个自由港符合整个欧洲的利益"。[11]美国并不需要与欧洲每个地区建立政治联系。这种传统军事联盟是君主制的遗产,它们只会导致战争。潘恩说,"不插手欧洲内部冲突符合美国的真正利益"。仅民族间的贸易就足以将各个国家联系在一起。[12]潘恩认同杰斐逊、麦迪逊及其他开明自由派的观点,即世界不同国家、民族间的贸易符合各国人民社会交往的本性。

因《常识》一举成名之后,潘恩开始结交几乎所有的美国政治领袖,包括华盛顿、杰斐逊和富兰克林,他继续为美国革命事业而写作。这些作品中最重要的是于英美战争期间陆续出版的《美国危机》系列。其中最著名的一篇发表于 1776 年 12 月 19 日,文章以一段令人难忘的话开始——"这是考验人们灵魂的时代:面对当前的危机,风华正茂的军人、光彩照人的爱国者,也会怯于为他的国家服务,但今天坚持战斗的人将得到全体人民的爱戴和感激。"[13]1776 年圣诞节——特伦顿大捷前夜,华盛顿向他的部队宣读了这篇文章。

革命战争期间,法国哲学家阿贝·特雷纳以法国在毫无正当理由的情况下背叛大英帝国并与美国新共和结盟为由,批判法国君主制。对此,潘恩作出了有力的回击。在《致阿贝·特雷纳的一封信:关于北美事态》(1782)中,潘恩驳斥了美国革命仅仅是殖民反抗的这类论点,他将革命定义为一次世界性的历史事件,是世界公民、世界和平显现的预兆。其他美国人也曾以宏大的普世主义术语来描述这场革命,但没有人能描绘得比他更为出色。

如果这些重要贡献还不足以让潘恩以美国建国者之名留传青史的话,那么我们还有他的另一本伟大作品《人权论》(1791—1792),该书后来成为西方世界史上最重要的政治思想著作之一。虽然此书写于潘恩1787年离开美国之后,意在反驳伯克的《法国革命论》(1790),但实际上这是他对自己在美国这些年所学到的宪政与政治理论知识的一次归纳与概括。事实证明,《人权论》是美国革命政治思想最出色、最精简的表述版本。

潘恩自己也指出,他对欧洲所发生事件的反应是多么的"美国式"。在《人权论》中,他非常清晰地展现了美国革命刚刚证实的政治与社会新设想:世袭君主制与贵族政治的时代结束了;人民是公民,不是臣民,他们生来就应享有平等的权利;人们创造成文宪法来限定并制约他们的政府;这些成文宪法只能由主权者(人民)自己而不是政府来作修订;统治者自身没有权力,他们只是人民的临时代理人,人民必须不断通过选举的方式来监视代理人并授以权力;由于人天生的社会交往能力,社会实际上具有自治性和自发性;人们可以凭自己的方式自由、独立地追求幸福。事实上,如果杰斐逊曾系统地写下自己的政治见解,其内容一定会与《人权论》十分相似。

尽管潘恩在思想上作出了伟大贡献,但很明显他并未因此而进入美国建国者的殿堂。也许是因为他从来没有像其他建国者一样成为美国总统。但富兰克林和汉密尔顿也没有做过总统,可是他们的建国者身份却似乎不容置疑。看来,势必还有其他一些值得探究的因素,这些因素或许可以说明为什么相对而言美国人更无视潘恩,并拒绝将其视为建国者。

人们无视潘恩或许因为他是美国的新移民。潘恩前半生(37年)是在英国度过的,1774年末他来到美国。但其他一些重要的革命领袖也是美国的新移民。1765 年,詹姆斯·威尔逊从苏格兰来到美国,当时适逢帝国危机初现端倪。1772 年,亚历山大·汉密尔顿从西印度群岛来到纽约。就像 1778 年潘恩自己说的那样,"当一个国家的所有人都曾是冒险家,我们便不能以其到达此地的先后"来判断他们美国化程度的多少。[14]

潘恩的独特性或许源于这样一个事实:他不是一个天生的绅士。但大部分美国国父同样也不是天生的绅士。他们不得不在哈佛、普林斯顿或其他类似学院接受博雅教育来获得那种 18 世纪重要的社会身份。在革命领袖中,富兰克林的出身与潘恩极为相似,他们出身低微,做过学徒,只接受了短短几年的教育,没有念过大学。但富兰克林成了一个与潘恩完全不同的人。正如我们所看到的,富兰克林成了一个非常富有的人,在革命之前很长一段时间里他已完全融入士绅阶层,同化为一名绅士。由于富兰克林给我们留下了巨大的文学遗产,即他的《自传》(在他有生之年未能出版),所以我们很容易把他看作"穷理查"——他笔下那个勤奋工作的二流印刷工。但 1748 年,当 42 岁的富兰克林大张旗鼓地从印刷事业荣休之后,他再没有工作过一天。他成了一个完全闲散的绅士,把所有的时间和精力都投入到科学、慈善事业和社会服务中去。尽管他并未如愿以偿成为英国政府高官,但他最终在英法两国最上层的贵族圈子里挥洒自如,甚至和国王共进晚餐。实际上直到革命开始,富兰克林都在玩溜须拍马的社交游戏,他和任何一个英裔美国人一样,通过培植人脉来确立自己的事业。所以很多伦敦人、费城人看不起他,视其为暴发户,他也很少提及自己的出身。他是一个 18 世纪的上等人,却戴着伪装的面具,就像那个世纪教导人们做的那样。他总是以一个绅士的形象出现在人们面前。

潘恩在这方面与富兰克林或其他建国者完全不同。潘恩身上有一种率直和朴实的品质。他炯炯有神的黑眸子没有任何掩饰。他看上去粗枝大叶甚至有些懒散,还有一个因常年酗酒而变得红通通的大鼻子。潘恩穿着邋遢,没有品位,甚至连假发都是破破烂烂的。有位评论家在1792年写道,"他就是一个技法娴熟的裁缝,他会在一周的头三天里一边喝得酩酊大醉,一边玩九柱戏,等到周四再回去工作。"[15]潘恩从不曾忘记自己是胸衣匠人出身,那些年在英国底层社会贫困而静默的生活经历深深影响着他。无怪乎人们会说:"他在书中的形象远甚于他本人。"[16]潘恩从来没有像富兰克林那样被同化为一名绅士。但可以肯定的是,他后来进入了那个贵族和绅士的圈子,特别是在1776年声名鹊起之后。他的作品成了进入开明绅士社交圈的入场券,并使他有机会与华盛顿、杰斐逊与拉法耶特相交往。然而,即便潘恩加入他们的对话中,他也没有被接纳为绅士。

潘恩身上的某些特质让部分美国绅士感到厌烦,尤其是一些贵族,如费城的威廉·史密斯、纽约的古弗尼尔·莫里斯。这些绅士对潘恩有颇多评价,但是他们能想到的、能够用来羞辱他的最常见、最粗野的词就是说他"缺少关系网"(lacked connections)。1776年,史密斯控诉潘恩"既无品格也无社会关系"。1779年,莫里斯说他"只不过是一个来自英国的冒险家,没有钱、没有家、没有社会关系,甚至对文法也一窍不通"。[17]

"缺少关系网"在今天并不能称为一种侮辱,但对于层级管理、特权主导的18世纪社会来说,这一指责意味颇深。潘恩似乎漂泊在这个层级分明的世界之外,不知从何而来,也不属于任何地方,他是一个没有家,甚至没有国的人。对于此类批评,潘恩最初极力反驳。在1776年与史密斯的笔战中,他感到自己不得不挺身而出,反驳这类攻击——说他只是被海水冲到美国海岸的一小块残片。这种极度重视关系网络的社会文化迫使他为自己辩护:

1774 年他是带着一封介绍信乘船来到美国的,推荐他的人不是别人,正是本杰明·富兰克林。

《常识》一书取得巨大成功后,潘恩在美国就再也不需要这样的介绍信了。他一夜之间声名鹊起,无人不晓。当然,他仍需依赖这样或那样的资助来生活。1777 年,朋友为他谋得了一份在大陆会议外交事务委员会做秘书的工作,恰恰是这个职务使他一次又一次卷入政治斗争,1779 年以其被迫辞职而告终。渐渐地,他似乎变得与所有人都意见不合,他不断抱怨自己的贫穷以及美国人对他的忽视。虽然朋友们最终为他在新罗谢尔的三百英亩农场以及三千美元的国会补助金做了担保,但他还是为自己的贫困和他人的忽视抱怨不已。他觉得没有人需要他,没有人愿意陪伴他。但很快,他把针对自己的批评——"缺少关系网"——变成了一种正面特质。早在 1778 年出版的《美国危机》第 7 篇中他就宣称,自己不是为了个人利益而写作,甚至不是为了美国而写作。"我所提出的原则放诸四海而皆准。整个世界都是我的关系网络,而不是某个特定的部分。如果我所提出的观点是正确的,那么在所有情况下对所有对象来说都是正确的。"[18]

他对于自己"缺少关系网"变得极其狂热。他宣称自己没有财产,没有住处,从未投过票,他"看到事物的本质问题而非党派利益,没有私利,没有特殊关系,没有个人偏好,只想尽最大努力去服务所有的人"。他谈到如何做一个"世界公民",这是一种"不曾也不会涉及私人事务的人"。[19]他没有任何的自身利益。潘恩在 1782 年写道,"如果说我的品格当中有什么特殊之处的话,那就是个人的大公无私与成大家而舍小家的热忱"。[20]

当然,这些观点大部分是 18 世纪传统自由主义的措辞。所有美国建国者都曾时不时地提到要做一名大公无私的世界公民。所有开明绅士都应该是超越国界的世界"文坛"中的公正一员。而潘恩却赋予了这个传统概念以特殊的意涵。其他革命领袖或许认为自己是世界公民，但美国依然是他们的归属之地。潘恩则对这一立场持怀疑态度。1779 年，潘恩略带伤感地写道，可能美国人不知道，"不是因为这块土地，也不是因为土地上的人民，而是这桩事业本身，让我无法抗拒，投身其中。如果任何其他国家也发生了与此地一样的状况，我也会挺身而出"。他认为自己的处境并不比一个"难民"更好，"最特别的一点是，这个难民还来自我曾帮助过的那个国家"。他成了一个没有家、没有国的人，一个真正的世界公民。[21]

因此他迟早要回到那个"旧世界"。1787 年，他为了推销自己设计的锻铁大桥而远渡重洋回到欧洲。他先去了法国，随后多次往返于英法两国之间。1789 年，法国大革命爆发后，他开始将自己视为革命理论的先驱。1789 年 10 月，他情绪激动地告诉华盛顿，"参与到两场革命之中，让我的生活充满意义"。[22]为了能够直接参与革命，当巴黎的事态开始升温时，潘恩离开英国转赴法国。他非常乐观，完全没有意识到自己将要面对的事态变化。1790年，他向本杰明·拉什汇报道："怀着对法国大革命的敬意，我敢保证一切都照常进行，可能出现一些小小的不便，但也只是推翻旧制度、重建新制度的必然结果，这种不便远比我们预期的要小很多。"[23]同杰斐逊一样，潘恩认为法国大革命标志着旧世界的崩塌，它是"欧洲其他革命的先驱"。[24]

为了与艾德蒙·伯克一较高下，他回到了伦敦，开始撰写他称为"与英国传统思维和表达方式风格迥异"[25]的《人权论》第一部分。1792 年 8 月，法国国会授予潘恩法国公民的身份。一个月后，他入选为法国国民公会（该议会废除了法国君主政体，建立了共和国）议员。潘恩被委任为"九人委员会"成员之一，为法国制定新的宪法。潘恩赞成对路易十六叛国罪的审判，却反对处决这位被

195

罢黜的国王。他的呼声为让·保尔·马拉所压倒。这一年年底，他被逐出国会并被逮捕入狱。在1794年长达十个月的牢狱生活中，他仍继续着《理性时代》的写作。但即便在法国经历了这么多痛心之事，也学不会如何讲法语，潘恩仍对离开法国前往美国一事（入狱期间，他已获得了美国公民身份）犹豫不决。对于潘恩来说，美国终究是一种精神象征而非真正的归属，从1802年返回美国直至1807年去世，他都一直郁郁寡欢。

至此，潘恩的社会地位不同于其他美国建国者的事实已十分明朗。他不是政治领袖，而是一个与主流政治文化相对立的作家。1802年，潘恩形容自己已经"在文学界功成名就"。[26]今天，我们或许可以更准确地将潘恩形容为一个"公共知识分子"，一个终身从事写作、批判社会的人。

潘恩不是一个为钱写作的人，他不是写手。虽然他有时也会受人之托而写作，但他与那些英国当局雇来做政治宣传的三流作家完全不同。作为"公共知识分子"，他也不是一个纯文学作家。在某种意义上，潘恩并不是小说家查尔斯·布洛克登·布朗或诗人约翰·特兰伯尔心向往之的那种文学人物。他是一个现代知识分子、美国的第一位现代知识分子、一个"缺少关系网"的社会评论家。正如1799年他自己所说的："只有一种适合我的生活，那是思考的生活，当然也是写作的生活。"[27]

由此便涉及潘恩与其他杰出革命人物之间的关键区别。正如杰斐逊、麦迪逊、亚当斯和其他人笔下所描述的那样，他们与批判型知识分子潘恩不同。这类绅士通过各种方式与自己所处的社会紧密联结在一起，写作风格也和潘恩存在极大差异。他们不是社会评论家，事实上他们都是业余作家，也就是说，这些作品仅仅是其律师、农场主，或者政治领袖生涯中的副产品。写作只是他们作为绅士所具有的诸多义务或技能之一。他们是业余作家，正如他们都是业余政治家那样。从投入政治活动的时间和精力来看,我们并不能确切地称大多数革命领袖为职业政治家,至少从现代意义上来讲是如此。他们与公共生活间的关系,以及他们对公共服务的观念都与今日大不相同。他们的政治生涯正如同他们的文学生涯一样,并未开创任何新局面,只是因循先前已经建立起的显赫绅士地位而已。潘恩的社会地位则与他们截然不同。

潘恩与其他革命领袖的差异还体现在他们写作对象、作品基调及风格的不同之上。大多数领袖——如亚当斯、杰斐逊、约翰·迪克森——彼此唱和,其演讲与写作也面向那些与他们一样理性、开明、受过教育的特定对象。他们的演讲与写作多为理性讨论,旨在劝服和阐明事理。他们的作品通常因修辞法而显得高度风格化,极为渊博,到处都是拉丁引文、典故、历史文献,从西塞罗、塞勒斯特、普鲁塔克到孟德斯鸠、普芬道夫、卢梭,西方文化遗产中的每一个可以想到的人物几乎都成了参考文献的来源对象。革命领袖热衷于引经据典,有时他们撰写的小册子里铺天盖地满是脚注。[28]

潘恩的作品则非常不同。其作品之所以令人惊愕与叹服,很大程度上是因为他故意抛却了传统的劝服模式,触及更广泛的读者,来表达厌世和憧憬的情感。而这种情感是违背既有写作惯例的。潘恩四处寻找读者,特别是在城市酒馆和工匠中。他仰赖那些只认得《圣经》和《公祷书》的读者。他嘲笑那些只会"娱乐耳朵"的"有声词汇",并使用生活世界里简单、直接——有些评论家认为是鄙俚浅陋——连目不识丁者也能理解的普通意象。他在《常识》中写道,很显然,天道并不赞成君主制,"否则它就不会常常把笨驴而不把雄狮给予人类,从而使得这项制度沦为笑柄了"。[29]他想为普通人写作。他说,"我的愿望就是让这些几乎无法阅读的人能够理解作品,因此我舍去一切文学修饰,把语言变得和字母一样简单"。[30]他旨在打破常用的华丽辞藻与修辞形式,以求带给人们一种简单朴素的写作风格。

让政府当局感到害怕的并不是潘恩在文章中说了些什么,而是他如何言说、说与谁听。18 世纪 90 年代,英国检察总长警告说,像潘恩这样的激进作家,在出版他们的可疑作品时应当采用昂贵版式,"把作品尽可能地局限在头脑冷静的读者群中"。这位皇家检察官说,"如果这些作品廉价出版,在民众中广为传播的话,那么我将恪尽职守、依法处置"。[31]潘恩当然无视这类建议,结果 1792 年英国政府以《人权论》含有诽谤之辞为由,对他提出起诉。潘恩在书中史无前例地向普通人谈论政府与宗教问题。事实上,他把如何让普通读者理解政治与宗教批判视为自己的使命。除了通俗易懂,更重要的是他言辞中充斥着戾气——此前的作家几乎从未在作品中流露过这种情绪,美国建国者也绝不会像他那样写作。潘恩公开讲出了许多普通人(工匠、店主、商人、批发商)多年以来深藏心中的愤懑之情——他们厌倦了长期以来在君主制与贵族制下所受的鄙视与控制。美国革命的士绅领袖——那些受过哈佛或普林斯顿博雅教育的毕业生,并不能真正代表普通人的愤慨,但是潘恩可以。他公开讲出了比理性、均衡的古典共和主义更深入人心、更愤世嫉俗、更具现代意义的激进共和主义。有些革命领袖对潘恩在普通民众中挑起的愤怒感到不安,但由于他们以人民代言人自居,所以也就没有任何立场来反驳潘恩的激烈言辞。只有当 18 世纪 90 年代,像马修·里昂和威廉·曼宁这样的工匠、农民开始表达自己对有闲贵族阶层的不满与怨恨时,许多建国者才开始意识到美国革命与潘恩言论所产生的影响:这是一场由普通劳动人民发起的民主革命,其影响远超革命领袖在 1776 年的预期。

对潘恩的名声而言,不幸的是那些他所同情与代言的普通民众,在形成他们民主革命和反贵族的立场时,却产生了狂热的宗教崇拜与福音派基督信仰,尽管这些是潘恩所从未染指的。潘恩的宗教观点非常激进。在《理性时代》（1794）里，他强烈抨击基督教、《圣经》和正统宗教，还说了一些大多数普通人觉得不可原谅的话。他总结道："在所有宗教体系中，没有一种宗教比基督教更不敬上帝，对人更无裨益、更厌恶理性、更自相矛盾的了。"[32]虽然人们因此而称他为——西奥多·罗斯福所用的那个臭名昭著的形容——"可恶的臭无神论者"，但潘恩并不是无神论者。在《理性时代》里，他一反常态地提出对自然神论的信仰，他说自己相信创世者上帝也相信世界和谐。但在法国大革命的恐怖岁月里，大多数美国人只看到了他对美国的不忠以及他身上"无神论者"的标签。

当然，人们很难说明潘恩的理性主义宗教或自然神论与富兰克林、杰斐逊等同代人宗教观点之间存在哪些区别。事实上，潘恩的宗教观点在当时的开明绅士中十分常见。杰斐逊等社会精英通常会十分谨慎地将自己对自然神论的看法限制在私人饭局上。但潘恩则大不相同，他对着街上的贩夫走卒公开演讲。1794—1796 年，《理性时代》在美国重版了 17 次。许多人开始感到害怕，他们认为潘恩及其激进的宗教观正在逐渐摧毁整个社会的道德秩序。

当他 1802 年回到美国时，潘恩遭到媒体的大肆挞伐，抨击他是一个"爱撒谎、爱酗酒、野蛮的无神论者"。甚至以前的朋友和支持者，如年迈的塞缪尔·亚当斯也为潘恩致力于"让民众不信基督教"（据媒体报道）而感到悲痛不已。[33]虽然潘恩曾着实否认自己是无神论者，但并没有产生什么效果。他的每一次辩护都只会让问题更糟。他依靠笔杆子生活，最终也葬身笔杆子下。至 18 世纪末，潘恩已成为日益粗俗却日渐强大的舆论之下最著名的受害者之一。他一直都是个脱离时代的人，而且一贯如此。

注释

1. David Freeman Hawke, *Paine*(New York: Harper and Row, 1974), 7.

2. Thomas Paine, *Rights of Man* (1791), in Eric Foner, ed., *Thomas Paine: Collected Writings*(New York: Library of America, 1995), 605.

3. TJ to Thomas Paine, March 18, 1801, quoted in John Keane, *Tom Paine: A Political Life*(Boston: Little, Brown, 1995), 456.

4. Keane, *Paine*, xiv, x, xiii.

5. Ibid., 84.

6. Paine, *Common Sense*(1776) in Philip S.Foner, ed., *The Complete Writings of Thomas Paine*(New York: Citadel Press, 1969), 1:45.

7. George W.Corner, ed., The Autobiography of Benjamin Rush(Princeton: Princeton University Press, 1948), 114—115.

8. Sarah Bache to BF, January 14, 1781, *Papers of Franklin*, 34:272.

9. Paine, *Common Sense*, Philip S.Foner, ed., *Complete Writings of Paine*, 1:4.

10. Paine, *Rights of Man*, Eric Foner, ed., *Paine: Collected Writings*, 538—559.

11. Paine, *Common Sense*, Philip Foner, ed., *Complete Writings of Paine*, 1:20.

12. Ibid., 22—21.

13. Paine, "American Crisis, I," December 23, 1776, in ibid., 1:50.

14. Paine, "American Crisis, VII," November 21, 1778, in ibid., 1:144.

15. Hawke, *Paine*, 256.

16. Keane, *Paine*, 371.

17. Hawke, *Paine*, 53, Keane, *Paine*, 105.

18. Paine, "American Crisis, VII," November 11, 1778, in Philip Foner, ed., *Complete Writings of Paine*, 1:146.

19. TP, "A Serious Address to the People of Pennsylvania," December 1778, in Philip Foner, ed., *Complete Writings of Paine*, 2:279; Hawke, Paine, 108.

20. Hawke, *Paine*, 110.

21. TP to Henry Laurens, September 14, 1779, in Philip Foner, ed., *Complete Writings of Paine*, 2: 1178; TP to Robert Livingston, May 19, 1783, in Keane, *Paine*, 242.

22. TP to GW, October 16, 1789, *Papers of Washington: Presidential Ser.*, 4:197.

23. TP to Benjamin Rush, in Eric Foner, ed., *Paine: Collected Writings*, 372.

24. Hawke, *Paine*, 201.

25. Paine, *Rights of Man*, in Philip Foner, ed., *Complete Writings of Paine*, 1:348.

26. TP, "To the Citizens of the United States," November 15, 1802, in Philip Foner, ed., *Complete Writings of Paine*, 2:911.

27. TP to Henry Laurens, September 14, 1779, in Philip Foner, ed., *Complete Writings of Paine*, 2:1178.

28. Bernard Bailyn, *The Ideological Origins of the American Revolution* (Cambridge: Harvard University Press, 1967), 23.

29. TP, *Common Sense*, in Philip Foner, ed., *Complete Writings of Paine*, 1:13.

30. TP, "On Mr. Deane's Affair," December 1778, in Philip Foner, ed., *Complete Writings of Paine*, 2:Ⅲ; Eric Foner, *Tom Paine and Revolutionary America* (New York: Oxford University Press, 1976), 82—86; Bernard Bailyn, "Common Sense," in Library of Congress Symposia on the American Revolution, 2d, 1973, *Fundamental Testaments of the American Revolution* (Washington, DC: Library of Congress, 1973), 7—22; Keane, *Paine*, x; TP, Common Sense, in Philip Foner, ed., *Complete Writings of Paine*, I:8; James T. Boulton, The Language of Politics in the Age of Wilkes and Burke (London: Routledge and Kegan Paul, 1963), ch.7.

31. Joyce Appleby, *Capitalism and a New Social Order.: The Republican Vision of the 1790s* (New York: New York University Press, 1984), 60.

32. TP, *The Age of Reason*, Eric Foner, ed., *Paine, Collected Writings*, 825.

33. Keane, *Paine*, 393, 457, 475.

第八章　亚隆·伯尔真正的背叛[*]

　　我们一般不会把亚隆·伯尔视为美国建国者。而他的确是位重要的革命家。在副总统尚属高官要职的时候，他曾做过第三任美国副总统。但他与建国者间的关系却和旁人大相径庭。伯尔与华盛顿、富兰克林、杰斐逊、汉密尔顿以及麦迪逊等人的差异，令其显得格外有趣。通过他荒诞不经而又非同寻常的职业生涯，我们可以更好地了解建国要人的性格特征。伯尔的行为挑战了建国者思想的基本前提，亵渎了共和主义实验的根本价值。由于伯尔的行为严重威胁到革命意义，建国要人不能听之任之。

　　1807 年，伯尔被控叛国罪。当时在里士满联邦巡回法院审理此案的联邦首席大法官约翰·马歇尔对叛国罪作出了狭义的宪法解释，才使其无罪释放。从事西部地区秘密投机活动的伯尔最终没有以叛国罪论处。但这绝非伯尔生涯中真正的背叛。伯尔不是因为在西部搞鬼把戏而失去国家领袖信赖的。在他开始西部投机冒险（1806—1807）之前，就已经失去了他们的信任。伯尔不是背叛了自己的国家，而是背叛了自己的阶级。这才是亚隆·伯尔真正的背叛。

　　伯尔不是什么凡夫俗子。他的经历令人难以置信。他一跃而起当上美国副总统，还差点儿坐上总统宝座；他挑战反对派领导人亚历山大·汉密尔顿并成功将其击倒；不知是为了分裂美国还是分裂西班牙帝国，他组织了西部投机活动；在这场冒险中，他结识

---

　　[*]　本章曾以《亚隆·伯尔的复仇》为题发表于《纽约书评》（1984 年 2 月 2 日）经允许修改并收录于此。

詹姆斯·威尔金森（James Wilkinson），后者既是美国军队的指挥官，也是受雇于西班牙的特工。正是这位威尔金森将军最终指控伯尔煽动叛乱，总统托马斯·杰斐逊下达通缉令，将伯尔逮捕并押送至东部地区，在杰斐逊的家乡接受审判（叛国罪）。虽然杰斐逊的政敌、首席大法官马歇尔最终宣告伯尔无罪释放，但他依然无地自容，远走他乡，几年后回到故里，寂寂无闻地度过余生。

此外，伯尔还是一位思想自由、挥霍无度的贵族公子，朝不保夕、随时可能倾家荡产；他琥珀般明亮的眼睛让每个人都为之侧目；他是一个声名狼藉的花花公子，劈腿两大洲，留下子嗣无数；他77岁时娶了一位58岁的寡妇，著名的朱美尔夫人（Madame Jumel），她过去倚门卖笑，与伯尔结婚时却已然是美国最富有的女人。1833年7月，纽约人菲利普·霍恩在他著名的日记中提及了这段婚姻。他在婚礼两天后写道，"有名的朱美尔夫人出于善意，要在往后的岁月中照顾这个老男人"。不幸的是，这段婚姻并不长久。一年后，朱美尔夫人因伯尔不忠提出离婚。伯尔分得了她的财产，约一万三千美元之多，但很快就挥霍一空。[1]

人生如此跌宕，难怪伯尔会成为美国文学中最风花雪月，也是最遭人唾弃的历史人物。他成了无数诗歌、歌曲、布道及半虚构通俗传记的主题。此外，他也成了36部戏剧、48本小说及故事（或许更多）的主人公。其中最有趣的是戈尔·维达尔的《伯尔：一部小说》（1973）。[2]

在所有这些关于伯尔的文学夸张与幻想中，似乎并没有平淡无趣的历史学家的用武之地。伯尔自己都不曾对历史学家的作为抱有幻想，尤其是当历史学家在处理"伟大政治家"问题的时候。据称，伯尔在1836年逝世前说过："历史学家是狂热的党徒，不是站在这边，就是站在那边。除了日期或一些大事件（如战役）外，他们的言论不足为信。"[3]不过，历史学家似乎特别害怕接触煽情小说或滥情故事主人公那样的人物。整个 19 世纪,除了伯尔的政治伙伴和遗嘱执行人马修·L.戴维斯刊出的作品,以及詹姆斯·帕顿怀着悲悯之情写下的传记外,再无其他了。[4]只有在过去的几十年里,现代学者才开始严肃冷静地研究伯尔,密尔顿·洛马斯克(Milton Lomask)的两卷本传记(1979—1982)尤其具有可信度与可读性。[5]

不仅是这些浪漫逸事让历史学家不愿涉足伯尔,其生平档案太过支离破碎,也让历史学家颇感无力。伯尔的部分文章随女儿西奥多西娅·阿尔斯通在 1813 年海难中一起葬身海底。(与杰斐逊父女间的关系不同,伯尔与女儿的关系非同寻常。伯尔教导西奥多西娅像男人一样思考。维达尔在书中暗示了这段不寻常关系。)伯尔其他的一些文章则遗赠给了戴维斯,没有人会比后者更敷衍了事了。虽然戴维斯在 1836 年出版了两卷本《亚隆·伯尔回忆录》,两年后又出版了部分伯尔的《私人日记》(这两部作品囊括了许多伯尔的信件)[6],但有一些信件,即便十分"有趣"、"好玩",戴维斯也不予出版,尤其是那些他认为"任何观点都绕不开土地投机生意"的"长篇"通信。他最终将这些保存的文章统统销毁。戴维斯说,特别是那些时间跨度较长,披露伯尔"与女人之间不正当关系的通信是我亲手付之一炬的"。[7]到 19 世纪末,伯尔残留的书信已散落世界各地。

直到过去的数十年间,这些残留的书信才被收集起来。一开始收集在几打微缩胶卷中,后来玛丽·乔·克莱恩和她的同事在 1983 年将其收录于凸版印刷的两卷本中。[8]想必伯尔应该满足于这些小小的人情,但如果他知道相较于自己区区两卷本文集,近期出版的建国者作品是多么蔚为壮观,他一定会莞尔一笑。杰斐逊、富兰克林、麦迪逊、华盛顿、汉密尔顿和亚当斯家族的每份出版计划都达到或预计达到几十卷。除了亚当斯家族之外,每份出版计划都将讨论主题一一罗列。

相较而言,20世纪80年代出版的伯尔作品都经过了严格筛选。这倒并不是最紧要的。他的作品从表面看似乎并未透露什么重要讯息,至少未涉及生活中的大事件。已出版的两卷本文集没有在他卷入的一些重要争议问题上做出什么新解释。这些争议问题包括:他在西部的密谋、1801年他和杰斐逊在总统选举中的平局问题、他与汉密尔顿的决斗,1807年他因叛国罪受到审判。伯尔通信更多揭示了他生活中那些枯燥乏味的日常事务。文集包括几百封涉及伯尔政治、商业的日常信件,逐步展现出一个不同于剧作家/小说家笔下风流英雄或反派人物的伯尔形象。他似乎一点也不像其他革命政治家。

伯尔的信件与华盛顿、杰斐逊、麦迪逊或汉密尔顿的明显不同。伯尔的通信要么涉及庇护关系,要么涉及这样或那样投机赚钱的方式。他的朋友戴维斯丢弃了所有涉及土地投机交易的信件,这种做法想来有些异乎寻常,因为剩下的许多信件也涉及这样或那样的投机买卖。

如果有人想要从伯尔的文集中找到一篇单纯讨论政治哲学或政府架构的信,哪怕是一封措辞严谨的信,他都会空手而返。很多信似乎是由一个不想在写信这件事上花时间、花功夫的大忙人仓促而就的。下面是一封典型的伯尔书信,是他在1795年担任美国参议员期间写给纽约商业伙伴迪莫西·格林的信函:

尊敬的先生:

24日的来信刚刚收到。我不管怎样都是您的保释人,我已写信给普雷沃斯顿先生提及此事。他会相机而行。

我希望舒尔策先生将在这一天获得委任。我该做的都做完了。但还是有一些竞争。

我将很高兴周日在纽约见到您。

亚隆·伯尔

【附言】

不要向布劳伦先生提及任何关于舒尔策先生的事。等到我成功了，再决定是否要对他宣布这件事；我不想用一件未竟之事去取悦于他。[9]

这是伯尔大多数信函的特色。伯尔不是很在乎后人如何看待他。汉密尔顿曾痛斥伯尔"从不讲究名誉"。[10]用汉密尔顿的话来说，建国者对名誉的热爱是"这些高尚人士最重要的激情"，但伯尔似乎没有这种特殊的高贵激情。伯尔不像杰斐逊和华盛顿那样关心自己的信函。杰斐逊和华盛顿对待信件可谓一丝不苟。例如1781年，华盛顿让一名上尉和几位文员誊抄他所有的信件，并按照顺序编排妥当。不管从什么角度来看，他的要求都近乎苛刻。华盛顿告诉他的助手，"每一封信件的整理都要过程相近，注重美感。所有文字都应写在等距的黑线上。所有书信集应有同样的页边距，并条理清晰地编入索引，这样一来，查找时就不会有任何困难"。[11]

相形之下，伯尔的反差就显得十分明显。伯尔的文档简直一团糟：他找不到过去的信件，也没法确定自己是否已经回信。他的信件只为眼下某个特定对象而写。1801年，他告诉海军代理秘书，"请谨记，为了现职人员与未来部长的利益，我的信不要作为正式信函归入海军机关档案！"[12]伯尔显然不像杰斐逊那样，意识到自己的通信会为后人阅览。例如1797年，在收到杰斐逊的一封辞藻华丽、教益颇丰的长信后，伯尔作了简短回复，他道歉说，"以信件的形式回复您的问候显得不够慎重，也不便于充分交流想法。因此我更愿意竭尽所能，与您当面交流"。[13]

将自己的所思所想——列出并非伯尔的风格。正如他有一次警告手下的书记员,"写下的便无法改变"。[14]他一直担心自己的信件可能被"误解",因此他极力避免在信中留下任何暗示性的话语。他曾说过,"越是谨言慎行,就越要写得明明白白",但在一个各怀鬼胎的世界里,信是不可能写得明明白白的。他在信的最后反复叮咛:"请勿泄露这一内容。请不要让任何人怀疑你知悉此事。该建议不能带有任何受我影响的痕迹。你我不能表现得步调一致。"他进入了一个高度隐秘、充满猜忌的世界。就像他与某个生意伙伴所说的那样,身为纽约议会成员,伯尔无法就一份待表决的议案将如何影响该公司给出任何意见,"除非秘密展开"当面对话。[15]

比起他写信时的仓促急就与讳莫如深,伯尔在通信中所表现出的古怪品格令人更为印象深刻。伯尔从未像其他革命政治家那样详尽阐述对宪法和国家政策的看法,因为事实上他并不在意这些问题。或许他对 1787 年联邦新宪法有某些意见,或许他对 18 世纪 90 年代初期联邦派的伟大经济计划存在许多想法,但我们并不知道这些。1791 年,他曾一度提到汉密尔顿建立国家银行的计划,但又承认自己尚未拜读汉密尔顿的计划内容。他想起休谟的文章中有一些关于银行的"精妙想法","但我已无余力再去关注这些"。[16]

与其他革命领袖不同,在大众眼里,伯尔在政治原则方面为国人做出的贡献很少。据说他"毫无理论",是个"只讲求实际的人"。[17]尽管这种实用主义被认为是美国政客成功的源泉,但在伯尔这里却成了失败的源泉,并最终导致他真正的背叛。

要是一开始就说伯尔的政治生涯将以失败告终,几乎无人相信。他似乎是天生的政治领导者。无论从哪方面来看,他都无与伦比:相貌、魅力、卓越才能、普林斯顿大学学历、杰出的革命贡献,最重要的是他出身书香门第。约翰·亚当斯说,"我不知道还有哪个国家的人会比伯尔上校更出身高贵、家世显赫、言行得体了"。伯尔的父亲和外祖父都是普林斯顿大学校长,他的外祖父正是乔纳森·爱德华兹,美国 18 世纪最著名的神学家。亚当斯说,伯尔"是新英格兰诸多尊贵家族的共同血脉"。[18]与其他革命领袖——杰斐逊、华盛顿、亚当斯、汉密尔顿、麦迪逊、富兰克林——不同,伯尔一出生无疑就进入了 18 世纪美国尊贵的绅士行列。他从未想过要成为一名贵族。贵族精神在他血液里流淌,永远不会忘却。[19]伯尔总有一种与生俱来的优越感,虽然他极擅长以礼待人,却总自认为比其他人更像一名绅士。

他当然想要过一种 18 世纪贵族绅士的生活。他拥有一切最好的东西——雕梁画栋、宝马香车、锦衣华服、美酒佳酿。他的性放纵和有名的慷慨大方源于他传统欧式的"教养"观念。由于真正的绅士不应该为生存而工作,除了嫌恶之情外他实在不知如何看待自己的律师业务,以及金钱这一"微不足道的对象"。[20]就像查斯特菲尔德笔下的完美绅士,他总是彬彬有礼、充满魅力、矜持不苟,永远不会展露内心的感受。在他的政治生涯中,只有两次公开发泄自己的压抑情绪,这种情绪释放很能说明问题:第一次发生在 1804 年,竞选纽约州州长受挫后,他立即向汉密尔顿发起挑战。他最亲近的朋友查尔斯·比德尔说道,"他下定决心,要与那第一个用不雅作品诋毁他的人进行决斗"。第二次发生在 1815 年,伯尔在某封信中对詹姆斯·门罗极尽一切可能进行诋毁。他评价门罗,"这个人是总统候选人中最无能、最不适合当选的人了,他天生愚钝,是个地地道道的白痴。其优柔寡断的作风到了令人难以置信的地步,胆小怕事、虚伪矫情、毫无见地,他只会向鼠雀之辈俯首称臣。据我所知,他假装在某些军事问题上颇有见地,却从未带过兵,也毫无资格带兵"。在这封不同凡响的信里,伯尔将"弗吉尼亚王朝"——杰斐逊、麦迪逊、门罗——倾轧之下自己内心积聚起的挫败感彻底释放了出来。[21]

最值得注意的是,与其他革命领袖相比,伯尔的"教养"缺少了同时代人所强调的一种特性——品德高尚并致力于公益事业。在伯尔身上,那种辉格反对派与古典共和主义思想间的张力(其他革命者常常以此粉饰自己的论点)似乎并不存在。有人曾评价道,他唯一的美德就是不需要任何承认。伯尔确实很少像其他革命者那样过度吹嘘自己的公德心。其他国父总是竭力展示他们的德行和公正无私。伯尔则从未如此。他不自以为是,也不虚伪。也许正是因为他坚信自己的贵族血统,他无需像其他革命者那样,通过不断表达对腐败的憎恶、对德行的热爱来证明自己的绅士地位。

几乎所有革命领袖都是第一代绅士。也就是说,他们是家族中第一个进大学、第一个接受博雅教育、第一个展现开明绅士特征的人。与伯尔不同,大多数革命领袖从未宣称"教养源自出身"。事实上,其革命意识形态谴责一切"家世论"与"血统论",宣称真正造就共和贵族的是德行及其他开明价值观。[22]伯尔的身份地位显然是继承而来,所以他无需将美德视为衡量绅士的标准。

1775年,19岁的热血青年亚隆·伯尔急切投身独立战争,但他的参战更像一种私人行为,而非出于爱国。他曾因为不满某些下级得到提拔而与乔治·华盛顿发生口角。1779年,在几次以辞职为要挟无果后,他最终正式离职。尽管他以生病为由,但很明显,真正的原因是他不能忍受总司令的轻视。在革命后的政治斗争中,他原有好几条路可以走,但经过18世纪90年代早期的一系列意外事件,加上他自身吹毛求疵的性格,最终把他推进了共和党的阵营。尽管他在1800年就成了共和党的副总统候选人,但却从未向该党作出任何承诺,也没有遵守该党的信条,还依旧和联邦党眉来眼去。因此,人们控诉他"在政治上不守本分","没有既定原则、出尔反尔"也就不足为奇了。[23]

亚隆·伯尔本可以成为革命浪潮中的托利党人,事实上,他岳父一家就是坚定的亲英分子。他主要以革命前旧制度的传统视角来看待政治:政治即名利场上的"大人物"及其追随者之间的较量。他认为某些具有高贵血统、有才干的社会上层人士理所当然应该身居要职,而公职只是作为维系他地位和影响力的一种东西。政治除了能够对朋友、家庭以及他自身带来好处之外,对他来说并没有什么情感意义。就像他说过的那样,政治是"消遣、荣誉和利益的混合体"。[24]

当然,共和国初期的一些政客看待政治的方式基本上与亚隆·伯尔相同,特别是在纽约地区。但伯尔与他们相比仍有差别。我们常常会忘记他曾是一名何等杰出的政治领袖。他曾是美国参议员、副总统(在当时只有大人物才能当副总统)、一位觊觎总统宝座的野心家。他不仅在 1800 年总统大选中获得了与杰斐逊一样多的选举人票,1796 年的选举中,他也获得了 30 张选举人票,位列约翰·亚当斯(71 票)、杰斐逊(68 票)、托马斯·平克尼(59 票)之后,排名第四。前三位候选人都对国家做出了巨大贡献,其中,平克尼在 1795 年与西班牙的谈判中成功划定佛罗里达边界,开拓了密西西比地区与美国的贸易。剩下 48 票分散在其他九位候选人中,只有一位候选人获得 15 票。18 世纪 90 年代的亚隆·伯尔在人们眼中卓尔不凡、前途无量。而同一时期,没有哪位卓绝的政治领袖会像他这般费尽心力,为了个人形象与政治优势公然讲阴谋、耍诡计;也没有哪位伟大的政治革命家像伯尔那样不受意识形态和革命价值观的影响。

他肯定不反感庇护关系。人们常把庇护关系叫做腐败,革命理论家杰斐逊就极其厌恶这种行为。1801 年杰斐逊当选总统后,他对于把联邦党公职人员踢出白宫,以共和党人取而代之的做法显得顾虑重重。伯尔则完全无法理解杰斐逊的苦衷。伯尔是那种在荐官时(甚至最后毛遂自荐)恬不知耻的人。杰斐逊回忆起自己在 18 世纪 90 年代早期第一次见伯尔的时候,伯尔还是一个纽约的参议员,当时杰斐逊就不信任他。华盛顿与亚当斯理政时期,有一次正准备任命一位重要的军事/外交官员,伯尔闻讯后立即赶到首都"卖弄自己",用杰斐逊的话说,他想让理政者知道,"沽之哉! 沽之哉! 我待贾者也"。[25]正是这种对庇护关系的狂热让杰斐逊相信,伯尔并不是杰斐逊式的共和党人。[26]1807 年,总统杰斐逊终于逮到机会治其罪,他不遗余力地运用宪法法律原则,要给伯尔按上叛国者的罪名。

伯尔并不会因为自己在国会提携友人或帮他们忙而觉得尴尬,因为对他来说,这就是政治和社会运作的方式——帮助他人并建立个人效忠与情感联系。贵族是庇护人,底下的门客则对他们感恩戴德。所以伯尔尽可能广罗门客,慷慨之名也藉此而生。与那个时代所有的"伟人"一样,他甚至资助年轻艺术家,包括约翰·范德林,送他遍历欧洲。事实上,在熙熙攘攘的共和制美国,人们绝不会忽略任何一个创造恩惠或利益的机会。1802 年,当伯尔得知一位纽约的法国代理商准备为西印度群岛的法国部队补给食物时,他立即给这位法国代理商写了一封推荐信,"肉商温希普在肉类供应方面事事亨通,严格守时。值得先生的信赖"。当然,这位"肉商温希普"正是伯尔忠诚的副官之一。[27]

伯尔想做 18 世纪的贵族,但最大的问题在于他没有足够的钱让自己成为一名贵族。他说,钱虽"可鄙",但他需要钱。[28]尽管伯尔是纽约收入最高的律师之一,但由于生活奢靡,像贵族般处处慷慨解囊,因此他永远债台高筑,甚至常常濒临破产。他一而再再而三地借钱,还创造出结构复杂、可能随时崩溃的金融贷款制度。正是这种不靠谱的经济状况与其宏图大志之间的结合,才导致了伯尔不择手段的自肥政治。

所以,从伯尔仅存的少数信件中,我们看到了一个自信的贵族是如何利用公职想尽办法赚钱的。1796年,在他当选副总统无望后,他对参议院席位失去了所有兴趣。他不再出席参议院的会议,并将所有注意力都放在了投机倒把上。接下来,他加入纽约议会,希望藉此能够帮助他的商务伙伴,改善自己的财务状况。他力图推动免税法、桥梁与道路建设特许执照、土地报酬、外侨购买土地权,所有这些计划背后都有他与朋友的利益。1798—1799年,伯尔操控曼哈顿公司——以纽约市供水的国家特许执照作为幌子建立了一家银行——只是他众多自私自利的欺诈行为中最声名狼藉的一个。[29] 1801年,当他成为副总统后,他甚至动过继续当律师的念头。他问朋友,"带着职务的影响力上法庭"是否行得通?直到朋友告诉他,副总统上法庭为案件申辩并不适当——朋友说他会震慑整个法庭——他才放弃了这个想法。[30] 他越是不顾一切利用各种阴谋来确立自己独立的经济地位,就越是背离其他贵族所认为的革命后美国绅士领袖应该扮演的角色。[31]

伯尔永远都不可能是悠闲的贵族,他也不是依靠自己的土地及房产收入独立过活的乡村绅士。亚当·斯密说过,18世纪英国土地士绅不费吹灰之力就收入颇丰,"这些收入既没有耗去他们的劳力,也没有花费他们的心思,仿佛是天上掉下来的,没有任何预兆,也无需任何计划"。正是由于缺少直接参与市场的经验,英国土地士绅才表现得公正无私,这也是亚当·斯密认为这些士绅乃最佳政治领导者的原因。[32] 在古典共和思想中,唯有这样的绅士才能摆脱狭隘的市场利益与职业限制(除绅士外,社会以每一位男性的职业来称呼他们)。唯有这样的绅士才能做到公正无私,具备领导社会、促进公共利益的能力。在美国,要想找到这种无需工作就可获得收入的绅士是非常困难的。许多人认为,只有在南方才会出现理想中的独立乡村绅士的形象,当然也有像杰斐逊这种,蓄养几百名奴隶来让自己过上灯红酒绿生活的农夫绅士。

亚历山大·汉密尔顿试图证明,那些有学问的专业人士(他主要指律师)某种程度上就像乡村士绅,他们同样也可以在社会利益冲突中扮演公正仲裁者的角色。他在《联邦论》第35篇中写道,技工、商人、农民已深陷市场,鉴于利益关系,人们或许真的不应该相信他们能够在政治上作出公正裁决。但事实并非如此,汉密尔顿说,这些有学问的专业人士才是最佳政治领导者。他们"能感受到各个不同产业领域间竞争的中立性",因此他们很有可能是社会不同利益和职业的"公正仲裁者"。汉密尔顿于是强化了一个概念(这一概念影响至今):即律师与其他专业人员在某种程度上不受市场把控,更加大公无私;相对商人而言,他们更适合担任公平公正的政治领导职务。[33]

虽说伯尔是一名才华横溢的律师、绅士,但他似乎并不在乎这一切。他的作为超出了任何理想的共和派领袖行为的底线,这让汉密尔顿震惊不已。伯尔情愿陷在唯利是图的狭隘派别与利益泥潭中,也不愿假装立于社会各种利益之上去进行裁决。

和伯尔一样,汉密尔顿也一直需要钱,他也知道许多像伯尔这样的公务人员都在利用自己的政治关系赚钱。但他并不想同流合污。1795年,当汉密尔顿财政拮据、被迫下台之际,他的密友罗伯特·特鲁普劝他也做点买卖,尤其是土地投机方面的生意。特鲁普说:"其他人都在做这个,你为什么一点小钱也不愿意赚呢?又没有人会责怪你!直到现在你还不肯想想怎么让自己经济独立吗?"他甚至跟汉密尔顿开玩笑说,这种赚钱法能"让你这样的绅士富有起来。如今的世界就是这么厚颜无耻,一个男人如果没有足够的财富,不能过上安逸的生活,他就不会被人当绅士对待"。[34]

汉密尔顿拒绝了朋友的建议。他告诉特鲁普,"圣人"也许能侥幸得手,赚个盆满钵满,但他知道自己会被杰斐逊共和派对手当作某个"投机客"或"侵吞公款者"那样公开谴责。汉密尔顿冷嘲热讽地说道,他必须拒绝,"因为一定有些蠢蛋情愿背负无情无义的骂名也不会以公谋私——我的虚荣心偷偷对我说,我也该当一个蠢蛋,而且要在最适合的情境中为众人效劳。"[35] (1797 年,汉密尔顿因 90 年代初期利用财政部部长的职务之便牟取私利而被控涉嫌贪污。为了解释为什么 1791 年要塞钱给雷诺兹先生,他不得不将自己与雷诺兹太太间的风流韵事暴露在光天化日之下,来证明是雷诺兹先生勒索他。汉密尔顿情愿牺牲私德之名声,伤害自己的妻子,也不允许公德之名声有丝毫玷污。在众人眼中,即便偷偷摸摸当一个奸夫也要好过众目睽睽之下当一个贪官)。

与革命后的美国百姓一样,汉密尔顿一直以来都秉持经典的领袖概念,因此他用某种特殊的复仇方式来攻击伯尔也就不足为怪了——因为才气过人的伯尔所亵渎的正是这种经典的领袖概念。

事实上,伯尔的行为在早期美国政治中比比皆是。正是因为这种利己主义政治在各州立法机构,甚至国会中普遍存在,所以人们才会对贵族派头十足的伯尔的言行表现出惊恐不安。麦迪逊早已预见到,立法政治会成为各类自利派别之间的一场竞争。他在 18 世纪 80 年代就意识到,国家政治将被那些心胸狭隘、目光短浅的二流政客或无名小卒所支配,他们只看得到眼前利益,只响应选民的个体诉求。但麦迪逊与其他建国者也期待着,某位具有伯尔般世界主义背景、教育程度和天赋的人士能够超越地方主义以及某些特殊利益,独树一帜,以公正无私的方式来推动公益事业的发展。实际上,麦迪逊在 1787 年编纂新宪法时就希望鼓励那些具有世界主义眼光、接受过博雅教育的绅士参与到全国政府的选举中来。正如麦迪逊在《联邦论》第 10 章中所述,伴随着政府的进步、政治舞台的扩大、国家层面代表人数的减少,只有那些"最具魅力、最富感染力的"人才可能被选作大官。[36]

伯尔的举动直接驳斥了这种革命期待——即开明士绅领袖将在不同利益之间扮演公正仲裁者的角色。最糟糕的状况莫过于一群没有教养的商人、视钱如命的股票经纪人、心胸狭窄的工匠为了个人利益在政治舞台上你争我夺。但是,如果连伯尔这种受过博雅教育、应该"居高临下……睥睨一切卑鄙自私追求"(汉密尔顿语)的知名绅士都表现得像那些财迷心窍的逐利者,那么就没有人来调和这种狭隘的私利,看护整个社会的正义了。

难怪伯尔的举动在当时引起了"伟人"同僚的恐慌。身处另一阵营的汉密尔顿和杰斐逊也被伯尔的所作所为吓坏了——在他疯狂的西部冒险计划之前已是如此。1800 年选举,杰斐逊和伯尔所得的选举人票数恰巧相等(73 票),选举移交众议院,每个州的议会代表团都有单独一票。联邦党人倾向于投票给伯尔。他们中的许多人都这样想,刚刚当上美国大法官的约翰·马歇尔也是如此,他虽然完全不了解伯尔,但他恨极了杰斐逊。联邦党人非常害怕杰斐逊会对国家当局、商业与银行系统,以及美国对外政策做些什么。他们觉得杰斐逊是一个极为教条的民主党人,他想把国家带回到类似《邦联条例》的时代,而且他受制于法国,很有可能与英国开战。伯尔身上则不存在这样的威胁。

马萨诸塞的西奥多·塞奇威克对联邦党人的思想进行了总结。他说,伯尔不是民主党人,他与任何外国势力都没有瓜葛,也不迷信任何理论。他只是一个自私自利的普通政客,什么对他有利,什么能有助于他连任,他就倡导什么。但是,塞奇威克补充道,伯尔的"极端自私"也正是他的可取之处。"自私"将防止他伤害联邦党人的国家商业体系。塞奇威克说,伯尔个人从这一体系中受益颇多,他决不会做出任何摧毁该体系的举动。因此,他比杰斐逊更值得信赖。[37]

汉密尔顿则针锋相对。对他（和杰斐逊）而言，伯尔"自私"的名声才是问题之所在。伯尔或许只是像大多数美国政客那样，最终成了一个平易近人的实用主义者，但对汉密尔顿和杰斐逊来说，伯尔亵渎了他们心目中美国革命的方方面面。在汉密尔顿的心中，"无论怎样比权量力"，杰斐逊"无疑"都略胜一筹。这是品格的问题，他说道：伯尔没有品格，杰斐逊至少"也算有品格"。[38]

当总统选举问题在众议院悬而未决之际，汉密尔顿不遗余力地想要说服他的联邦党同仁支持杰斐逊，反对伯尔。从1800年12月至1801年1月的这五、六周期间，他接二连三地给这些人写信，有历史学家称汉密尔顿为防止伯尔当上总统，发起了一场"歇斯底里"的运动。汉密尔顿向塞奇威克请求道，"看在上帝的份上，请不要让联邦党为此人的升迁担负任何责任"。他一遍遍告诉自己的通讯员："伯尔只爱自己……他乐观到想要拥有一切，大胆到想要尝试一切，无耻到对一切都无所顾忌。"[39]即使知道自己与杰斐逊是私敌——他说，"如果在这世界上我必须恨一个人，这个人一定是杰斐逊"——汉密尔顿也更倾向于杰斐逊。伯尔则正相反。汉密尔顿私下里一直与伯尔相处得很好，但他说，政治事务不应该以私人关系作为考量。国家存亡命悬一线，他说，"公益事业必须优先于私人事务。"[40]他说服联邦党同仁不要投票给伯尔，杰斐逊才得以在众议院中以35票成功当选为美国总统。

亨利·亚当斯在他精彩的《杰斐逊政府史》中写道，"水火不容的两派政敌竟如此精诚团结，同仇敌忾，一起来对付伯尔，这在美国历史上闻所未闻"。不仅是杰斐逊与麦迪逊，整个"弗吉尼亚军团"都联合起来围剿伯尔，亚当斯说，正是汉密尔顿这个"最奇怪的朋友，与自己恨之入骨的敌人联手，成功实现了对伯尔的围剿"。[41]亚当斯在他的《美国史》中似乎很不解,那些不共戴天的敌人竟然可以团结一致反对伯尔,但他本不该落到如此境地。在他们心目中,伯尔对美国革命造成的威胁比其他任何人都要大得多。实际上,伯尔的威胁丝毫不亚于伟大革命带来的希望,不亚于整个共和实验(某种不受私欲左右的精英政治)在美洲的影响。正是出于这种威胁,汉密尔顿和杰斐逊最终联手击败了伯尔。对他们而言,伯尔对其阶级的背叛,比任何所谓的叛国罪都要严重得多。这才是亚隆·伯尔真正的背叛。

注释

1. Milton Lomask, *Aaron Burr: The Conspiracy and Years of Exile, 1805—1836*(New York: Farrar, Straus, Giroux, 1982), 398.

2. Charles J.Nolan, Jr., *Aaron Burr and the American Literary Imagination*(Westport, CT: Greenwood Press, 1980).

3. Samuel H.Wandell, *Aaron Burr in Literature* (Port Washington, NY: 1972, originally published 1936), 265.

4. Matthew L.Davis, *Memoirs of Aaron Burr*, 2 vols. (New York: 1836); James Parton, The Life and Times of Aaron Burr(New York: 1858).

5. Lomask, *Aaron Burr*, 2 vols.(New York, Farrar, Straus, Giroux, 1979, 1982).

6. Matthew L.Davis, ed., *The Private Journal of Aaron Burr*, 2 vols. (New York: Harper Bros., 1838).

7. Davis, *Memoirs of Burr*, 1:375—76, v—vi.

8. *The Papers of Aaron Burr, 1756—1836*, microfilm edition in 27 reels(Glen Rock, NJ: 1978); Mary-Jo Kline et al., eds., *Political Correspondence and Public papers of Aaron Burr*, 2 vols.(Princeton: Princeton University Press, 1983).

9. AB to Timothy Green, June 25, 1795, in Kline et al., eds., *Burr Papers*, 1:221.

10. AH to James A.Bayard, January 16, 1801, *Papers of Hamilton*, 25: 323.

11. W. W. Abbot, "An Uncommon Awareness of Self: The Papers of George Washington," in Don Higginbotham, ed., *George Washington Rediscovered*(Charlottesville: Unversity Press of Virginia, 2001), 280.

12. AB to Samuel Smith, May 19, 1801, in Kline et al., eds., *Burr Papers*, 1:583.

13. AB to T, June 21, 1797, in Kline et al., eds., *Burr Papers*, 1:301.

14. Lomask, *Burr*, 1, 87.

15. AB to William Eustis, October 20, 1797, to Charles Biddle, November 14, 1804, to John Taylor, May 22, 1791, to Peter Van Gaasbeek, May 8, 1795, to James Monroe, May 30, 1794, to Jonathan Russell, June r, 1801, to Théophile Cazenove, June

8, 1798, in Kline et al., eds., *Burr Papers*, 1:316; 2:897; 1:82, 211, 180; 2:601; 1:344.

16. AB to Theodore Sedgwick, February 3, 1791, in Kline et al., eds., *Burr Papers*, 1:68.

17. Theodore Sedgwick to AH, January 10, 1801, AH to James Bayard, January 16, 1801, in *Papers of Hamilton*, 25:311, 321, 320.

18. James Parton, *The Life and Times of Aaron Burr* (New York: Mason Bros., 1858), 1:235.

19. Lomask, *Burr*, 1:37, 44.

20. Davis, *Memoirs of Burr*, 1:297.

21. Editorial note, Kline et al., *Burr Papers*, 1:882; AB to Joseph Alston, November 15, 1815, in Kline et al., eds., *Burr papers*, 1:1166.

22. Gordon S.Wood, *The Radicalism of the American Revolution* (New York: Knopfs 1992), 198—212.

23. Editorial note, Kline et al., eds., *Burr Papers*, 1:267; Nolan, *Burr and the American Literary Imagination*, 50.

24. AB to Aaron Ward, January 14, 1832, in Kline et al., eds., *Burr Papers*, 2:1211.

25. TJ, Anas(1804), in *Jefferson: Writings*, 693.

26. Mary-Jo Kline, "Aaron Burr as a Symbol of Corruption in the New Republic," in Abraham S.Eisenstadt et al., eds., *Before Watergate: Problems of Corruption in American Society*(Brooklyn: 1978), 71—72.

27. AB to Victor Du Pont de Nemours, August IT, 1802, in Kline et al., eds., *Burr Papers*, 2:736.

28. Davis, *Memoirs of Burr*, 1:297.

29. Beatrice G.Reubens, "Burr, Hamilton, and the Manhattan Company," *Political Science Quarterly*, 72(1957), 578—607; 73(1958), 100—125.

30. AB to William Eustis, March 29, 1801, in Kline ct al., eds., *Burr Papers*, 1:549.

31. 关于绅士领袖应当扮演的恰当角色，参见 Gordon S.Wood, "Interests and Disinterestedness in the Making of the Constitution," Richard Beeman et al., eds., *Beyond Confederation: Origins of the Constitution and American National Identity* (Chapel Hill: University of North Carolina Press, 1987), 69—109.

32. On Smith and this kind of leadership see Gordon Wood, *The Radicalism of the American Revolution*(New York: Knopf, 1992), 68—69.

33. AH, *The Federalist*, No.35.

34. Robert Troup to AH, March 31, 1795, *Papers of Hamilton*, 18:310.

35. AH to Troup, April 13, 1795, *Papers of Hamilton*, 18:329.

36. Kline, "Burr as Symbol of Corruption," Eisenstadt et al., eds., *Before Watergate*, 75.

37. Theodore Sedgwick to AH, January 10, 1801, *Papers of Hamilton*, 25:311—12.

38. AH to Oliver Wolcott, Jr., December 16, 1800, to Gouverneur Morris, December 24, 1800, in *Papers of Hamilton*, 25:257, 272.

39. AH to Theodore Sedgwick, December 22, 1800, to Harrison Gray Otis, December 23, 1800, to Gouverneur Morris, December 24, 1800, in *Papers of Hamilton*, 25:270, 271, 272.

40. AH to Gouverneur Morris, December 26, 1800, in *Papers of Hamilton*, 25:275.

41. Henry Adams, *History of the United States of America During the Administrations of Thomas Jefferson* (New York: Library of America, 1986), 1:226.

尾声：建国者与现代舆论的产生 *

开国先贤的思想创造力（intellectual creativity）毋庸置疑。塞缪尔·埃利奥特·莫里森（Samuel Eliot Morison）与哈罗德·拉斯基（Harold Laski）认为，除了 17 世纪英国内战的几十年外，现代史上没有哪个时期的政治思想可以如此丰富，旦夕之间为西方政治理论作出巨大贡献。[1] 当美国人拼命解释自己在新世界的不同经历，最终来为革命与新政府辩护时，他们不得不用 18 世纪的各种工具——如报纸、小册子、国家公文、诗集、戏剧、讽刺作品，当然还有信件——口授或撰写政治的缘起与发展。依托私人通信来交流思想确实让革命岁月成了美国历史上书信写作的黄金时代。（若没有杰斐逊的信件，我们何以知晓其想法？）革命者创造出大量了不起的政治文献，而最了不起的地方在于，这些政治理论通常都出自政治实践家的笔下。

虽然革命领袖有着丰沛的思想创造力与生产力，但很显然，他们不是职业作家。他们不是一群做政治宣传的潦倒文人。他们也不仅仅是文学家，或者像 18 世纪法国哲学家、英国奥古斯都时代保守派讽刺作家那样的"知识分子"，他们不靠笔杆子写政治评论来获取名利。当然，确实有很多像约翰·特朗布尔（John Trumbull）和菲利普·佛伦诺（Philip Freneau）这样的美国作家力图成为职业文人，但革命领袖却是个例外。革命时期，大多数思想

---

* 本章曾以《美国革命的思想民主化》为题发表于 Library of Congress Symposia on the American Revolution, 3d, 1974, *Leadership in the American Revolution*（Washington：Library of Congress, 1974），63—89，经允许修改后收录于此。

领袖都是些兢兢业业的牧师、商人、种植园主与律师,他们在写作方面的确是个外行。托马斯·潘恩则是一个典型的例外。

写作对于建国者来说无疑有着重要的意义。他们通常都借助自己的作品崭露头角。印花税法案危机中的约翰·亚当斯和1774年的杰斐逊就是凭借文章引起了同行的注意。连华盛顿也是因为1754年发表了参与西部地区法国印第安人战争的经历而首次受到公众关注。但他们依然不是职业作家。写作只是他们生活的副业,是身为绅士的诸多成就或责任之一。因为是绅士,所以他们从不为钱写作,出版作品时也常常不署真名。他们认为自己的作品,即便是纯文学,也只是为提出某个政治辩题或展示其学识及绅士地位的一种手段。

然而,像詹姆斯·奥迪斯(James Otis)、理查德·布兰德(Richard Bland)、托马斯·杰斐逊、约翰·亚当斯等人,不仅是业余作家,从某种重要的意义上来讲,他们也是业余政治家。就其为政治付出的时间和精力而言,大部分革命领袖不能确切称之为职业政治家,至少从这个词的现代含义上来说是这样。正如我们所见,他们与公共生活的关系、对公职概念的理解和今日截然不同:他们的政治生涯不会创造出社会地位,而是取决于其既有的社会地位;他们的政治领导力亦如他们的思想领导力那样,是其社会领导力的结果,而不是产生社会领导力的原因。其中一些人——最有名的就属华盛顿了——甚至拒绝接受酬劳,并抗议说绅士因公务收取酬劳是一件很不得体的事。

作为绅士,他们认为自己有义务领导社会、担任公职并建立共识。富兰克林一定感受到了这份职责。1750年,富兰克林提醒他的朋友,纽约的王室官员卡德瓦拉德·科尔登,"不要让你对哲学消遣的喜爱超出了它在你心中应有的分量"。公职远比科学重要得多。富兰克林说,实际上,如果公众需要牛顿的话,即便"他的发现再了不起",也不能当作拒绝为全国人民服务的借口。[2]

由于公职被视作义务,所以在建国者心中,它往往是一种令人不悦的负担,一种不幸的责任,因为身处上层社会,公众便把这一责任强加给了他们——当然有时这样说并不恰当,却是他们内心由衷的流露。杰斐逊的信件很少充斥个人情绪,但在1782年写给门罗的信中他抱怨说,自己多么想寄情山水,远离痛苦的公职生活,是社会压力迫使他不得不参与到公共事务之中。[3]在今天,如果我们听说政治家抱怨公职带来负担,一定会莞尔一笑,而18世纪的领袖会有这样的感叹,正是因为他们并非职业政治家,他们习惯于隐居山林、解甲归田,其背后的意义我们今天已是很难再体会到了。

由于革命领袖都是有特权、有责任感的文雅之士,与民众的关系亦建立于个人及社会威望之上,所以他们认为自己的演讲和文章不需要在同一时间直接作用于所有人,只须影响那些理性的开明人士即可,开明人士会转而利用民众的恭敬之情来领导他们。在18世纪,有政治头脑的美国民众人数要比英国更多,但当时绝大部分的政治文献却不像宗教文献那样拥有广泛的读者群。[4]这些革命领袖多半把读者当成和他们自己一样理性的文雅之士。当然他们也意识到,作品的出版将使自己的想法在俗人面前展露无遗,因此他们常常会借助化名,而在革命之前,他们却极少迎合大众。革命领袖意识到了民意(*public opinion*)——18世纪早期,该词首先出现于英语世界——但在他们眼中,民众群体的范围有限。[5]

对绅士而言,关乎荣誉的文人雅事实际上不可能发生在民众这个群体里。荣誉是一个贵族概念。它的本质就是声望,但真正的声望只存在于同道之士的眼中。流言蜚语无孔不入,每位绅士都唯恐受到造谣中伤。因此,破坏某人的荣誉往往以决斗而告终。虽然在18世纪的最后25年里,荣誉仪式化的事态已经非常普遍,但正如我们在汉密尔顿卷入的 11 场决斗中所见到的那样,大部分决斗最终都不会真正交火。[6]

革命领袖在写作与演讲时通常所设想的民众,是一群和他们自己所处的社会环境大抵相同的通达之士。"我一谈及民众,"约翰·伦道夫(John Randolph)在一本 1774 年的政治小册子中写道,"我只愿考虑其中理性的一部分。粗鄙之人不适合评判时政,正如他们不宜掌管政府那样。"[7]在民众面前如此开诚布公本已少见,当革命来临时就更为难得了。虽然只有极少数革命者和伦道夫一样瞧不起民众——他们中的大部分人实在没什么理由害怕或诽谤人民——但他们依稀秉持着这样一种不可言明的想法:即唯有那些同他们一样有教养的人士所形成的民意才值得关注。[8]

事实上,在 18 世纪中期,这些阳春白雪之作的读者群比我们想象的更为有限。识字的普及率显然不是问题的关键,是报纸和小册子的价格限制了这个群体的发展。虽说买一本小册子只需花费 1 到 2 先令,但这还是超出了大多数人的承受能力。[1789 年,连宾夕法尼亚的参议员威廉·麦克雷(William Maclay)都认为自己买不起一本《联邦论》抄本,他希望有人能借他一读]。[9]的确,在自由之子(Son of Liberty)小组或镇民大会上宣读小册子的做法,不仅表明了发行的幅度,也显示了发行的限度。甚至精英人士也普遍依赖众手相传的小册子,把它们当作信件来阅读。[10]

毋庸置疑,革命前的半个世纪,美国的思想氛围一直变动不居。18 世纪 20 年代,殖民地只有不到 6 家报纸,订阅量也很有限;到 1764 年,已出现了 23 家报纸,每份报纸的发行量都是早期发行量的两到三倍。1741 年到 1776 年间,人们至少试刊了 10 份杂志,虽然它们都没能坚持几年,但这些努力让人看到了希望。由于大多数出版物都把政府事务放在最显要的位置,民众的政治意识势必见长,印刷机也成了重要的公共象征。政治小册子的发行量与日俱增,革命前夕这些作品在许多城市的竞选活动中发挥了特定的作用。实际上,从1639年到1800年间,有四分之三的出版物出现在18世纪的最后35年里。[11]所有这些发展都将从本质上彻底改变这群颇有政治头脑的美国大众读者。[12]

且不论美国大众读者的实际规模有多大,重要的是革命领袖相信他们的目标读者都是些见多识广的文人雅士。我们知道,他们仅凭文风和写作内容,就想当然地认为听众或读者都是他们这样的贵族。他们把自己和读者看作知识分子群体("文坛")的共同参与者,这种观点让他们对其读者的同质性与智力水平抱以信心,反过来也决定性地影响到他们文学创作的特性。[13]

除了为人所熟知的作品外,这些报刊文章及小册子往往是他们在立法大厅各类演讲的扩充,立法辩论报告尚未刊发前,就靠这些文章来向其他绅士阐述他们在立法机构说了些什么或是想说什么。因此,斯蒂芬·霍普金斯(Stephen Hopkins)的《殖民地的权利》(*The Rights of Colonies Examined*)在罗德岛议会上一读后,就被表决认为应当以小册子的形式予以发行。[14]甚至更多迹象表明,小众精英依赖私人信件交流思想,由此形成了他们对于读者的认知。想要区分革命者的私人信件和公开作品往往不太容易,因为两者实在太过相似。出版的作品有时甚至会采取信件的形式,如约翰·亚当斯的小册子《关于政府的思考》就是脱胎于他原本写给同事及友人的信件。[15]

除了学术盛行和文学的个体形式彰显出读者小众精英的性质外,漫骂和论战也表现出了作者心目中小众读者的特征。许多辩论是非常个人化的,一连串绅士间的私人交流,突然就莫名其妙地变成了恶毒的人身攻击,熟人最终成了外人。由于这类毁谤的目的是破坏对手的声望,所以控诉的内容从酗酒好赌到阳痿通奸,无所不用其极。[16]这些尖酸刻薄的闹剧就像梅尔西·奥蒂斯·沃伦

（Mercy Otis Warren）笔下的案头讽刺戏，因为作者深谙听众或读者心中一定有些要嘲笑或讽刺的对象，剧本才能获得如此广泛的影响力。若对受众不甚了解，剧中的许多噱头——乔装的人物性格，隐晦的参照对象，某人的笑柄，大量的影射——就荡然无存了。[17]

讽刺作品在革命文学中的盛行，很大程度上也反映着受众的精英性质。讽刺作品作为一种文学手法往往依赖于一群有着共同是非观，具备一定理解能力且高度同质化的受众。读者的指摘对讽刺作家而言犹如冷水浇背，因此他必须和读者建立密切关系，期待他们能分享自己的品位与看法。一旦这种密切关系破裂，或者讽刺作家的读者异质化，开始怀疑、混淆曾经共有的价值观念，一旦讽刺作家不得不去解释他的讽刺内涵，那么讽刺就失去了意义。[18]不过，大多数革命作家认为（至少在一开始是如此）存在某种正确行为的普遍原则，他们期待自己的读者是或将是有品位、有判断的精英人物，能对作品产生一致的回应。

几乎革命领袖的所有文学作品都在提醒我们，无论从作品的形式、内容、论证或讽刺技法来看，那都是一个与今日截然不同的思想世界。在那个为绅士所主导的世界里，绅士既是业余作家也是业余政治家，除了偶尔对公众纡尊降贵之外，他们热衷于消遣那些和自己一样的人，热衷于把人们教导成或自认为能够教导成和他们自己一样的人。而区分革命时代文学作品与当今文学作品的关键，不是其他，正是其备受推崇的修辞特色。事实上，革命者的耽于修辞、乐于和受众有效沟通，最终都推动了美国人精神生活的转型。

修辞在今日的含义已与18世纪大为不同。对我们来说，从正面看，修辞就是演说术；从负面看，修辞就是诡辩与浮夸，在自我表达上缺少我们所看重的真诚与实在。对革命人士来说，修辞简言之就是说服的艺术，这也正是18世纪博雅教育的核心。它被视为绅士必备的标志,政治家不可或缺的技能,尤其是对共和政体中的政治家而言。[19]无论口语或书面语,皆需精雕细琢以烘托效果。由于修辞效果取决于受众对领袖的印象,因此受众的任何变化都可能大大改变领袖言说与写作的风格及内容。

　　回首过往,这个被热心公益的哲学政治家(philosopher-statesmen)所主导的18世纪新古典主义世界已辉煌不再。当革命名流依旧忙着学术争论,试图说服理性人士相信抗争之必要、政府之必要时,社会进程却最终打破了他们在政治与思想上的权威。一个民主的新社会正在崛起,它是革命的因,亦为革命的果。《独立宣言》之后逐步出现的共和社会及其文化虽如1776年前的美国社会那样平等,亦如18世纪某些殖民地的选举制度那样分布广泛,但与原先的社会相比依然有着本质的差别。18世纪古老的等级制度与同质社会——一个依靠个人影响和纵向联系支撑的庇护制世界,它在美国表现得并不明显,不像在英国那样有着明确的标准,庇护制世界最重要的鸿沟存在于绅士和普通人之间——遭受着革命所释放并加剧的各种力量的困扰。如今它终于分崩离析,在之后的几十年中被新的社会关系、理念和看法所取代,绅士与普通人之间的界限彻底模糊起来。革命之后的美国新人——那些原本籍籍无名的普通人——为锦绣"钱"程而痴狂,叫嚣着要在新的政府和经济制度中分得一杯羹。如今,"人民"被反复告知,他们理应在政治中占有一席之地,成千上万名崭露头角的群众领袖(他们缺少绅士派领袖的传统特质)唯恐人们忘了这一点,不断地提醒、劝导,甚至恫吓他们去培养政治和社会意识。在这样的压力下,18世纪的旧世界在一代人之间,或者说在独立之后就完成了转型。当政治家、作家、演说家的受众膨胀到难以想象的地步时,除南方地区之外,所有绅士都逐步丧失了自己在政治与思想上的垄断地位。

虽然变化并非始于革命之初,但在革命过程中这些变化的确日益显著。在革命运动爆发之前,只有少数美国人(主要是王室官员及其亲信)担忧美国政治社会规模的扩大。但宗主权之争使所有美国人清晰意识到,人民若走上街头会产生怎样的后果及影响。政治领袖在与皇权抗争的过程中,竞相表示自己是何等亲民,从而大大扩张和巩固了民众基础。[20]鉴于辉格派支持人民反对王室的做法已是大势所趋,多数美国领袖都无法不予理睬。1766 年马萨诸塞众议院建立旁听席以供民众见证其辩论之用,这是美国文化民主化过程中至关重要的一步。1770 年宾夕法尼亚众议院虽情非所愿,但还是紧随其后,其他地区的议会也亦步亦趋,最终向广大民众伸出了橄榄枝,在辉格派领袖的鼓动下,号召人们联合起来反对大英帝国。[21]

然而积习难除,议会流程说到底还是绅士之间的私事,这个观念依旧深入人心。立法机关的投票结果仍然无案可查,辩论的相关报道也极少披露到外界。1776 年革命者开会探讨各州新宪法时,他们认为既没有必要做会议报道,也没有必要选登其保密誓词,以防言论外泄。结果就是我们对那几个月围绕《独立宣言》而召开的重大闭门会议知之甚少。显然,领袖们认为只有立法机关或会议大厅里的人才有资格聆听他们的辩论。

然而十年之后的 1787 年,局势已经发生天翻地覆的变化。在许多州,尤其是宾夕法尼亚和马萨诸塞,立法辩论已经开始被越来越多的报纸所报道(包括各类日报)。政治领袖们对立法两院之外存在着一个更为庞大的政治社会很敏感,甚至感到恐惧。政治不再被视为绅士的特权,身陷舆论漩涡的绅士们从而发现自己不得不向代表大众平等的革命意识形态让步,因为任何贵族政治的苗头,如今都会遭到那些千方百计想要败坏既有精英领袖名誉的新兴大众代言人的攻击。随着情况的变化,1787 年费城会议的代表认为有必要采取特殊手段以保护他们活动的隐私;不允许报纸刊登任何会议原始材料;会议上的言论不得外泄;甚至还设立了哨兵以防外人侵入。而这种对外界公众的敏感性在十年前根本不存在。

到18世纪80年代末,参加会议的绅士们开始确信,现在公众——有代表称之为"盲目、轻信、机动性强"——不仅对于关起门来的事情感兴趣,而且如果让他们从"轻率的印刷商"出刊的读物中了解到辩论内容,那么无处不在的民意必将限制与会代表的言论自由。[22]许多事件都表明这次的刻意保密意义重大。费城会议的代表在谈论这些敏感问题时(诸如贵族政治以及对民众力量的恐慌)所展现出的非凡率真和魄力,在几个月后召开的各类宪法批准会议的辩论中就明显看不到了。由于批准会议向公众开放,会议程序为媒体广泛报道,因此,每场辩论风格和特色的不同恰恰意味着广大民众对美国政治精神生活的深刻影响。据后来报道称,麦迪逊认为"一旦辩论被公开,宪法就无法在大会上通过"。[23]事实上,宪法提案的支持者非常清楚,"该计划一旦公布,它定会受到民众领袖的攻击。贵族政治将成为一个口号;一个在敌人眼中过时的口号"。[24]因此,宪法拥护者在随后的公开辩论中发现,自己不得不反复向公众强调新联邦政府的亲民性和"绝对共和"的特性。几个月前还在为民主政治深感忧虑的人们,如今竞相表达对人民的无比热爱,试图以此超越对手。"先生,我们推崇民主",他们在回应民众对宪法的批判时这样说道。[25]

虽然宪法支持者私底下对民众力量和少数服从多数原则感到恐惧,但是为了彰显宪法的民主特征,他们采取了极度亲民的路线,辩论中也处处体现着博雅教育传授给他们的修辞艺术(使他们的论述更契合受众的性情与需求)。对我们而言,他们或许是虚伪矫情的。然而,一个政治和思想上的领袖需要修辞并不意味着他不够诚实或者表里不一,尤其当他的受众是人民的时候。宪法辩论中展现的私人与公共情感的鸿沟问题曾是整个18世纪美国公共讨论的核心(曾在革命期间达到巅峰),如今只是新瓶装旧酒而已。

在一整个世纪中,甚至更早,各地的开明人士都沉迷于某种被称为"马基雅维利式"的表里不一当中,它将人们潜藏的感受或动机与其公开面目刻意分离,对修辞的态度更是助长了这种痴迷的情绪。人们常常担心某些伪善者会擅用职权,对公众弄虚作假。所谓十恶不赦者,如伊阿古,就是通过阴谋和谎言达到自己目的的人;在开明的18世纪,实际上除了指称这类说谎者之外,很难再找到其他意义上的邪恶了。[26]

这些18世纪美国政治生活特征背后的基本假设最终成为1776年起义的关键因素。反对英王统治的殖民地反对派发言人再三强调,那些声称为人民服务,私下却总想着赢得大人物垂青的侍臣是何等的虚伪与谄媚。装腔作势、欺上瞒下、图谋不轨,这些做法很快遭到指责,政治气氛中处处弥漫着对当权者的怀疑。反对派发言人称,应该由真正的爱国者——像他们自己这样的人——来替代这些侍臣,爱国者无须隐瞒、无须欺骗,因为人民是他唯一的依傍。当混合政府这一传统理论被提出时,人民或许尚缺能力与智慧,但他们用正直和真诚弥补了这些缺陷。因此,作家、评论家,甚至绅士自己都很乐意装作普通农民来批判其他绅士的那种贵族式的自命不凡和表里不一,因为后者常常表现得居高临下,或是看似拥有某种他们没有的特权与权力。同时,他们还引用一些18世纪作家的观点——从理查森到卢梭——来支撑自己的论证,进而赞美了真诚(sincerity)的道德价值,或现象与本质、行为与目的之间的严格对应关系。

例如,约翰·亚当斯就曾赞美过平等。18世纪60年代的青年亚当斯以"庄稼汉汉弗莱"（Humphrey Ploughjogger）为笔名，代表所有普通而卑微的人（他们是用"优质黏土烧制成"的"世界上最伟大的人"）而战。他问道，"哪类人更好"？他总结说，"除了人们自身功过之外，彼此之间并没有差别。"亚当斯认为副总督托马斯·哈钦森及其麾下的绅士"自视甚高、目空一切，对他人傲慢不逊、鼻孔撩天"，实际上这些人并不比他好到哪儿去。他饱含着共和派天真稚嫩的热情说道，让人民来决定哪类人更好，他们将是判断功过最好的法官。[27]

美国革命之初，很少有辉格派人士能深刻认识到，把自己所归属（或希望归属）阶层特有的贵族式狡猾自负与平民的真诚坦率相比对，这种做法会让局面一发不可收拾。1776年，许多人（如约翰·亚当斯和托马斯·杰斐逊）貌似平静地注视着那些"衣着普通、学识平平、出身一般……"的新人替代傲慢无理的贵族担任政治职务，内里却已是心潮澎湃。用杰斐逊的话说，不必担心这种"政治变质"，因为这些新人是"人民的仆人（人民一般来说都是正确的）。他们朴素、不善伪装，……少了些谋算，多了些真诚"。[28]

由于大西洋两岸剧烈的社会转型推动了价值观的改变，精英领袖们开始感怀普罗大众和那种发自肺腑的自然言说。18世纪中期，修辞学家认识到人们需要一种能够感化受众情绪的语言，一种更为自然、不加修饰、不落俗套，足以表达演讲者内心最朴实想法的言说。[29]

在托马斯·潘恩的作品中我们看到了这种修辞风格上的变化。在帕特里克·亨利的演讲中我们同样看到了这些，他与潘恩一样，力求广泛而深入地接触各阶层群众，并在这一过程中激发出绅士派同僚的敬畏与惊恐之情。亨利是一个失败的农场主和小店主，但在23岁那年他自学法律，很快便崭露头角，成为穷人和中农在弗吉尼亚众议院的代言人、弗吉尼亚西南部的宗教异议人士。

就像他年少时聆听的福音牧师那样,亨利成了绝大多数普通人仍然赖以生活的口传文化的大师。

和潘恩一样,亨利刻意避开了传统的说服方式,力求向大众表达内心的各种情感——包括极度的反感与期盼。而按照之前的惯例,传统精英在演说和写作中是不被允许这样做的。此外,他也像潘恩一样没有接受过正式教育,因语法使用不当、文辞俚俗而遭到诟病。面对这些事关其口音与讲话风格的批判,亨利一概不予理会。就像他的议员朋友埃德蒙·伦道夫指出的,亨利认识到某种"在正式场合不受待见"的土话"反而更接地气。"[30]他和潘恩一样试图冲破修辞上的条条框框,正如伦道夫所说,他想告诉众人,"去感受就对了"。[31]

对潘恩和亨利来说,辞藻华丽、引经据典不再比真诚坦率、情感自然流露更为重要。在这种氛围里,将希腊文和拉丁文作为绅士专利或装饰的做法开始受到抨击,书面语和口语本身变得不再可信,根据洛克"不信意象"的观点,人们越来越强调,在交流中我们所需要的是内容而不是辞藻。[32]由于言辞(更不用说古典语言了)与培养教育以及贵族政治息息相关,所以在杰斐逊等人眼中,那些普通人、目不识丁的农民,乃至天生辩才的质朴的印第安人才真正应该受到尊崇。

到了18世纪最后十年,这些事件的意涵对于某些美国士绅来说已日趋明了。因公权滥用而引发的忧虑促成了新联邦政府的建立,对民主的恐惧也最终变为18世纪90年代联邦党化不开的情结。多数联邦党领袖(至少是那些在革命时期资历深厚、颇具政治意识的领袖)并未料想到自己有一天会变得惧怕人民。他们像正统辉格党人那样,认为英国的影响力一旦消失,人民将会以一种异于英国王室的方式来标榜真正的爱国者和天生的贵族。但在革命后的几十年中,人民却被一群如雨后春笋般涌现的煽动家骗得团团转,他们都是昔日朝臣中颇受欢迎的同伴,这着实让联邦党人苦不堪言。

18世纪90年代联邦派作家和演说家的回应与18世纪绅士如出一辙:他们喜欢把玩讽刺、咒骂等传统精英式武器,致使人心激愤,这在美国是史无前例的。不过,口头上的谩骂和嘲笑——反对民主、煽动、粗俗——正是为美国开创的新文化所量身打造的一种修辞手段。这些联邦党人口中的污蔑与咒骂之词极有可能是有意夸大的结果,而不是一个讽刺作家内心真实情感的表达,因为在相同境况下,任何一位绅士都会义愤填膺,实属情有可原。[33]这些修辞上的痛毁极诋是以当时情境下,受众对真理普遍原则的认可与讽刺作家所诉诸的合理性为基础,来烘托效果的。然而这些年,美国社会文化的民主化过程不仅扩大了公众的范围,使公众更加多元化,也降低了作为讽刺效力之基础的正义与规范行为的一般标准,破坏了联邦派作家在修辞方面超然于当下的能力。因此在之后的数十年间,联邦党人继续寻找一种可劝导受众,同时又不疏离他们的修辞方法。

多数革命士绅很快就意识到,美国人民似乎置身于公众批评之外;不能再像以前那样称之为"乌合之众"(herd)了。1788年6月弗吉尼亚批准宪法草案期间,埃德蒙顿·伦道夫以该词指称人民,帕特里克·亨利当即予以声讨。亨利指责道,通过把人民比作"乌合之众",伦道夫"将他们的身份与层次降至最低水平,从受尊敬的独立公民降格为卑下的臣民甚至奴隶"。伦道夫不得不迅速做出辩解,他强调"不想因为这个词而令人反感,自己只是用它来指称人民大众罢了"。[34]很显然,他以后不会在公开场合使用这个词了。

此次交锋是美国文化史上的一次重要转折。联邦派人士发现,要公开说出他们看到的真相却不因此受惩罚已变得越来越困难。因此,他们更多以匿名的方式出现,与其说是因为在其他绅士看来,一位绅士给平民百姓写作显得不甚得体,不如说是被平民百姓(那些投票者)发现一位绅士在公开写作会有不良后果,尤其当这些文章包含某些不得人心之内容的时候。[35]联邦派人士总结道,"在民主国家,作家们畏惧人民远甚于替人民担忧"。因此,正如革命领袖所揭示的那样,政治科学原则将"产生不利的传播及影响",美国知识分子对政治的贡献也将因此而终止。[36]

一些联邦派人士在与民众渐行渐远之际,依然刚愎自用,他们把人民的蔑视看作荣耀的象征,期望子孙后代能够维护自己的名声。[37]而其他联邦派人士则无法轻易抛却绅士领袖的角色,他们竭尽全力扩大自身影响,有人最后总结道,他们太需要讨好人民了,如果他们唯有"凭借伪善之言才能达到目的,我们也就不得不依赖它了"。用汉密尔顿的话来说,他们开始意识到,"在我们这样的政府里,工作的第一要务就是保障人民的言论"。但是在与共和派的竞争中,费舍尔·埃姆斯说道,联邦派就像"以平静抗衡激情;以枯叶抗衡旋风;以火药之轻抗衡其爆发之力"。[38]他们无法即刻摆脱18世纪传统的修辞技巧和精英统治手法。他们继续依赖那些像他们自己一样小众的、对民众及粗鄙之人极尽讽刺的理性绅士。相较于新兴媒体(尤其是报纸),他们也更喜欢以"特定绅士"之间通信的方式,来表达对无知大众的看法。[39]

18世纪90年代,联邦党人及其对手(杰斐逊派共和党人)都意识到了大众传媒在美国公众生活中的角色转变。[40]各类印刷品——书籍、小册子、传单、期刊、海报、报纸评论——销售量成倍增加,出版物通过新的分销渠道进入那些不习惯阅读印刷品的寻常百姓家。就纽约市而言,书商的数量从1786年的5家增加到1800年的30家。[41]没有一种传播媒介比报纸更重要;此时各党派人士都开始相信是报刊一手塑造了美国政治生活的轮廓。报纸的数量从 1790 年的 100 种变成了 1800 年的 230 多种;到了 1810 年,美国人每年购买 376 种报纸,共计 2 200 万余份,是世界上报纸合计发行量最大的国家。[42]随着读者群的迅速增长,报纸的风格与内容也发生了变化。多数报刊(尤其是那些受联邦党人控制的刊物)保持了 18 世纪的特征,其他一些报刊则开始响应广大民主群众的需求。价格降低;使用引人注目的新排版;漫画出现了;政治信息替代了封面广告;政治演讲、辩论及传闻也付梓印刷;社论出现了;传统的化名被"人民之友"或"人民一分子"这些更具吸引力的署名所取代。绝大多数公共写作都出现了明显的简化和通俗化特征。作者们减少脚注及古典文学典故的数量,不再卖弄学识,以潘恩的方式来适应读者大众的新特性。[43]

当然,并非所有 18 世纪 90 年代的绅士都变成了联邦党人,也并非所有绅士都对现状忧心忡忡。杰斐逊等共和党领导层的绅士依然保持着早期辉格党对人民、对那些杰斐逊称为普通人"诚实之心"的高度信任。杰斐逊及其南方共和党同僚之所以对民主深表信心,一定程度上是因为他们没有接触民主——这一政治形态已严重扰乱北方社会,并将大众对"杰出人士"的顺从(南方士绅视之为理所当然)蚕食殆尽,而此时大多数南方种植园主尚未受到民主选举政治的影响。[44]此外,由于北方的民主发展——不仅有新兴的大众文学及大范围的公众,还有更广泛的选举权、新移民、动员新人参与政治——也倾向于支持共和党的事业,所以他们似乎并不担心各地的共和派绅士,而只是证明自己的革命抱负以及对人民的信任。

然而,共和派政治及思想领袖一开始在应对广大美国民众时并未展现出比联邦党人更多的学识。可以肯定的是,开明的杰斐逊总爱充分交流思想,他几乎是唯一一位不喜欢费城会议代表"三缄其口"的建国者,他说,这种做法只反映出"他们对公开讨论的价值一无所知"。此外,在 18 世纪 90 年代初,麦迪逊就曾鼓励发展"任何促进情感交流"的形式,诸如公路、贸易、频繁的选举,"尤其是报纸在整个民族中的传播"[45],以利于自由与共和政府的建设。到 90 年代中期,随着美国文化通俗化进程的迅速发展,杰斐逊依然坚信政治小册子是给"这个国家有思想的人"看的——它将"使全民族撸起袖子争权利",他也继续倚赖私人通信来传播自己的观点。[46] 与此同时,尽管麦迪逊承认公众的范围已经扩大,但他依然坚持为小圈子里的有识之士写一些学术文章(例如他的"赫尔维乌斯"系列文章)。

而许多其他的作家、演说家,那些无教养、无学识、无品格的普通人士——简言之,他们不是绅士——如今却想着"要毫无顾忌地担负起教化众人的职责"。到了 1800 年,塞缪尔·米勒教士在他呕心沥血所著的启蒙运动纲要——《18 世纪简要回顾》(*A Brief Retrospect of the Eighteenth Century*)——中写道,近来许多美国政治与思想领袖都落入了"那些无绅士之雅致、学者之灵通、德行之节操者的手中"。[47] 在过去十余年里,中产阶级开始逐步介入美国的政治与思想生活。如杰迪戴亚·派克(Jedediah Peck),他"目不识丁却精明狡诈","言辞低俗,说话有气无力带着鼻音,所以在公开演讲中常常显得不知所云";而 1764 年来自爱尔兰的佣工马修·利昂(Matthew Lyon)则在佛蒙特成了一位富有的商人与编辑。[48]

与联邦党人以写信的方式,联合那些具有影响力的绅士做后援来竞选职务不同,这些平民政治家(无一不是杰斐逊派共和党人)开始大肆宣传自己的候选人,并公开竞争政府要职。他们利用报纸来影响普罗大众,挑战联邦党人的假设:即只有受过教育的有钱绅士才能行使政治权力。[49]

这些新人与派克一样,认为自己与"农民兄弟、工匠兄弟、商人兄弟"毫无二致,他们在报上的文章也多以"人民之友"或"一个庄

235

稼汉"来署名。汉密尔顿和麦迪逊所用的传统署名并不适合他们。他们开始在立法机构和报纸上攻击所有那些"说话委婉、善于饰非掩丑的律师、有识之士及有钱人"。[50]由于老百姓讨厌律师，在中产阶级的批判中他们自然首当其冲。据说，律师"用一大堆繁琐的手续将法律实务裹挟起来，让人无法一探究竟，只能雇用他们来抽丝剥茧。一旦向其咨询，没有五美元他们是不会开口的"。[51]

美国北方的联邦派士绅被这群新贵吓住了，他们蛮横无理却有胆有识，他们资助过许多领袖并为北方杰斐逊派共和党提供了相当大的支持。但联邦党人害怕的不是社会流动本身。他们早已习惯无名小卒在美国一跃而起成为绅士；事实上，很多联邦党人自己也是这种社会流动的产物，我们所见到的汉密尔顿和亚当斯就是极好的例子。但在传统上，那些沿社会阶梯向上攀爬，摆脱自己鄙陋出身进入绅士阶层的人往往是通过读大学或努力习得贵族特性才得以成功的。

联邦党人并未对这群90年代的共和党新贵有任何愤怒与怨恨之情。正如我们所见，很多革命者对掌控着皇家政府的托利党贵族有着同样的怨恨。约翰·亚当斯曾化名为"一个庄稼汉"来表达自己对托马斯·哈钦森及其党羽贵族式矫情的愤怒。但他消弭此种差异的方法不是去歌颂自己低微的出身，而是在他们的游戏规则中胜过哈钦森之流。或许亚当斯是以一个乡巴佬的身份开始他的写作生涯，但他无意再继续做一个村野匹夫。相反，他下决心让自己变得更有学识、更有教养，最重要的是要比哈钦森这群养尊处优的纨绔子弟更有正义感与公德心。[52]

美国革命后出现的共和党新贵的做法则大为不同。他们不怕成为18世纪30年代本杰明·富兰克林所嘲讽的"黑白混血绅士"（molatto gentlemen），即那种力求成为绅士却还不够格的普通民众、工匠和商人。18世纪30年代，这些新生代的激进平民进入了一个和富兰克林截然不同的世界。他们的有利条件在于,革命之后几乎人人都在歌颂平等,四处洋溢着共和主义的氛围,这是富兰克林等老一辈人所未曾遇到的。此外,虽然大量的中产阶级依旧购读礼仪书,想变得和贵族一样温文尔雅,但很多共和党新领袖为了避免变成富兰克林所说的"黑白混血绅士",开始公然藐视士绅阶层的传统属性。

中产阶级新贵曾因举止粗俗或者因为没有读过孟德斯鸠而受尽那些接受过高等教育的领袖的羞辱,而如今风云变幻,这些曾经的缺陷竟成了反击批评者(直至18世纪90年代,这些批评者多为联邦派人士)最好的武器。在共和党新贵的文章和修辞中,他们开始嘲弄书本上的知识、上流社会的礼仪以及贵族的妄自尊大。令联邦派士绅大跌眼镜的是,在这一过程中,共和党新贵居然还大获人心。他们情愿夸耀自己低微的出生、普通的品位及礼仪,也不愿做个半吊子的绅士,这种激进立场让思想传统的联邦党人深受打击。

对联邦党人而言,作家和读者的暴发户本性正是18世纪90年代文学显得极其狂躁的原因。要容忍来自同一社会阶层的污蔑与辱骂是一回事——这是一个多世纪以来英裔美国人政治生活中的家常便饭;但遭到社会下层、非绅士者、"没受过教育的印刷工、小店员以及菜鸟教员"的恶言谩骂,这样的批评和羞辱还要流传到社会最底层,那就是另外一回事了。[53]

所有这些由革命领袖不遗余力发起的政治煽动,以及上流社会文明准则的批判,都对传统政治结构产生了摧枯拉朽之力。到18世纪90年代中期,没有哪位绅士的品格(甚至是华盛顿)未遭受媒体的粗暴批判。《杰伊条约》后,华盛顿被控施行暴政,并妄图以"马基雅维利之计"在美国建立君主政体。他被称作"国家的灾难和不幸",华盛顿之名为"通往邪恶政治与合法贪污之路提供了一张通行证"。有人甚至说,他在美国革命期间曾做过英国间谍。对开国总统的诽谤随着 1796 年 7 月的一封公开来信而达到高潮,写信者不是别人,正是著名的革命小册子作家托马斯·潘恩,他指控华盛顿在革命期间曾出现"违反军事规程的冷血行为"。"你在田野的睡梦中消磨时光,直至国家财政消耗殆尽,也分享不到最后的一点荣光"。潘恩继续控诉道,华盛顿忘恩负义、贪慕虚荣、像斯图亚特王室般傲慢无礼;他趋炎附势、两面三刀,有着"变色龙"般的品格。潘恩说,那不是华盛顿所宣称的"对道义的冷漠",而只是他"谨慎有余,掩盖其需求"罢了。[54]

像华盛顿这样有名望的伟人都会受到如此非难,因此对于很多美国人(尤其是 18 世纪 90 年代的联邦党人)来说,整个世界都黑白颠倒了。所有的声誉、学识、品格,以及由绅士担任政治领袖的观念都将一一遭受攻伐。

例如,自由思想和自然神论的观点就认为,只要把对政治领袖的人身攻击限制在绅士阶层,就不会产生社会危害。一旦当它扩展到下层社会(就像 18 世纪 90 年代共和党刊物所做的那样),后果便相当严重。如果所有共和党对政府的抹黑文字只有精英绅士能够读到,那么联邦党人或许还会容忍。而当共和党对政府机构的造谣中伤被底下的大众新读者接触到,那就忍无可忍了。换言之,比说什么更重要的是怎么说、向谁说。任何破坏公众对领袖统治能力信心的东西,在本质上都是煽动性的。[55]

诽谤政府机构之外的个人是一回事,诽谤执掌政府的人又是另一回事。这种对政治家的诽谤更为严重(在普通法中,这实际上就是政治煽动),因为它影响到官员的统治权威性。就连宾夕法尼亚最高法院首席大法官、共和党人托马斯·麦基恩(Thomas McKean)都同意这一点。麦基恩强调,对公务人员的诽谤"会直接引发人民对统治者的厌恶,最终导致内讧、产生暴动"。[56]

因为政治依然是非常个人化的,政治领袖的荣誉和声望对于社会秩序和稳定来说非常必要。在现代世界早期,人们很难想象一个没有既定的社会、道德优势者能够成为政治领袖。当今政治家的声望和社会地位往往是由其政治职位决定的,但在 18 世纪则完全相反:一个人的社会地位和声望被视为担任公职的先决条件。换言之,政府要职应该掌握在那些有着既定的社会、道德优势者的手中。他们至少应该是"绅士",当然最好是有才华、有教养、有品格的绅士。

对许多美国两党领袖(联邦党与共和党)来说,原因显而易见。由于早期的现代政府缺乏一个现代国家应有的强制力——些许的治安官与警长几乎无法组成像样的警力——因此官员们不得不依靠自身的社会地位与声望来胁迫百姓顺从,以维持公共秩序。从这个意义上讲,公职人员对于外界批评(针对公职人员品格)保持高度敏感性也就不足为奇了。18 世纪的传统观念认为,"无论是什么让人民从心底里看不起国家政府的最高长官,也无论是什么让人民相信主从关系并非必要,并非政府的主要部分,我们都应该直接摧毁它"。[57]

在联邦党人眼中,18 世纪 90 年代的许多共和派媒体的确引发了民众对权威的蔑视,破坏了主从关系。亚当斯总统最是深受其害。华盛顿因为深得人心,所以一切皇家排场在众人眼里都是再自然不过的事。但亚当斯不同。他既没有华盛顿的人气,也没有他俊拔的身姿,他扮演不了共和派君主的角色,即便想尽办法以正式典礼与盛大仪式来衬托其威严之气,却只会让他看起来更为荒诞可笑。共和派媒体对此大做文章。[58]在饱受诟病——诸如,他是"一个眼盲、秃顶、缺牙、暴躁的假君主","一个应该受到诅咒的恶棍"——之后,亚当斯得出结论,他已成为政府官员中"最恶毒、最卑贱、最粗鄙、最肮脏、最鬼话连篇、像卖鱼妇一样言语下流"的人。[59]

基于这样的考量——人们相信统治者与被统治者之间的沟通渠道很快就会被迅速蔓延的知识分子领导阶层所破坏;人们也担心整个公共秩序岌岌可危——联邦党人最终诉诸高压政治,1798年《煽动法》的颁布成了他们历史声望的污点。联邦党人为阻止共和派媒体的恶意与谎言而动用国家权力,这或许的确令人感到震惊,但从后来围绕《煽动法案》展开的辩论可以看出,这样做并非毫无理性可言。辩论中存在争议的不是新闻自由,而正是美国精神生活的本质和结构。

《煽动法案》的辩论标志着美国精神生活民主化的重要转折点。它从根本上改变了美国人对思想领袖的认识,以及对公共事实这一概念的界定。辩论的影响一直延续到19世纪早期,它勾勒并展现出革命以来美国思想历程的逻辑,同时也在这一过程中削弱了建国者身处的18世纪传统精英世界的根基。

美国人主张出版自由,并将它写进了《权利法案》。他们对出版自由的理解和英国人一样。英国自17世纪就开始歌颂出版自由,与法国的做法相反,他们不对出版物进行事前的限制和审查。但依据英国法律,人们对自己出版的内容负有责任。如果某人的出版物引起的煽动和诽谤已构成对政府官员的不敬,那么依照普通法,该出版者将以诽谤罪受到起诉。实际上,出版内容的真实性处于某种不守而攻的状态。此外,根据普通法,法官(而不是陪审团)有责任判定一份出版物是否具有煽动性。虽然普通法对煽动诽谤罪的定义曾在1735年纽约的曾格案(Zenger trial)中受到质疑,但在美国各州法院的思想与实践中,该定义从未被彻底推翻过。

在1798年《煽动法案》的辩论中,联邦党人认为,改变普通法对煽动诽谤罪的定义,将曾格案的辩护内容纳入法律是一件颇有雅量的事。他们不仅允许陪审团来判定何为煽动,还为其内容的真实性进行辩护,声称只有那些"错误、可耻、恶毒"的说法才会受到惩罚。但共和党的辩论家却没有这样的雅量。在《煽动法》辩论中,共和派自由主义思想家同时否决了原普通法对自由出版的定义,以及联邦党人刚刚整合进《煽动法案》的对于"真""假"(truth and falsity)观念的法律认可。当联邦党人执着于18世纪的观念,认为"真理"是永恒、普遍的,它能够为理性的开明人士所发现时,共和党人却辩称,关于政府和统治者的看法多种多样,无论某个法官或陪审团多么理性,观念的真实性也不能由他们来简单裁定。因此他们总结道,所有的政治观点——即与公开行为不相符合的言论——甚至是"错误、可耻、恶毒"的观点也应该允许其出现。正如杰斐逊所言,应该让它们"像纪念碑那样安静地矗立在那儿,我们不妨容忍那些错误观点,放手让理性去与之战斗"。[60]

联邦党人对此表示怀疑。他们问道,"人民的权利怎么能去要求……有说谎的自由呢?作恶怎能变成正义之事呢"?[61]即便在我们的时代,这也不是一个能够轻易回答的问题。共和党人认为,他们不能彻底否认政治信仰中出现"真"与"假"的可能性,而退回到"原则"(principles)与"意见"(opinions)(由杰斐逊的第一次就职演说发展而来)这种极为牵强的区别上去。杰斐逊说道,原则看似强硬又恒定,意见则软弱且多变,但"意见的分歧不代表原则的不同"。其言外之意,正如本杰明·拉什所言,我们不能再像以前那样看待个人意见了,应该允许人们自由地表达个人意见。[62]

在共和党人看来,政治意见不应该为少数受过教育的精英所垄断,正是这一观念才使得上述差异与纷争最终相安无事。不仅"真""假"意见都变得同样可以容忍,而且社会上的任何人都能平等地自我表达。共和党的辩论家声称,"意诚"与"心正"在表达终极政治真理时要比那些后天习得的、常用作装腔作势的好听话重要得多。实际上,真理就是各种声音和各种想法的产物,没有哪种声音和想法比另一种声音和想法更为重要,每种声音和想法都有各自同等的价值。单个人的意见可能不那么有价值,但聚沙成塔,其最终价值远比他们预期的重要得多。意见的集合我们称之为民意(public opinion)。但这一民意已不再是革命领袖之前的那种私密的小范围概念;它宏大且不带个人色彩,现代而又民主,它囊括了每一个人的意见。"民意"这种拓展式的新概念很快就支配了整个美国的精神生活。[63]

民意在我国政治中占据着重要地位,奇怪的是我们并没有把它纳入《宪法》。我们常常用法条来衡量并改变一切事物,同时也担心有没有其他力量影响着它们的变化。每个国家都有民意,但在我们的民主制度中,民意却具有特殊的力量。美国革命改变了民意并赋予其现代意义。19世纪早期,美国人逐渐意识到,民意"目光敏锐、明察秋毫;它是荣誉的无形守护者;是人们及其行为的必然裁决者;是不懂变通、即便不服也无法上诉的无情仲裁者",民意已经变成了优先于美国政府、社会和文化的"重要原则"。[64]它不仅成了解决政治真理的力量,也成了解决所有真理——从宗教派别之争到艺术品位之争——的力量。在解释与阐明美国文化民主化的问题上,没有什么比民意这个新观念更重要的了。最终,它替代了美国革命一代的思想领袖精英,成为19世纪最受欢迎的事物。

虽然人民的意志——人民之声(vox populi)——是西方文化中的古老观念,但它在18世纪后半叶西方社会民主化稳步推进的过程中有了更大的发挥空间。革命期间,许多美国领袖(效仿大卫·休谟及其他启蒙思想家)都深信,民意在每一个像他们这样的自由政府中都应该是"至高无上"的。但是当1791年麦迪逊谈到民意时,他仍然把它看作是一小群绅士统治者的思想产物。因为他担心幅员广阔的美国会让孤立的个体在他眼中变得微不足道，也让少数人的观点更容易伪装成多数人的观点。[65]然而，其他美国人却开始看到一个更为宽广的国家，看到独立个体才是真正值得信赖、足以拯救众意的力量。

由于美国社会不再是一个"思想统一"的有机体系，因此人们认为，美国今日之民意并非少数有识之士思想领导的结果。普遍民意只是"个人意见的集合体"，是众多独立思想的混合产物，通过用不同方式交流想法，引发思想的碰撞和融合，改善并修正自我，走向"终极真理之胜利"。这样一种产物、这样一种民意之所以值得信任，是因为它有着如此多的来源，如此多的声音和想法，它们彼此影响，没有哪个个人或群体能够操控、支配这一整体。[66]例如美国的宗教差异，现在很多人都会以它为参照，来解释为什么自己对民意重拾信心，用杰斐逊的话说，人们容许各种意见以自身独特的方式自由传播，如同一名监察个人与社会的"检察官"，扮演着古代人与奥古斯都时代英国人所期待的那种英雄人物和讽刺诗人的角色。[67]

美国人认为，这种个人意见的集合体、不同观念交互的产物，都会成为终极真理的资源库，最终表现为一种与相信上帝行善相类似的信仰行动。事实上，作为多种言论之最佳组合的民意概念，并不是什么刻意为之的结果，它是当时所发生的更为宏大的思想转型的一个侧面。它与人们对社会历史进程——西方知识分子推动了这一进程，尤其是18世纪末一群才华横溢的苏格兰社会学家所写的作品——之本质的新认识有关。就像许多经济竞争者或市场上的买卖双方被一只无形的手牵引着走向一个与其本意无关的目标那样，人们现在完全可以想象，许多个体思想者、观念的制造者与使用者被牵引着去创造某个结果——民意，这是事先没有人能料想到的。

在这样一个生活着上帝与许多独立平等个人的进步的民主世界里,已经没有像革命一代那样超凡政治思想领袖的容身之地了。所有这些籍籍无名者就像华盛顿所抱怨的"扫帚"——他们正在取代德高望重的政治领袖———一样。那是因为今天的美国人反复告诉自己,"比起投机者或自利者的言谈举止,民意更接近真理";因为"在绝大多数情况下,民意都胜过批评家和鉴赏家",甚至在艺术品位问题上也是如此;因为联邦党人警告说,民意是"一切事物中最妨碍伟人人格独立与品格修炼的东西";因为所有这些平衡之力、民主之力,杰出的绅士们在其演讲及写作中已不复建国者当初的感受了。[68]

在 19 世纪早期那个平等的新社会中,每个人的想法似乎都和别人一样好。要不是"天才"(他们不再仅仅是受过教育的绅士了)成了"某种不法之徒","在一个人人都能创造财富的年轻城市里,缺乏与人相处的自然能力";就是在效仿建国者的公民意识时,这些潜在的思想领袖最终"因害怕受到众人攻击或是因为害怕浪费自己的精力,向众人卑躬屈膝、谄媚逢迎而裹足不前。"[69]这不是一个建国者想看到的世界;事实上,那些能够活到 19 世纪,经历整个民主进程的人都为自己曾经的努力唏嘘不已。尽管如此,他们还是协力创造出了这个人民的世界,因为它已经植根于那个没有人(包括联邦党人)能够否认的重要原则——人民——之中。最后,没有什么能比一群了不起的思想与政治领袖走下历史舞台更能解释美国革命的转型之力了。

注释

1. Samuel Eliot Morison, ed., "William Manning's 'The Key of Libberty,'" *WMQ*, 3d Ser., 13(1956), 208.

2. BF to Caldwallader Colden, October 11, 1750, *Papers of Franklin*, 4:68.

3. TJ to JM, May 20, 1782, *Papers of Jefferson*, 6:186.

4. 大卫·霍尔认为,18 世纪福音派宗教作品流行甚广,旨在领导广大信众。他对早期福音派作品转型的理解无疑是正确的,但大多数政治文献依然是这个"阶级与特权"世界"体系"的一部分。David D.Hall, *Cultures of Print*: *Essays in the History of the book*(Amherst, MA: University of Massachusetts Press, 1996), 152.

5. 关于 18 世纪交际网络的私密性,参见 Richard D.Brown, *Knowledge Is Power*: *The Diffusion of Information in Early America*, *1700—1865*(New York: Oxford University Press, 1989), 89—90, 271, 278. 公共领域在本质上是一种讲礼节、重交际的社会交往行为。大卫·希尔兹在其作品中精彩地重构了这一概念。虽然希尔兹强调以一种"散漫的方式"冲破阶级屏障,并席卷整个美国社会,但与之后的 19 世纪相比,他觉得18 世纪的世界在本质上显然还是个贵族世界。参见 David S.Shields, *Civil Tongues & Polite Letters in British America*(Chapel Hill: University of North Carolina Press, 1997).

6. Joanna B.Freeman, "Dueling as Politics: Reinterpreting the Burr-Hamilton Duel," *WMQ*, 3d Ser., 53(1996), 289—318; Freeman, *Affairs of Honor*: *National Politics in the New Republic*(New Haven: Yale University Press, 2001).

7. [John Randolph], Considerations on the Present State of Virginia(n.p., 1774), quoted in Merrill Jensen, "The Articles of Confederation," in Library of Congress Symposia on the American Revolution, 2d, 1973, *Fundamental Testaments of the American Revolution*(Washington, D.C.: Library of Congress, 1973), 56.

8. On the refined and restricted nature of classical rhetoric in the eighteenth century see Kenneth Cmiel, *Democratic Eloquence*: *The Fight over Popular Speech in Nineteenth-Century America*(Berkeley: University of California Press, 1990), ch.1.

9. Kenneth R.Bowling and Helen E. Viet, eds., *The Diary of William Maclay and Other Notes of Senate Debates*, *March 4, 1789—March 3, 1791*, in the *Documentary History of the First Federal Congress of the United States of America*, 9 (Baltimore: The Johns Hopkins University Press, 1988), 76.

10. Homer L. Calkin, "Pamphlets and Public Opinion During the American Revolution," *Pennsylvania Magazine of History and Biography*, 64(1940),30, 35.

11. Frank Luther Mott, *American Journalism*: *A History*, *1690—1960*, 3d ed.(New York: Macmillan, 1962), 3—64;Mott, *A History of American Magazines*, *1741—1850* (New York: D.Appleton, 1930), 13—67; Arthur M.Schlesinger, *Prelude to Independence*: *The Newspaper War on Britain*, *1764—1776*(New York: Vintage, 1965), 51—66, 303—4; Philip Davidson, *Propaganda and the American Revolution*, *1763—1783*(Chapel Hill: University of North Carolina Press, 1941).查尔斯·埃文斯的美国出版刊物文献目录(1639 至 1799 年)足足有 12 册。其中 3 册收录了美国有史以来 125 年间的出版物(至 1764 年为止);余下 9 册则囊括了 18 世纪最后 35 年间的出版物——从直观上展现了美国革命时代读物总量的激增。

12. 迈克尔·华纳假设,革命前已经存在一个庞大、客观的公共领域,其中的参与者多已不可考。但该领域的实际出现时间或许并没有那么早。18 世纪的公共领域发展迅速,而许多作者在写作时依旧体现出与读者之间似乎彼此熟知。参见 Warner, *The Letters of the Republic*: *Publication and the Public Sphere in Eighteenth-Century America*(Cambridge: Harvard University Press, 1990), chs.1—2.关于公共领域的问题,学者们众说纷纭,这或许是因为人们难以清晰界定文化变动的缘故:未来往往是过往的重现,而过去往往又将在未来重演。

13. References to the "republic of letters" are common in the revolutionaries' writings. See, for example, Brooke Hindle, *The Pursuit of Science in Revolutionary America*, *1733—1789*(Chapel Hill: University of North Carolina Press, 1956), 384.

14. Calkin, "Pamphlets and Public Opinion," *Pennsylvania Magazine of History and Biography*, 64(1940), 28, 35.

15. John Adams, *Diary and Autobiography*, L. H. Butterfield et al., eds., 4 vols. (Cambridge: Harvard University Press, 1961), 3:331—32.

16. Bernard Bailyn, *The Ideological Origins of the American Revolution* (Cambridge: Harvard University Press, 1967), 4—5, 17.

17. John J.Teunissen, "Blockheadism and the Propaganda Plays of the American Revolution," *Early American Literature*, 7(1972), 148—162.让女性参与到公共领域中来绝非易事。她们被剥夺了公开发言的权利,仅有少数像梅尔西·奥蒂斯·华伦这样的女性能通过匿名方式著书立说。关于华伦,参见 Rosemarie Zagarri, *A Women's Dilemma: Mercy Otis Warren and the American Revolution* (Wheeling, IL: Harlan Davidson, 1995).

18. Maynard Mack, "The Muse of Satire," in Richard C.Boys, ed., *Studies in the Literature of the Augustan Age: Essays Collected in Honor of Arthur Ellicott Case*(New York: Gordian Press, 1966).

19. 关于 18 世纪的修辞,参见 Wilbur Samuel Howell, *Eighteenth Century British Logic and Rhetoric*(Princeton: Princeton University Press, 1971); Peter France, *Rhetoric and Truth in France: Descartes to Diderot* (Oxford: Clarendon Press, 1972); Warren Guthrie, "The Development of Rhetorical Theory in America, 1635—1850," *Speech Monographs*, 13(1946), 14—22,(1947), 38—54, 15(1948), 61—71.

20. Gary B.Nash, "The Transformation of Urban Politics, 1700—1765," *Journal of American History*, 60(1973), 605—32.

21. J.R.Pole, *Political Representation in England and the Origins of the American Republic*(London: St. Martin's, 1966), 9—70, 277—278.

22. Alexander Martin to Governor Caswell, July 27, 1787, in Max Farrand, ed., *The Records of the Federal Convention of 1787*, 4 vols.(New Haven: Yale University Press, 1911—37), 3:64.

23. Jared Sparks, Journal, April 19, 1830, in ibid., 3:479.

24. John Dickinson, ibid., 2:278.

25. John Marshall(Va.), in Jonathan Elliot, ed., *The Debates in the Several State Conventions on the Adoption of thc Federal Constitution*, 2d ed., 5 vols. (Washington, D.C., 1836—45), 3:222; Gordon S. Wood, *The Creation of the American Republic, 1776—1787*(Chapel Hill: University of North Carolina Press, 1969), 524, 526—64.

26. Gordon S.Wood, "Conspiracy and the Paranoid Style: Causality and Deceit in the Eighteenth Century," *WMQ*, 39(1982), 403—441.

27. Gordon S.Wood, *The Radicalism of the American Revolution*(New York: Knopf, 1992), 237—38.

28. JA to Patrick Henry, June 3, 1776, in Adams, ed., *Works*, 9:387—88; TJ to BF, August 13, 1777, in *Papers of Jefferson*, 2:26; Roger Atkinson to Samuel Pleasants,

November 23, 1776, quoted in James Kirby Martin, *Men in Rebellion: Higher Governmental Leaders and the Coming of the American Revolution* (New Brunswick, NJ: Rutgers University Press, 1973), 190.

29. Jay Fliegelman 将这些变化称之为"演说术的革命"。参见 *Declaring Independence: Jefferson, Natural Language, and the Culture of Performance* (Stanford: Stanford University Press, 1993), 20—35.

30. Rhys Isaac, *The Transformation of Virginia, 1740—1590* (Chapel Hill: University of North Carolina Press, 1982), 267—69; Arthur H. Shaffer, ed., Edmund Randolph: History of Virginia (Charlottesville: University Press of Virginia, 1970), 179—181.

31. On Paine, see above, "Thomas Paine, America's First Public Intellectual," Shaffer, ed., *Randolph: History of Virginia*, 1970, 179—81.

32. Meyer Reinhold, "Opponents of Classical Learning in America During the Revolutionary Period," *Proceedings of the American Philosophical Society*, 112 (1968), 221—34; Linda K. Kerber, *Federalists in Dissent: Imagery and Ideology in Jeffersonian America* (Ithaca: Cornell University Press, 1970), 95—134.

33. George L. Roth, "American Theory of Satire, 1790—1820," *American Literature*, 29 (1958), 399—407; Roth, "Verse Satire on 'Faction,' 1790—1815," *WMQ*, 3d Ser., 17 (1960), 473—85; Bruce I. Granger, *Political Satire in the American Revolution*, 1763—1783 (Ithaca: Cornell University Press, 1960), 2.

34. Virginia Ratifying Convention, in John P. Kaminski and Gaspare J. Saladino, eds., *The Documentary History of the Constitution* (Madison: University of Wisconsin Press, 1999), 9:1044—45.

35. Robert E. Spiller et al., *Literary History of the United States*, 3d ed. (New York: Macmillan, 1963), 175; Benjamin Spencer, *The Quest for Nationality: An American Literary Campaign* (Syracuse: Syracuse University Press, 1957), 65.

36. Fisher Ames, "American Literature," Seth Ames, ed., *Works of Fisher Ames*, 2 vols. (Boston: Little, Brown, 1854), 2:439—40.

37. Richard Buel, Jr., *Securing the Revolution: Ideology in American Politics, 1789—1815* (Ithaca: Cornell University Press, 1972), 113; Gerald Stourzh, *Alexander Hamilton and the Idea of Republican Government* (Stanford: Stanford University Press, 1970), 95—106.

38. John Rutledge, Jr., to Harrison Gray Otis, April 3, 1803, quoted in David Hackett Fischer, *The Revolution of American Conservatism: The Federalist Party in the Era of Jeffersonian Democracy* (New York: Harper & Row, 1969), 140; AH to Theodore Sedgwick, February 2, 1799, in *Papers off Hamilton*, 22:452; [Fisher Ames], "Laocoon. No.1," in his *Works*, 2:113.

39. Thomas Truxtun to JA, December 5, 1804, quoted in Fischer, *American Conservatism*, 133—34.

40. Donald H. Stewart, *The Opposition Press of the Federalist Period* (Albany: State University of New York Press, 1969), 634, 638, 640.

41. Sidney I. Pomerantz, *New York: An American City, 1783—1803* (Port Washington, NY: Ira J. Friedman, 1965), 440.

42. Mott, *American Journalism*, 167; Merle Curti, *The Growth of American Thought*, 3d ed.(New York: Harper & Row, 1964), 209; Stewart, Opposition Press, 15, 624.

43. Fischer, *American Conservatism*, 129—49; Stewart, *Opposition Press*, 19; Jere R. Daniell, *Experiment in Republicanism: New Hampshire Politics and the American Revolution, 1741—1794*(Cambridge: Harvard University Press, 1970), 235—36.

44. Buel, *Securing the Revolution*, 75—90.

45. TJ to JA, August 30, 1787, in Farrand, ed., *Records of the Federal Convention*, 3:6; Madison, "Public Opinion," *National Gazette*, December 19, 1791, in Gaillard Hunt, ed., *The Writings of James Madison*, 9 vols.(New York: G.P.Putnam's, 1900—1910), 6:70.

46. TJ to James Callender, October 6, 1799, *Papers of Jefferson*, 31:201.

47. Samuel Miller, *A Brief Retrospect of the Eighteenth Century*, 2 vols.(New York: T. and J. Swords, 1803), ll:254—255.

48. Alfred Young, *The Democratic Republicans of New York: The Origins, 1763—1797*(Chapel Hill: University of North Carolina Press, 1967), 509—10.

49. Alan Taylor, *William Cooper's Town: Power and Persuasion on the Frontier of the Early Republic*(New York: Knopf, 1995), 244—46.

50. Amos Singletary(Mass.), in Elliot, ed., *Debates*, 2:102.

51. Young, *Democratic Republicans of New York*, 511—12; Taylor, *William Cooper's Town*, 245—46.

52. Wood, *Radicalism*, 237—38.

53. Fisher Ames to Jeremiah Smith, December 14, 1802, quoted in Fischer, *American Conservatism*, 135.

54. James Thomas Flexner, *George Washington: Anguish and Farewell(1793—1799)* (Boston: Little, Brown, 1969, 1972), 277; John C.Miller, *The Federalist Era, 1789—1801*(New York: Harper & Row, 1960), 233; Paine, "Letter to Washington, July 30, 1796," in Philip S.Foner, ed., *The Complete Writing of Thomas Paine*(New York: Citadel Press, 1969), 2:695, 710, 704.

55. See especially Joanne B.Freeman, "Explaining the Unexplainable: The Cultural Context of the Sedition Act," in Meg Jacobs et al., eds., *The Democratic Experiment: New Directions in American Political History* (Princeton: Princeton University Press, 2003), 20—49.

56. Norman L.Rosenberg, *Protecting the Best Men: An Interpretative History of the Law of Libel*(Chapel Hill: University of North Carolina Press, 1986), 77.

57. Wood, *Radicalism*, 86.

58. Buel, *Securing the Revolution*, 156.

59. James Morton Smith, *Freedom's Fetters: The Alien and Sedition Laws and American Civil Liberties*(Ithaca: Cornell University Press, 1956), 116; Miller, *Federalist Era*, 233; Charles Warren, *Jacobins and Junto or Early American Politics as Viewed in the Diary of Dr. Nathaniel Ames, 1758—1822*(New York: Benjamin Blom, 1931, 1968), 96.

60. [George Hay], *An Essay on the Liberty of the Press* ...(Philadelphia: Printed at the Aurora office, 1799), 40; TJ, Inaugural Address, March 4, 1801, *Jefferson: Writings*, 493.

61. Samuel Dana, debates in Congress, January 1801, quoted in Buel, *Securing the Revolution*, 252.

62. Jefferson, Inaugural Address, March 4, 1801, *Jefferson: Writings*, 493, Benjamin Rush to TJ, March 12, 1801, Lyman H. Butterfield, ed., 2 vols., in *Letters of Benjamin Rush* (Princeton: Princeton University Press, 1951), 2:831.

63. Tunis Wortman, *A Treatise Concerning Political Enquiry, and the Liberty of the Press* (New York: Printed by G. Forman for the author, 1800), 118—23, 155—57.

64. William Crafts, Jr., *An Oration on the Influence of Moral Causes on National Character, Delivered Before the Phi Beta Kappa Society, on Their Anniversary, 28 August, 1817* (Cambridge: Hilliard and Metcalf, 1817), 5—6; Wortman, *Treatise*, 180.

65. JM, "Public Opinion," *National Gazette*, December 19, 1791, *Madison: Writings*, 500—01.

66. Wortman, *Treatise*, 118—19, 122—23.

67. TJ to JA, January 11, 1816, in Lester J. Cappon, ed., *The Adams-Jefferson Letters*, 2 vols. (Chapel Hill: University of North Carolina Press, 1959), 2: 458.

68. Samuel Williams, *The Natural and Civil History of Vermont*, 2d ed., 2 vols. (Burlington, VT: Printed by Samuel Mills, 1809), II:394; Joseph Hopkinson, *Annual Discourse, Delivered Before the Pennsylvania Academy of the Fine Arts* ... (Philadelphia: Bradford and Inskeep, 1810), 29; Theodore Sedgwick to Rufus King, May 11, 1800, quoted in Richard E. Welch, Jr., *Theodore Sedgwick, Federalist: A Political Portrait* (Middletown, CT: Wesleyan University Press, 1965), 211.

69. [Richard Henry Dana, Sr.], "Review of the Sketch Book of Geoffrey Crayon, Gent.," *North American Review*, 9 (1819), 327; Theron Metcalf, *An Address to the Phi Beta Kappa Society of Brown University, Delivered 5th September, 1832* (Boston: n.p., 1833), 6.

附录　　　缩写对照表*

缩　　写	全　　称
Adams, ed., Works	Charles F.Adams, ed., *The Works of John Adams*, 10 vols.(Boston: Little, Brown, 1850—56).
Papers of Adams	Robert J.Taylor et al., eds., *The Papers of John Adams* (Cambridge, MA: Harvard University Press, 1977—　).
BF, Autobiography	Leonard Labaree et al., eds., *The Autobiography of Benjamin Franklin*(New Haven: Yale University Press, 1964).
Papers of Franklin	Leonard W.Labaree et al., eds., *The Papers of Benjamin Franklin*(New Haven: Yale University Press, 1959—　).
Franklin: Writings	J.A.Leo Lemay, ed., *Benjamin Franklin: Writings*(New York: Library of America, 1987).
Papers of Hamilton	Harold C.Syrett et al., eds., *The Papers of Alexander Hamilton*, 27 vols. (New York: Columbia University Press, 1962—　).
Hamilton: Writings	Joanne B.Freeman, ed., *Alexander Hamilton: Writings* (New York: Library of America, 2001).
Papers of Jefferson	Julian P.Boyd et al., eds., *The Papers of Thomas Jefferson* (Princeton: Princeton University Press, 1950—　).
Ford, ed., Writings of Jefferson	Paul L.Ford, ed., *The Writings of Thomas Jefferson*, 10 vols.(New York: G.P.Putnam's Sons, 1892—99).
L and B, ed., Writings of Jefferson	A. A. Lipscomb and Albert Ellery Bergh, eds., *The Writings of Thomas Jefferson*, 20 vols. (Washington, D. C.: Jefferson Memorial Association, 1903).
Jefferson: Writings	Merrill D. Peterson, ed., *Thomas Jefferson: Writings* (New York: Library of America, 1984).

缩　　写	全　　称
Papers of Madison	William T. Hutchinson et al., eds., *The Papers of James Madison*, vols. 1—10（Chicago：University of Chicago Press, 19—　）；vol. 11—（Charlottesville, VA：University Press of Virginia, 1977—　）.
Madison：Writings	Jack N.Rakove, ed., *James Madison：Writings*（New York：Library of America, 1999）.
Papers of Washington：Presidential Ser.	W. W. Abbot et al., eds., *The Papers of George Washington：Presidential Series*（Charlottesville, VA：University Press of Virginia, 1987—　）.
Papers of Washington：Retirement Ser.	W. W. Abbot et al., eds., *The Papers of George Washington：Retirement Series*, 4 vols.（Charlottesville, VA：University Press of Virginia, 1998—99）.
Fitzpatrick, ed., Writings of Washington	John C. Fitzpatrick, ed., *The Writings of George Washington*, 39 vols.（Washington, D. C.：U. S. Government, 1931—44）.
Washington：Writings	John Rhodhamel, ed., *George Washington：Writings*（New York：Library of America, 1997）.
JA	John Adams
AB	Aaron Burr
BF	Benjamin Franklin
AH	Alexander Hamilton
TJ	Thomas Jefferson
JM	James Madison
TP	Thoms Paine
GW	George Washington
WMQ	William and Mary Quarterly

　＊ 原书注释之前有一份《缩写对照表》，中译本将注释放在各章之后，故将此对照表以附录形式置于正文末。

译后记

本书在翻译过程中得到了很多师友的帮助。在此要特别感谢编辑赵荔红老师，以及韩添、王化雨、朱纯清、宋运涛、刘宇、谭苏侣、孙沛莹、Rose Rao。还要感谢我的家人，没有你们的支持，本书的翻译无法顺利完成。

图书在版编目（CIP）数据

革命品格：建国者何以与众不同？/（美）戈登·
伍德（Gordon S.Wood）著；周顺译.—上海：上海
人民出版社,2018
书名原文：Revorustionary Characters：What Made
Funders Different
ISBN 978 - 7 - 208 - 15397 - 4

Ⅰ.①革…　Ⅱ.①戈…②周…　Ⅲ.①政治家-人物
研究-美国-近代　Ⅳ.①K837.127＝4

中国版本图书馆 CIP 数据核字（2018）第 195679 号

责任编辑　赵荔红
封面设计　人马艺术设计·储平

革命品格：建国者何以与众不同？

［美］戈登·伍德 著

周　顺 译

出　　　版　上海人 & 大版社
　　　　　　（200001　上海福建中路 193 号）
发　　　行　上海人民出版社发行中心
印　　　刷　常熟市新骅印刷有限公司
开　　　本　635×965　1/16
印　　　张　16.25
插　　　页　4
字　　　数　191,000
版　　　次　2018 年 9 月第 1 版
印　　　次　2018 年 9 月第 1 次印刷
ISBN 978 - 7 - 208 - 15397 - 4/D·3267
定　　　价　65.00 元